LA MISSION
IMPOSSIBLE

PIERRE MARION

LA MISSION IMPOSSIBLE

A la tête des Services Secrets

CALMANN-LÉVY

ISBN 2-7021-1970-0

Imprimé en France

SOMMAIRE

INTRODUCTION

POURQUOI J'AI ROMPU LE SILENCE

J'ai été appelé par François Mitterrand, en 1981, à prendre la Direction générale des services secrets français, le SDECE, devenu sur ma proposition la DGSE. Je les ai quittés en novembre 1982.

J'ai tenté, comme me l'avait demandé le président de la République, de les réformer et d'en faire un organisme efficace. L'absence de soutien du chef de l'État et le manque d'intégration réelle dans l'appareil gouvernemental m'ont empêché de remplir cette mission.

J'ai rompu le silence en 1986, à la suite de l'affaire Greenpeace, et devant l'incapacité du gouvernement à juguler la vague de terrorisme qui a alors frappé la France. Ma courte expérience m'avait convaincu que, sans me présenter en donneur de leçons, je pouvais apporter une réflexion utile dans des domaines touchant de près à la sécurité nationale.

Vis-à-vis de l'opinion publique qui s'interroge sur la nature des activités des services secrets, il existe deux écoles représentées par les Britanniques et les Américains. Les premiers maintiennent en principe une chape de secret; « *No comment* » est la réponse systématique à toute question, même à la Chambre des communes; ce qui n'empêche pas les Anglais d'être les inventeurs de stéréotypes complaisants sur leurs agents secrets, ni d'anciens responsables de faire éditer des livres sulfureux dénonçant des trahisons. Les Américains, de leur côté, soumettent la CIA à un contrôle parlementaire. Leur presse présente souvent des analyses la concernant; tous les derniers directeurs généraux de la CIA ont écrit des livres de confidences sur leur expérience; le dernier en exercice, William Webster, donne des conférences de presse en pleine crise du golfe Persique; des universitaires ou des instituts d'étude analysent en détail l'histoire, l'organisation, les actions même secrètes, en utilisant une partie de la documentation de la CIA.

Après mûre réflexion, je choisis la seconde école. Il me paraît nécessaire que les citoyens comprennent ce que recouvre la fonction secrète qui a besoin de se sentir soutenue par la communauté nationale. Je suis même arrivé à la conclusion que son indispensable intégration à l'appareil d'État et la détermination du pouvoir politique à l'utiliser dépendent pour partie de l'appui d'une opinion éclairée. Je pense aussi que le pays doit acquérir une connaissance précise des menaces spéciales pouvant affecter la sécurité nationale et des parades qu'il faut leur opposer.

CHAPITRE PREMIER

SOUPIRS D'UN MINISTRE ET PAROLE D'UN PRÉSIDENT

9 juin 1981, 21 h 30. Le téléphone sonne dans le petit appartement que j'ai conservé à Paris depuis qu'en 1974 j'ai pris mes fonctions de délégué général de l'Aérospatiale pour l'Amérique du Nord avec résidence à Washington. Je me détends après une longue journée au Salon du Bourget où j'organise les contacts avec nos clients américains, canadiens et mexicains; notre activité outre-Atlantique est en plein développement avec une série de percées dont, pour ne citer que les plus importantes : droits d'atterrissage de Concorde, contrat de vingt-quatre Airbus avec Eastern Airlines, succès des hélicoptères pour le marché civil mais aussi, à l'issue d'une rude bataille technico-politico-juridique, pour les Coast Guards, adoption du missile Roland par l'armée américaine, coopération avec Ford Aerospace pour les satellites. Nous avons créé depuis mon arrivée cinq filiales américaines, dont les résultats sont prometteurs.

Je décroche le téléphone; une voix inconnue se présente : François Bernard, directeur de cabinet de Charles Hernu. Il m'annonce que le nouveau ministre de la Défense veut entrer d'urgence en contact avec moi. Je pourrai le joindre à minuit dans un restaurant de Lyon; il ne peut m'en dire plus.

A l'heure dite, je rappelle Hernu. Il souhaite me voir le lendemain matin; attendu à Villacoublay à 8 heures, il me demande d'y être. Il ne peut rien me dire d'autre au téléphone.

Me voilà donc le matin suivant dans la petite aérogare du terrain où sont basés les avions du GLAM (Groupement de liaisons aériennes ministérielles). A 8 h 15, un Mystère 20 se pose. Je vois en sortir Melina Mercouri et Joe Dassin, suivis de Charles Hernu qui m'entraîne dans sa voiture.

Il est à son habitude amical et... puéril. Il ne cesse de s'émerveiller, pendant tout le trajet vers Paris, de l'habileté et de la témérité des motards d'escorte. Il réussit quand même, entre deux soupirs admiratifs, à me dire l'objet de ce rendez-vous précipité : Mitterrand a évoqué avec lui l'éventualité de ma nomination comme directeur général du SDECE; il y a d'autres personnes dans la course; la question sera de nouveau évoquée après le Conseil des ministres qui se tient le matin même. Une décision pourrait être prise dans la journée.

Je crois tout d'abord avoir mal compris. Mais non, il s'agit bien des Services Secrets. Je dis ma surprise; cela ne correspond en rien à mon expérience de quarante années d'industriel; je ne connais rien de cette activité. J'exprime mes réserves, mes réticences, mon refus même. Hernu insiste; il souligne qu'étant donné le rattachement du SDECE au ministre de la Défense, nos relations personnelles faciliteront les choses. Il me laisse entendre que je pourrais être appelé dans la journée par François Mitterrand et me recommande de garder strictement pour moi ce qu'il vient de me dire. La conversation tourne court; nous arrivons au ministère, rue Saint-Dominique; il doit me quitter précipitamment pour se rendre au Conseil.

Dans la voiture qui me conduit au Bourget, je ne sais que penser. Faut-il qu'à soixante ans je me fasse à une activité entièrement nouvelle? Pourquoi cette hâte qui ne me permet pas d'avoir au moins avec Hernu une discussion plus substantielle? Comment pourrai-je remplir une telle fonction alors que je ne connais pratiquement personne au gouvernement, au Parti socialiste, parmi les militaires? Mes seuls contacts avec le SDECE remontent aux années cinquante lorsque, directeur de l'exploitation d'Air France, j'avais été secrètement informé par un de ses responsables de ce que certains cadres sous mes ordres travaillaient à son profit comme honorables correspondants. J'avais alors été invité une seule fois à déjeuner boulevard Mortier par le général qui dirigeait le service. J'en avais retiré l'impression d'un organisme vétuste et sommeillant.

J'avais ensuite été étonné de ne pas avoir été approché pendant mes longues affectations au Japon, puis aux États-Unis, pour faire bénéficier ce service de mes contacts et de mes observations. Pourtant, en tant que délégué général pour l'Asie et le Pacifique en résidence à Tokyo, je sillonnais constamment cette vaste zone ; j'avais noué des relations de haut niveau dans tous les pays, y compris à Pékin où j'avais participé aux négociations pour l'ouverture de la liaison aérienne entre la Chine et la France. Et à Washington, mes fonctions de délégué général d'Aérospatiale m'ouvraient des contacts importants dans les administrations, les entreprises, la défense... Mais manifestement, cela n'intéressait pas les services de renseignements.

Les seules choses que j'ai entendu dire sur le SDECE sont que son organisation et son efficacité laissent à désirer, qu'il est déchiré par des luttes internes. Je sais qu'il a été mêlé à l'affaire de Ben Barka par le biais d'un de ses correspondants, Antoine Lopez, alors l'un des chefs de service du centre d'exploitation d'Air France en région parisienne qui relevait de mon autorité.

Bien entendu, j'ai lu quelques livres historiques ou d'analyse qui traitent du renseignement gouvernemental ou militaire ; le SDECE y apparaît sous un jour à la fois exotique, artisanal et désordonné. J'ai aussi suivi par la presse certains faits intéressant la CIA, notamment les difficultés qu'elle a connues à Cuba en 1961, puis au moment du Watergate au début des années soixante-dix, enfin sous la présidence de Carter qui avait voulu la « moraliser » et l'avait affaiblie. J'ai perçu à travers tout cela le caractère hors nature de cette fonction, sa nécessité dans l'appareil gouvernemental, mais aussi sa singularité et sa vulnérabilité. J'ai pressenti combien elle dépend d'un soutien sans faille du président. Ces quelques réflexions seront mes seuls guides, si, comme me l'a dit Hernu, l'affaire se précise.

Je passe la matinée au Bourget pour une série de rendez-vous et de réunions programmées. A la fin d'un déjeuner de responsables américains que je préside, on me transmet un message : il faut que je rappelle d'urgence Hernu. Au téléphone, il revient à la charge ; la question a été rediscutée après le Conseil des ministres, Mitterrand a décidé en principe de me retenir, mais il veut d'abord me rencontrer. Hernu conclut curieusement : « Ne sois pas impressionné lorsque tu le verras ! » Je n'ai pas raccroché depuis cinq minutes que le téléphone sonne : c'est la secrétaire du président ; il souhaite me voir à 17 h 15 à l'Élysée.

Je suis à l'heure dite dans l'antichambre du premier étage de l'Élysée. Je n'ai connu, jusque-là, qu'un bureau au rez-de-chaussée pour une visite, dix ans plus tôt, à un responsable économique. Je suis moins impressionné qu'intrigué. La dernière image que j'ai de François Mitterrand est déconcertante ; c'était à la télévision dimanche dernier, alors qu'il montait la roche de Solutré, accompagné par des fidèles, dont Hernu ; j'avais été choqué par son accoutrement bizarre son pantalon sans forme, sa veste trop ample et sa petite casquette de pêcheur à la ligne seyaient mal à la dignité de sa nouvelle fonction ; je m'étais demandé quelle impression cela pouvait donner à l'étranger.

L'huissier à chaîne vient me chercher. Nous traversons un bureau où je reconnais Jacques Attali ; il donne accès à la porte du cabinet du président. Je suis annoncé, puis introduit dans la pièce. François Mitterrand m'accueille debout et me fait asseoir de l'autre côté de son bureau. Je ne l'avais jamais rencontré. Il est beaucoup plus petit que je ne pensais, avec un long buste et des jambes courtes qui lui donnent un faux air de Buster Keaton. Les yeux me scrutent sans indulgence, le visage est immobile, figé. Le cabinet est chargé de dorures ; j'aperçois les arbres dans le parc. J'attends qu'il parle.

Il me confirme qu'il envisage de me confier la direction générale du SDECE. Puis il me questionne sur ma carrière, mes activités à Air France et à l'Aérospatiale, mes réalisations en Amérique du Nord. Il m'écoute et m'observe avec attention. Je ne sens pas de tension, plutôt un effort de sympathie.

Après vingt minutes, je perçois un déclic ; le discours se fait plus amène, le ton moins tranchant ; il chuchote plus qu'il ne parle et esquisse un sourire contraint. Je comprends à présent que sa décision est définitive, mais à aucun moment il ne l'exprime. Comment vais-je pouvoir moi-même me déterminer ? Comment vais-je pouvoir obtenir les clarifications que je souhaite ?

Je pose la première question. A ma surprise, les choses se

passent vite et facilement. Je n'ai pas besoin de tellement insister. Oui, il compte s'appuyer sur le SDECE. Oui, nos relations seront suivies et intimes. Oui, j'aurai un accès facile auprès de lui. Oui, nous nous verrons fréquemment, une fois par semaine au moins, « soit cinq minutes, soit quarante-cinq minutes suivant ce que nous aurons à nous dire ». Je connaîtrai sa pensée et ses options en politique étrangère. Il me promet son appui face aux autres administrations. Il veut être essentiellement assuré de la loyauté de deux hommes : le ministre de la Défense – « Hernu est mon ami » – et le chef des Services Secrets. Il souhaite que je m'attache d'abord à la réorganisation du SDECE qui manque d'efficacité et de rigueur; il me soutiendra dans la remise en ordre. Il me demande mon âge, et sur ma réponse conclut : « Nous terminerons le septennat ensemble. »

Il se lève. Il ne me demande pas ma réaction. Il fait comme si j'avais accepté. Il m'accompagne vers la porte. Mais on ne peut conclure ainsi. J'interromps notre marche. Je trouve dans un éclair la question qui va faire rebondir la discussion :

« Monsieur le Président, avez-vous bien réfléchi ? Mon expérience de quarante ans est exclusivement industrielle. Je n'ai aucune connaissance des Services Secrets. Je ne sais rien des affaires militaires.

– C'est bien mieux ainsi, répond-il sans l'ombre d'une hésitation. Jamais je ne nommerai un militaire à la tête du SDECE. Car un militaire a une double allégeance, l'une vis-à-vis de l'État, l'autre vis-à-vis de son corps. »

Nous sommes arrivés à la porte. Il arbore ce sourire à la fois crispé et carnivore, tout en enfonçant ses yeux dans les miens :

« A bientôt, monsieur Marion. »

Je retraverse le bureau d'Attali qui me regarde en coin. Je redescends le grand escalier. Je me retrouve dans la rue du Faubourg-Saint-Honoré, au milieu de la foule qui s'agglutine devant les vitrines. Quelle méthode de recrutement pour un poste si sensible ! Quelle singulière situation ! Me voici projeté dans une nouvelle aventure dont je n'avais pas la moindre idée il y a seulement douze heures. Je n'ai pas même eu à dire si j'étais d'accord. Mais François Mitterrand a répondu clairement à toutes les questions que je me posais. Avec son appui et celui d'Hernu, je devrai pouvoir assumer cette fonction.

Je téléphone au ministre de la Défense; il sait déjà et m'invite à passer à l'hôtel de Brienne où il donne un cocktail. Je vais déambuler quelque temps dans des salons où se presse une société que je ne connais pas. On me dévisage, l'air de se demander ce que je fais là. Puis Hernu m'entraîne dans son impressionnant bureau dont les portes-fenêtres donnent sur le parc; un grand drapeau français trône derrière son fauteuil. Il commence par s'entretenir longuement, assis à une table ronde dans un coin de la pièce, verre de champagne en main, avec une journaliste en vogue; la dame se demande manifestement qui je suis et pourquoi j'assiste, en tiers muet, à cette conversation. Elle partie, il me retient quelques minutes; il est lyrique et amical. « Tu verras, m'assure-t-il, nous ferons des choses intéressantes. Prends tes dispositions, ta nomination sera prononcée au Conseil des ministres de mercredi prochain. »

Je dois, entre-temps, retourner à Washington pour organiser mon intérim de délégué général et faire mes valises. Mais il me faut d'abord informer le président de l'Aérospatiale, qui n'est autre que Jacques Mitterrand, frère du chef de l'État. Je n'arrive pas à obtenir un entretien en tête à tête avec lui; il est trop pris par ses obligations au Bourget. Je finis par le coincer au milieu de la foule qui se bouscule à l'entrée du pavillon Gabriel, où il officie en accueillant les invités au grand cocktail que donne l'Aérospatiale à l'occasion du Salon du Bourget; il est impatient et brusque :

« Qu'avez-vous donc de si pressé à me dire?

– Le président de la République vient de me retenir pour la direction générale du SDECE. »

Il recule d'un pas; l'énervement se transforme en panique :

« Mais c'est une catastrophe! Que va devenir la délégation générale? »

CHAPITRE 2

EXPLORATION DU SDECE

Mardi 16 juin 1981. Je rentre de Washington et me retrouve dans la soirée dans le bureau d'Hernu. Il me confirme que ma nomination sera prononcée au Conseil des ministres du lendemain. Je lui demande la réaction du Premier ministre, Pierre Mauroy. Alors, lui, désinvolte et souriant :

« Oh, tu sais, Mitterrand lui en parlera peut-être juste avant d'entrer au Conseil. Mais plus vraisemblablement, il l'apprendra pendant la réunion, comme les autres. C'est la façon de faire de Mitterrand. »

Quand j'essaie de savoir comment s'organisera ma prise de fonctions, je ne puis obtenir aucune réponse.

Le lendemain, je vais de surprise en surprise. Hernu me voit à 14 heures et me confirme ma nomination en Conseil; seul Defferre est intervenu pour se féliciter du choix. Je pose à nouveau la question de mon installation et de la passation; toujours pas de réponse. Puis, sans autre forme de procès, il me fait passer dans la pièce à côté, une grande salle de réunion, dans un coin de laquelle se tient une petite silhouette frêle, avec un visage fin orné d'une barbe à la Henri IV; c'est François De Grossouvre, chargé de mission à la Présidence. Il va m'accompagner à la Centrale du SDECE. J'essaie – à nouveau sans résultat – de savoir comment va se faire la passation. En tout cas Hernu, dont je relève hiérarchiquement, n'y viendra pas!

Accompagnés de François Bernard, de Jean-François Dubos et de l'amiral Hughes – respectivement directeur de cabinet, chargé de mission et chef du cabinet militaire d'Hernu – François De Grossouvre et moi-même prenons sous escorte la direction du boulevard Mortier.

Arrivés au siège du SDECE, nous sommes aussitôt introduits dans la salle des opérations, au rez-de-chaussée. Un homme à la corpulence avantageuse y trône, entouré d'une cinquantaine d'officiers supérieurs en uniforme et de quelques civils. A peine ai-je reconnu Alexandre de Marenches que celui-ci se lance sans préambule dans une brève allocution, dont le ton est donné par la péroraison :

« Messieurs, je vous plains d'avoir à travailler dans de telles conditions, déclare-t-il en substance, et sous un tel président. »

Surpris par cette agression, je n'ai pas d'autre choix que de répliquer vigoureusement :

« Messieurs, je suis fier d'avoir été choisi pour vous commander. J'entends développer l'efficacité du SDECE. Je tiens dès maintenant à être clair sur trois points. Si certains d'entre vous ont des états d'âme à l'idée de servir un président socialiste élu par la Nation, je leur conseille de quitter le service. On m'a dit qu'il existait ici des chapelles qui s'entredéchiraient ; je ne tolérerai pas que cela se poursuive, et j'écarterai ceux qui se livreraient à ce petit jeu. Quant à moi, je suis responsable des services secrets dès cette minute, et j'entends devenir opérationnel dans les plus brefs délais. Vous voudrez bien vous tenir tous à ma disposition à cet effet. Je souhaite en particulier réunir immédiatement dans la salle de commandement les cadres supérieurs relevant directement du directeur général. »

Je vais sortir de la salle quand se présente à moi un homme jeune, à l'allure nette et directe :

« Je suis André Roussin, adjoint du directeur général. Je me tiens à votre disposition... Mais nous n'avons pas de salle de réunion.

– Où se tiennent donc les rencontres de commandement ?

– Dans la salle à manger du directeur général, répond André Roussin, cachant mal sa surprise.

– Va pour la salle à manger ! »

En attendant, notre délégation, partie de la rue Saint-Dominique, emboîte le pas à de Marenches qui nous conduit au premier étage. Il ouvre une porte et, désignant la pièce d'un geste du bras, me lance :

« Votre bureau, monsieur le Directeur général », avant de s'éclipser définitivement, suivi d'ailleurs par toute la cohorte venue avec moi du ministère. Je me retrouve seul. Quel étrange sentiment ! Je ne m'étais pas attendu à un accueil spécialement amène, mais l'inconvenance de De Marenches m'a surpris. En quarante ans de vie professionnelle, je ne me suis jamais heurté à une hostilité aussi clairement déclarée.

Promenant le regard autour de moi, je découvre un lieu antifonctionnel en même temps que froid, inamical, prétentieux. A l'exception de deux téléphones d'allure archaïque, le bureau est vide. Au-dessus d'un divan en cuir, rouge et noir, un tableau : il représente un cavalier sur un cheval cabré : un noble sans doute, peut-être même un aïeul de mon prédécesseur.

L'homme qui siégeait dans ce bureau travaillait peu. Il ne réunissait pas ses collaborateurs. Cette idée me vient peu à peu à l'esprit. Je ne puis me défendre de penser : peut-être n'était-il qu'une façade ? Peut-être passait-il le plus clair de son temps à voyager, à rencontrer des éminences – de préférence de sang royal –, à faire de la géopolitique en chambre : c'est ainsi que certains le décrivaient. Et s'ils disaient vrai ? L'invraisemblable accueil qu'il m'avait réservé cachait-il alors autre chose que le vide de sa compétence professionnelle ?

Mais alors, comment étaient assurées la conduite du SDECE, la coordination des fonctions, l'animation et l'impulsion des actions ? Et dire que j'accède à un poste de responsabilité – Dieu sait que celui-ci est plus redoutable que les précédents – sans que mon prédécesseur se soit donné la peine de m'en remettre les clefs les plus élémentaires !

Et puis que signifie l'attitude de la délégation qui m'a accompagné ? Porteur de l'autorité symbolique du président de la République, De Grossouvre n'a pas répondu aux propos blessants qu'a tenus de Marenches. Avais-je deviné juste en croyant déceler dès notre arrivée une certaine complicité entre les deux hommes ? Il ne m'a pas non plus introduit officiellement auprès des cadres que j'aurai à commander. Il est resté campé dans son mutisme.

Quant à Bernard, Dubos et Hughes, ils se sont délibérément

tenus à l'écart de cette mascarade d'intronisation. Étrange absence de la part des plus hauts représentants du ministre de la Défense, à la fois autorité hiérarchique du SDECE et tutelle des officiers supérieurs, dont je découvre qu'ils forment la majorité écrasante de l'encadrement du service.

Quel appui puis-je espérer dans la tâche qui m'attend? Par l'étroite fenêtre, je distingue une cour de caserne militaire. De forme rectangulaire, elle est bordée de quatre bâtiments laids, percés de quelques portes. Triste et lugubre contemplation brutalement interrompue : on frappe à la porte. Apparaît Roussin. Je suis attendu par les cadres supérieurs que ce dernier a réunis dans la salle à manger attenant au bureau; elle devait tenir une grande place dans le fonctionnement de la Direction générale!

Huit silhouettes figées au garde-à-vous. Leurs yeux tendus me dévisagent. Roussin procède aux présentations. Me réservant de m'exprimer plus tard, je les prie de décrire à tour de rôle leurs fonctions et l'organisme qu'ils dirigent.

Le général chef du service de Renseignements me présente ses missions et sa structure centrale; puis il déplie devant moi un planisphère détaillant les implantations à l'étranger. Il fourmille de points en Europe, en Afrique et au Proche-Orient. Ils sont nettement moins nombreux en Amérique et en Asie. Presque aucun derrière le rideau de fer; la carte ne mentionne qu'un seul poste dans un pays du Sud-Est (j'apprendrai par la suite qu'il est tenu par un vice-consul dont le travail se limite à relever les destinations de détenteurs de passeports tamponnés de sa main...). Abasourdi, je romps le silence que j'avais voulu m'imposer :

« Mais il n'y a rien à l'Est? Enfin, messieurs, où se trouve donc la menace : à l'Est ou à l'Ouest? »

Décochée quasi instinctivement, ma remarque pétrifie les huit visages qui m'entourent. Ainsi que je l'apprendrai plus tard, cette seule phrase me lave immédiatement de l'étiquette de « paracommuniste » que certains dans la Maison n'avaient pas manqué de m'accoler.

A la tête du contre-espionnage, les deux colonels me font bonne impression. Mais j'ai le sentiment que ce service est le parent pauvre du SDECE; le contre-terrorisme est à peine mentionné. Autre curiosité : l'un des deux colonels coiffe aussi la Sécurité, dont le colonel responsable est aussi présent et qui est un des organes les plus sensibles et qui assure la protection des installations du SDECE, des ambassades, et l'étroite surveillance des personnels. Comment expliquer ce rattachement de la Sécurité à l'une des fonctions, alors que ses attributions la mettent en devoir de contrôler l'ensemble des organismes?

Dirigé par un autre colonel, le service Action (SA) exécute les missions pointues, souvent brutales. Il constitue manifestement une excroissance. Le commandement siège au fort de Noisy. Ses moyens sont basés à Cercottes en Touraine, et à Aspretto en Corse. La présentation du colonel me fait une impression curieuse, sans substance; cette unité d'élite ne se morfond-elle pas en l'absence de missions à la hauteur de ses qualifications?

Le service administratif et financier apparaît comme une organisation artisanale et désuète. Son chef, administrateur des Finances, a l'air d'être à la fois un rejet et un informateur de la rue de Rivoli.

La présentation se termine sur un homme indéfinissable, médecin de son état. Il se présente comme le conseiller psychologique du service, sans fonctions définies. Étrange! J'apprendrai qu'il était en fait l'ami intime et le confident de De Marenches.

Roussin, lui, s'est conduit tout au long de la réunion comme un maître Jacques sans réelle autorité. Directeur général *bis*, actif, habile, laborieux et fiable, il semble avoir jusque-là assuré *de facto* la coordination des activités du SDECE. L'avenir m'apprendra qu'il a su se créer des réseaux propres de clientélisme au sein du service, tout en jouant de ses origines de capitaine de gendarmerie.

Cette première réunion est terminée. Je demande à l'état-major de continuer à travailler comme précédemment; je me réserve une phase d'observation sans en préciser la durée. Je m'enquiers des documents de base et des textes d'organisation que je souhaite consulter.

Où sont les définitions de structure, les notes de délégation, les plans d'action en particulier de renseignement, les programmes de personnel, les instructions sur les procédures? Rien. Il n'y a rien. Pas même un texte sur les modalités de l'application du secret aux activités du SDECE. Étrange... Nous sommes vraiment au royaume de la tradition orale ! Je ne m'en accommoderai pas longtemps.

Après la réunion, Roussin m'initie à trois nouveautés. Je découvre l'interministériel, téléphone par lequel je puis obtenir directement tous les hauts personnages de l'État, à commencer par le président. Apparaît ensuite l'aide de camp qui m'aidera... et m'espionnera ; celui qui a servi de Marenches exhibe en permanence un visage apeuré ; je m'en séparerai après qu'à Washington, où je me rends début juillet, il a oublié dans les bureaux de la filiale holding d'Aérospatiale, que j'avais dirigée pendant sept ans et où était organisée une réception en mon honneur, ma serviette contenant des papiers confidentiels ; sa garde était pourtant la seule mission qui justifiait son déplacement depuis Paris.

Je fais enfin la connaissance des sous-officiers gardes du corps. Ils vont accompagner à quatre tous mes déplacements ; répartis entre ma voiture et un véhicule d'escorte, ils ne devront plus me lâcher d'une semelle dès que je quitterais la Centrale. Je les aurai tout le temps sur le dos ; chez moi, au restaurant, au cinéma, en voyage, en vacances. Le soir même, mon épouse, qui rejoint notre pied-à-terre parisien, subit, à sa sortie de l'ascenseur, un plaquage aux jambes digne du tournoi des Cinq Nations. Une autre fois, l'un des sous-officiers, particulièrement zélé, insistera pour m'accompagner dans le grand escalier de l'Élysée jusqu'à la porte du bureau de François Mitterrand.

Pendant deux mois, j'observe le fonctionnement de la Maison et je visite, l'un après l'autre, tous les bureaux. J'interroge chaque fonctionnaire, du plus haut gradé au plus humble. C'est l'époque où je prends aussi contact avec les ministres et les administrateurs intéressés par l'activité du SDECE, et que je commence mes visites aux Services Secrets étrangers.

J'en sais bientôt assez pour rassembler mes conclusions. J'ai bien noté l'existence d'îlots qui fonctionnent, de secteurs disposant de bonnes sources, d'intéressants gadgets de sécurité. Mais au total, le SDECE est un organe mou, invertébré, inanimé au sens propre du terme, sans influx nerveux. Il ne s'y passe pratiquement rien. Évoquant quotidiennement le déroulement des affaires courantes, Roussin ne me parle que de chiens écrasés, de rivalités internes. Aucun renseignement ne mérite d'exploitation au niveau gouvernemental. Presque pas d'action. Bien que les confidences soient alors mesurées, j'apprends que le service a été secoué, les années précédentes, par plusieurs crises sérieuses de commandement; encore en 1980, plusieurs responsables supérieurs ont été brutalement écartés.

Le renseignement dépend essentiellement de l'échange avec les services étrangers avec qui nous entretenons des relations, occidentaux, africains, proche-orientaux par priorité. C'est ce qu'on appelle le TOTEM. Ma visite à Washington, début juillet, m'en fournira une confirmation éclatante.

Je vais y découvrir qu'à la vérité, quatre-vingts pour cent de nos postes à l'étranger sont accrédités auprès des autorités du pays et de leurs Services Secrets. Absorbés par la liaison à effectuer entre la Centrale du SDECE et celle du pays, ils sont presque totalement incapables de mener des recherches autonomes de renseignements. Ils tentent de glaner auprès des services étrangers des informations en contrepartie d'indications recueillies en Afrique francophone, où nous sommes mieux introduits. On imagine aisément les limites d'une telle pratique et la dépendance qu'elle entraîne. Souhaitable notamment dans le cas du contre-terrorisme, la coopération entre Services Secrets doit être un appendice de la recherche autonome. Elle ne peut s'y substituer. Elle a fini hélas par absorber l'essentiel de l'activité du SDECE.

A mesure que j'explore les services centraux, puis les postes extérieurs, je prends aussi la mesure de l'omniprésence des militaires. S'ils constituent moins de cinquante pour cent de l'effectif global, ils occupent la presque totalité des fonctions d'autorité et des postes extérieurs.

En revanche, les civils sont généralement confinés dans des tâches subalternes, de nature administrative; seuls émergent ceux qui ont donné des gages aux militaires. Ils sont particulièrement nombreux dans les travaux d'interception radioélectrique et de décryptage; ils s'en acquittent au reste de façon artisanale et sans moyens modernes.

L'impression générale qu'offrent les personnels est une

impression de médiocrité et de routine. Le recrutement n'est pas orienté vers un personnel de qualité, même en ce qui concerne les militaires. La formation et le perfectionnement sont archaïques. La durée de séjour au SDECE ne relève d'aucune règle. Certains comptent douze ou quinze ans d'ancienneté. La rotation ne touche que les postes extérieurs; faible pour les militaires, elle est nulle pour les civils.

De plus, le SDECE est très pauvrement équipé. Il n'a pas de logistique informatique, sauf pour des tâches purement administratives, comme l'établissement de la paie du personnel. Il n'en fait aucun usage dans le renseignement et le contre-espionnage, alors qu'elle s'appliquerait remarquablement bien à l'archivage et à la consultation de renseignements, ainsi qu'à leur recoupement. Je m'apercevrai plus tard que certains équipements essentiels sont même hors d'usage.

Fin juillet, je mets un terme à la phase d'observation. Je décide de remodeler en profondeur l'organisation du SDECE et de le sortir sans délai de sa torpeur. C'est la Décision générale n° 1 dont je tiens informé l'Élysée et la Défense. Datée du 17 août 1981, soit exactement deux mois après ma nomination, elle restructure l'ensemble des services, fixe les fonctions, détermine les objectifs, formule les délégations. En particulier, elle met en place un état-major qui n'existait pas et qui paraît indispensable. Voici les fonctions que j'installe :

> Prospective/Plan/Évaluation : *élaborera les plans de renseignement, de contre-espionnage et d'action, et préparera des synthèses et analyses de situation; est créée en particulier une « évaluation hebdomadaire des événements internationaux », interprétation prospective par rapprochements et interprétations des faits et des renseignements.*
>
> Personnel/Programme/Organisation : *mettra sur pied un programme de recrutement et de formation de qualité; conduira l'administration et les mouvements de personnel, assistera dans la définition des textes organiques et dans l'élaboration des programmes d'équipement et des budgets. Sont créés un comité des Carrières et un comité des Programmes et Budgets, dont je présiderai les travaux.*
>
> Scientifique/Technique : *conduira l'équipement en outils modernes de technologie avancée, animera la*

recherche de renseignements à finalité technologique et industrielle, assurera les liaisons avec les administrations correspondantes et les entreprises.

Opérations : *m'assistera dans la conduite et la coordination à court terme.*

Je m'adjoins comme chargé de mission le colonel qui supervisait jusque-là le contre-espionnage et la sécurité. Il exécutera les missions les plus délicates, tant à l'intérieur qu'à l'extérieur du service.

Enfin, je me rattache directement la subdivision Sécurité, chargée de veiller sur l'intégrité et la protection des hommes et des installations.

Je retiens aussi la création d'une fonction de relations extérieures. Je pense que l'effort de rénovation devra être soutenu par une information des autres administrations, mais aussi, dans la mesure du possible, des médias et de l'opinion publique. Et puis cette fonction commencera à élaborer une doctrine en matière d'actions d'influence et de désinformation vers des objectifs étrangers.

J'aménage les structures de la division Renseignements en définissant ses missions et ses objectifs. J'y reviendrai plus tard, en fonction des clarifications que j'attends du pouvoir exécutif concernant un plan national de renseignements. Je demande que soit conduite une analyse de la production de chaque poste extérieur. Pour combler une lacune grave, je crée un secteur d'espionnage économique, technologique et industriel, en faisant appel à un cadre supérieur pour le diriger, et à des compétences jusque-là ignorées du SDECE.

La division Contre-espionnage est réorganisée et renforcée. Ses tâches et ses responsabilités sont précisément formulées, ses effectifs sont augmentés de cinquante pour cent, les premiers objectifs sont arrêtés. Est créée en son sein une subdivision Contre-subversion qui sera chargée essentiellement de la recherche du renseignement sur le terrorisme; les missions d'intervention correspondantes relevant, elles, de la division Action.

Pourquoi mettre l'accent sur le contre-espionnage? C'est que j'ai été frappé par son sous-développement. La division est installée dans le coin le plus reculé du complexe Mortier, dans des locaux tristes et délabrés. Dépotoir des personnels rejetés par les autres services, elle hérite d'un encadrement médiocre et démotivé. Certains officiers paraissent même très portés sur la dive bouteille. Seul le colonel qui la commande se donne du mal pour animer une équipe amorphe. Loyal, efficace, il s'avère rapidement capable de s'engager dans la voie d'une rénovation. Il rencontrera parfois des difficultés, mais comment le lui reprocher? Son service revient de si loin; et il est soumis, par des organes extérieurs au SDECE, à une guérilla vicieuse sur laquelle je reviendrai.

Sans moyens et sans effectifs, le contre-terrorisme, réduit à un seul officier, ne dispose que d'informations théoriques sur les principales mouvances du terrorisme; pas de dossier substantiel, pas de fichier, pratiquement pas de sources. Au prix de longues séances de « debriefing », j'obtiens de lui des indications sur les mouvements et leurs liens avec certains États, ce qui me permet d'acquérir les bases de compréhension d'un phénomène dont j'ignorais presque tout. Mais il n'a aucune information de caractère opérationnel pour orienter les actions de contre-terrorisme. Sur ce plan-là, il faut construire *ab ovo*. Quelle carence en face des attentats meurtriers qui ont déjà secoué la France dans les dernières années, et qui ont connu une large couverture médiatique, comme celui de la rue Copernic en octobre 1980!

En ce qui concerne la division Action, je me borne à expliciter les structures et les délégations. Je me réserve d'y revenir lorsque j'aurai pu me faire une idée plus précise des types de missions qui pourraient lui être confiées.

Je me sépare à l'amiable de Roussin [1], du docteur psychologue et de l'administrateur des Finances. Ce sont les trois seuls cadres supérieurs que j'écarte; quelle différence avec de Marenches qui, le jour de sa prise de fonctions, avait décapité le SDECE en remerciant tous les principaux responsables! J'entreprends le recrutement de collaborateurs de haut niveau pour l'état-major, en particulier un contrôleur général des Armées pour Personnel/Organisation, un économiste pour

1. Roussin fera une carrière remarquée; après être passé à la Lyonnaise des Eaux, il deviendra chef de cabinet de Jacques Chirac à l'Hôtel-de-Ville, puis à Matignon, avant de devenir son directeur de cabinet.

Prospective/Plan/Évaluation, un polytechnicien pour Scientifique/Technique, un administrateur civil pour Relations extérieures.

En découvrant l'esprit auquel préside ma réorganisation, certains me reprocheront de conduire la Maison « rênes courtes ». Pour prolonger la métaphore, j'avoue n'avoir jamais vu un cavalier menant sa monture avec des rênes traînant par terre. Structure hiérarchique très pyramidale ou structure en râteau ? Le débat entre les tenants respectifs de ces deux formules est futile et sans fin. Les responsables de grandes organisations le savent. Le choix dépend des circonstances, du niveau de maturité de l'organisme, du type d'activité, du tempérament des dirigeants, de la compétence des délégataires.

L'empilage des échelons hiérarchiques, lui, a la faveur des militaires. Mais il induit la nécessité de créer des instances ou des procédures de coordination qui s'avèrent en définitive plus lourdes que le commandement d'une plus large équipe avec un seul homme à sa tête.

La conduite « rênes longues » a été pratiquée au SDECE et le sera à la DGSE. L'histoire montre qu'elle se traduit presque toujours soit par une grande inefficacité et des crises de commandement, comme dans les années soixante-dix, soit par un laxisme d'autorité et de dramatiques fiascos, comme lors de l'affaire Greenpeace. Elle montre aussi que, pendant les dix-sept mois où j'ai dirigé les services secrets, ils n'ont jamais connu le moindre dérapage malgré de nombreuses chausses-trapes et une profonde réorganisation. Je n'hésite pas à affirmer que ceci est la conséquence directe du soin que j'ai mis, avec mon état-major, à en assurer une conduite ferme et attentive.

Tous les organigrammes des Services Secrets étrangers que j'ai eu l'occasion d'examiner adoptent des solutions « en râteau ». Le directeur général y commande directement douze à quinze subordonnés. Cette formule correspond bien à mon tempérament, je le reconnais volontiers. Mais j'ai la conviction qu'elle est particulièrement adaptée aux Services Secrets : leur activité réclame une étroite coordination, une attention sans faille du responsable supérieur sur nombre d'aspects opérationnels délicats, et un contrôle impitoyable des organes centraux par le biais de la Sécurité.

Sous mon impulsion, en 1981 et 1982, pendant cette période de profonde réorganisation, il n'y avait d'autre choix qu'une animation et une dynamisation directes; j'en avais la certitude absolue. Peut-être, sur une plus longue plage de temps, aurais-je pu relâcher légèrement ma pression sur les rênes.

J'ai bien conscience, lorsque je mets en place la nouvelle organisation, qu'il s'agit d'un premier pas indispensable; il me faudra sans doute la revoir à l'expérience. Je sais aussi qu'il me faudra du temps pour amener le SDECE à un bon niveau d'efficacité. Un an au moins pour rôder la nouvelle structure, apprécier sa pertinence, y apporter des retouches, procéder aux redéploiements, évaluer les responsables, recruter des sources. Trois ans pour renouveler les personnels, apporter du sang nouveau, mettre en place les équipements, diffuser les nouvelles méthodes et procédures, étendre le réseau des correspondants.

Après ce que m'a déclaré François Mitterrand en juin, aucun doute ne m'effleure : j'ai devant moi le temps nécessaire, et je peux compter sur l'appui du président.

Je ne vais pas tarder à être sévèrement détrompé.

CHAPITRE 3

PREMIERS PAS DANS L'ÉTAT SOCIALISTE

Il me faut maintenant m'insérer aux plus hauts niveaux de l'appareil d'État. C'est une aventure au moins aussi nouvelle pour moi que la découverte des Services Secrets. Dans mes précédentes fonctions, j'ai eu affaire aux ministres des Transports, de la Défense, quelquefois de l'Économie, à leurs cabinets, à leurs administrations; mais j'étais extérieur à leurs appareils; je venais discuter d'affaires concernant exclusivement les entreprises où j'exerçais mes responsabilités, Air France d'abord, Aérospatiale ensuite. Maintenant je fais partie de l'appareil même de l'État, et dans une position telle que je suis rapidement confronté à ses plus hauts responsables.

Mon insertion se heurte à une difficulté particulière : je ne connais pratiquement personne, ni parmi les politiques, ni parmi les hauts fonctionnaires, ni dans la haute hiérarchie militaire. Charles Hernu est le seul socialiste que j'aie fréquenté. J'ai rencontré fugitivement à deux ou trois reprises Gaston Defferre parce que ma famille réside à Marseille. Mais je ne suis même pas sûr qu'il se souvienne de moi. En dehors d'eux, je ne connais personne. Je ne sais rien de leurs méthodes de travail, de leurs relations, de leur intimité. Quant à leurs orientations politiques, je ne sais que ce qui est public; pour ce qui est de la politique étrangère, je ne suis pas sûr d'avoir bien compris leurs objectifs qui ne m'ont jamais frappé par leur limpidité.

J'aborde donc la découverte de mes principaux interlocuteurs avec un mélange de curiosité et d'appréhension; je me demande quelles vont être leurs réactions vis-à-vis d'un Iroquois qui va occuper au milieu d'eux une fonction qui doit leur paraître insolite, et même menaçante. Les socialistes n'ont-ils pas contresigné le programme commun de gouvernement de la gauche qui ne contient qu'une phrase sur les Services Secrets : « Le SDECE sera supprimé » ? Mais François Mitterrand et Charles Hernu m'ont assuré de leur soutien.

Je reçois mon premier choc quarante-huit heures après ma prise de fonctions. Le ministre de la Défense m'a invité à déjeuner en tête à tête. Je le retrouve dans sa salle à manger personnelle de l'hôtel de Brienne ; il est aux anges et un peu ébloui de me faire les honneurs des appartements privés.

J'ai connu Hernu en 1956. J'étais alors directeur de l'exploitation d'Air France, avec autorité sur tous les centres et escales, dont Le Bourget ; lui était député radical du département ; nous avions sympathisé. Je devais le voir fréquemment les années suivantes ; nous passions quelquefois les vacances ensemble dans le Midi. Nos contacts s'étaient plus tard espacés, du fait de mes longues affectations à l'étranger : cinq ans au Japon, sept ans aux États-Unis ; mais nous ne manquions jamais de dîner ensemble quand j'étais à Paris ; il m'interrogeait peu sur les pays où j'exerçais mes activités ; mais il était prolixe sur la scène française et j'étais frappé par la diversité des rumeurs confidentielles qu'il me rapportait sans retenue.

Bien que ne faisant pas partie de la même obédience, nous partagions les mêmes attaches philosophiques ; cette particularité n'avait joué aucun rôle dans nos relations. J'avais un temps, dans les années cinquante, été attiré par le Parti radical ; Charles Hernu m'avait présenté à Pierre Mendès France dont j'admirais les choix politiques, les convictions et le courage. Plus tard, j'avais été surpris du passage d'Hernu au Parti socialiste, et je ne lui avais pas caché que son rapprochement avec les communistes ne cadrait ni avec ses convictions et ses attaches, ni avec son jugement. Il ne m'avait jamais fait rencontrer François Mitterrand, dont il s'était rapproché et à qui il avait offert, à une phase critique de sa trajectoire politique, le tremplin de la Convention des institutions républicaines.

Charles Hernu n'était pas un esprit brillant et n'avait pas de grandes capacités conceptuelles. Mais il était arrivé, à force d'application et de sérieux, à bien connaître les arcanes de la politique politicienne. Il entretenait des relations suivies tant à gauche qu'à droite, et savait rapprocher les hommes. Il était toujours bien informé des dessous de la scène politique, même quelquefois des plus confidentiels. Il avait le mérite de s'être familiarisé dès le début des années soixante-dix avec les problèmes de défense; il avait joué un rôle utile dans l'évolution de la doctrine du Parti socialiste, et de l'attitude de François Mitterrand sur la question de l'arme atomique. Cette particularité s'ajoutant à la confiance et à la reconnaissance de ce dernier lui avaient permis de se tailler, dans le parti, une place qui ne me paraissait pas correspondre à ses capacités; mais il faut dire que je ne connaissais encore rien du milieu politicien.

Charles Hernu avait aussi connu des moments très difficiles. Il avait subi, en particulier, une longue traversée du désert lorsqu'à plusieurs reprises il avait essuyé de cuisants échecs électoraux; il gagnait alors sa vie comme professeur dans un collège technique. J'avais été le témoin attentif et amical de ses moments de détresse et d'épreuve. Et puis je me souviens de mai 1958 où, devant sa crainte d'une intervention parachutiste sur Paris, je lui avais offert le refuge de ma maison.

C'est donc détendu que je me retrouve ce jour-là à sa table. Pendant que nous déjeunons, il me fait quelques réflexions amicales et quelques confidences secondaires sur le gouvernement. Puis il m'assène la plus étonnante et la plus inattendue des déclarations. Comme je lui demande de m'indiquer la façon dont il souhaite que je travaille avec lui, j'entends tomber :

« Je ne veux pas savoir ce que vous faites. Traitez directement avec l'Élysée. Et puis je vous demande, à partir de maintenant, de me vouvoyer. »

Je le regarde sans être sûr d'avoir bien compris. Mais il enchaîne dans le même style, et le déjeuner se termine dans une atmosphère pesante.

J'aurai dès lors avec lui des relations ambiguës et ambivalentes; il se montrera alternativement amical et distant sans raison objective à ces changements. Nous aurons des entretiens jamais véritablement substantiels. Il affectionnera de me faire participer à des dîners où j'apporterai, devant ses hôtes, l'exotisme de la fonction secrète; ou bien il m'entraînera à déjeuner dans des restaurants à la mode où il cherchera à attirer les regards des clients, notamment des dames. Mais il ne marquera pas d'intérêt pour les fonctions du SDECE, sauf lorsque son intervention lui paraîtra sans danger pour lui et susceptible de servir sa position. Il ne me donnera aucune information sur les politiques du gouvernement, ni en matière de relations extérieures, ni même sur des questions de défense. Il ne m'interrogera que très rarement sur mes actions. Les renseignements qu'il me demandera d'obtenir viseront en général des sujets très ponctuels, le plus souvent des personnes et presque toujours en France.

Très vite, je m'apercevrai que la haute hiérarchie militaire a pris sur lui une influence écrasante et qu'elle lui dicte la plupart de ses réactions vis-à-vis du SDECE. Je ne pourrai jamais obtenir son soutien dans les moments difficiles; il ne me donnera aucun avertissement lorsque des menaces poindront; et à aucun moment, lorsque je ferai l'objet d'attaques, je ne recevrai de lui le moindre conseil ou la moindre assistance. Il ne portera pas intérêt à la réorganisation du SDECE que je lui présenterai de façon détaillée. Quelle distance par rapport à ce qu'il m'avait déclaré en juin avant que j'accepte ma nomination!

Je ne retiendrai son attention dans les premières semaines que lorsque, inquiet de l'absence de rigueur dans les procédures de travail où ma fonction s'insère, j'évoquerai l'éventualité de la création d'un Conseil national de sécurité à l'américaine, qui aurait à connaître des questions de relations internationales et de défense, et qui orienterait l'activité des services secrets. L'idée lui plaira et, dans une démarche surprenante pour quelqu'un qui devrait connaître les habitudes de travail de François Mitterrand, il décidera de la présenter et de la défendre auprès du président. J'établirai à sa demande un mémorandum qu'il lui transmettra. Quelque temps plus tard, il me dira par téléphone que Mitterrand ne considère pas cette création comme opportune : « Car il se trouverait dans l'obligation d'y faire siéger un ministre communiste. »

En vérité, je me rendrai vite compte de l'allergie du président à une telle méthode; il répugne, pour préparer ses décisions, aux débats de groupe, et ne se sent à l'aise que dans les tête-à-tête. Probablement l'habitude de l'avocat avec son client.

Mais c'est essentiellement auprès de l'Élysée que je dois prendre d'abord mes marques dans l'État socialiste.

Je suis reçu par François Mitterrand moins de deux semaines après la prise de fonctions. L'atmosphère de l'audience paraît positive. Je livre d'abord mes premières impressions sur le SDECE, et je dis mon intention, devant la situation que j'ai trouvée, de procéder rapidement à une restructuration; pas de réactions. Puis je fais part au président de quelques renseignements sur l'Afrique qui me paraissent pouvoir l'intéresser; il écoute sans réagir. J'évoque en particulier la situation au Tchad où les troupes libyennes occupent une large partie du pays et où les forces dissidentes d'Hissene Habré menacent le gouvernement légal de Goukouni Oueddei. Je l'informe des contacts que le SDECE avait avec Habré, de l'existence d'une liaison radio ouverte en permanence et de la fourniture d'équipements. Après que je lui ai demandé ses instructions, il me donne ordre de maintenir les liaisons, mais de cesser le soutien logistique. Puis j'évoque un plan que j'ai trouvé au SDECE sur l'organisation d'un attentat contre le colonel Kadhafi. « Non, ne donnez pas suite, répond le président. C'est contraire à ma philosophie politique. »

J'évoque ensuite les objectifs de mon voyage aux États-Unis quelques jours plus tard, que j'ai organisé avec Pierre Bérégovoy; il ne réagit pas. Le secrétaire général m'a demandé d'expliquer aux Américains la position de François Mitterrand vis-à-vis des communistes français; il approuve silencieusement.

L'audience est terminée; elle a duré moins de vingt minutes. Je n'ai pas senti de tension, mais je suis surpris qu'il n'en ait pas profité pour exprimer ses intentions en Afrique; sur le Tchad et la Libye en particulier, il s'est borné à répondre de manière elliptique aux questions que je lui posais; je ne sais pas ce qu'il veut y faire. Il n'a manifesté aucune curiosité sur la CIA et sur son rôle dans le gouvernement américain. A aucun moment, il n'a donné d'indications sur sa politique ou d'orientations sur des renseignements nécessaires. Je suis un peu déconcerté. Il avait été beaucoup plus prolixe le 10 juin. Je mets l'absence de dialogue réel sur le compte d'un premier contact; après tout, je ne suis moi-même pas encore en état d'apporter des éléments substantiels. Je ne reverrai pas le président de tout le mois de juillet, sauf le 14 dans la cohue de la *garden party* de l'Élysée.

C'est avec Bérégovoy que j'organise la rencontre du président avec Henry Kissinger, amorcée lors de mon passage aux États-Unis début juillet. Cela pose un problème des deux côtés. Kissinger est réservé; quant à Mitterrand, il garde un souvenir exécrable de l'accueil qu'avait réservé, une dizaine d'années plus tôt, le secrétaire d'État en exercice au politicien sans position gouvernementale.

Mais Bérégovoy a dû être très insistant et la rencontre est fixée au 3 août à Latché. Je dois aller chercher Henry Kissinger près de Deauville dans la propriété du magnat britannique de la bière, Guinness, où il passe quelques jours.

Après un tennis avec le jeune petit-fils héritier du nom, un dîner de six couverts suivi d'une heure d'entretien en tête-à-tête avec Kissinger, et une nuit passée chez ses hôtes, nous embarquons à l'aéroport de Deauville sur un Mystère 20 qui nous emmène à Biarritz. Il fait très beau; Kissinger est de bonne humeur; nous sommes seuls à bord et nous plongeons dans les journaux. Une voiture du SDECE, entourée des escortes de sécurité maximale, nous emmène ensuite à Latché. Le trajet emprunte autoroute, route nationale, route départementale, route cantonale, puis chemin vicinal en terre; Kissinger se trémousse sur le siège et finit par me lâcher le plus sérieusement du monde : « Vous n'allez pas me livrer aux séparatistes basques, hein ! »

Mais nous arrivons; François Mitterrand est sorti nous accueillir; il est souriant et le premier contact est facile.

La maison est très modeste; la grande pièce que nous traversons est spartiatement meublée. Nous débouchons sur une grande terrasse face aux arbres, où nous retrouvons Mme Mitterrand, Jacques Attali et François De Grossouvre. Nous passons rapidement à table. Mme Mitterrand, qui a cuisiné, nous sert; elle restera pratiquement silencieuse.

La conversation s'engage tout de suite; je vais servir d'interprête pendant les cinq heures que durera la rencontre, relayé un court instant par Attali pendant le repas. Après le déjeuner, nous prenons le café sur des chaises longues, puis le président nous fait l'honneur de la propriété, nous guidant à travers les pins jusqu'à un pavillon isolé à une centaine de mètres, où sont installées la table de travail et la bibliothèque chargée de livres, de romans et de poésies.

François Mitterrand parle peu; il pose de temps en temps une question qui relance Kissinger dans un exercice qui semble lui plaire : l'exposé géopolitique.

Je ne reprendrai ici que quelques-unes de ses observations. Sur l'Union soviétique, il souligne la large part d'improvisation de sa politique étrangère; il considère qu'elle est engagée dans un processus de déclin au plan économique. Il se tient pour le principal artisan de la solution à la guerre du Viêt-nam, et du rapprochement avec la Chine qui a permis de modifier le jeu bipolaire avec l'Union soviétique et de peser sur sa frontière orientale. Sur le Moyen-Orient, il souligne l'intérêt d'une résolution à chaud des problèmes en exploitant les crises aiguës comme il l'a fait en 1973 pour mettre un terme à la guerre du Kippour; je note à ce sujet une certaine sympathie pour les qualités de négociateur et le sérieux du Syrien Assad, qu'il considère comme un acteur dont il faut tenir compte sur la scène proche-orientale; il n'estime pas que les accords de Camp David constituent une percée significative, et manifeste un grand scepticisme sur une solution au conflit israélo-arabe. L'Amérique centrale et l'Amérique du Sud sont la chasse gardée des États-Unis; les relations avec le Mexique sont particulièrement importantes; Cuba et le Nicaragua constituent des menaces contre l'Occident qu'il ne faut pas encourager. Les États-Unis et la France pourraient agir de concert pour la recherche d'une solution aux problèmes de l'Afrique australe.

Après une interruption de près d'une heure, que François Mitterrand passe avec des amis voisins, nous nous disposons à repartir vers l'aéroport de Biarritz; il est 18 heures. Dans la voiture qui nous emmène, la conversation reprend; Mitterrand et Kissinger sont à l'arrière; je suis à l'avant à côté du chauffeur mais, tourné vers eux, je continue à traduire. Le président s'exprime pour la première fois de manière substantielle. Il revient sur le diagnostic de Kissinger concernant l'Union soviétique mais, curieusement, il ne le traite pas au plan international; il se lance dans un développement sur la politique intérieure française, et sur la stratégie qu'il a menée pour affaiblir le Parti communiste. « Vous voyez, moi aussi j'ai misé sur un recul du communisme », conclut-il, sans retenir l'intérêt de son interlocuteur.

Plus tard, je repenserai souvent à cette scène. Elle souligne de manière caricaturale les différences de perspective entre politiciens américains et français, ainsi que le poids des préoccupations de politique intérieure sur l'action internationale de la France. Quel dommage que l'annonce d'un affaiblissement de l'Union soviétique, ne nous ait pas conduits à une action plus vigoureuse sur la scène européenne. La France aurait été en meilleure position de force pour aborder, huit ans plus tard, la réunification allemande et la nouvelle donne en Europe centrale!

Je serai reçu à deux reprises par le président au mois d'août. Toujours pas un mot sur ses orientations. De mon côté, je n'ai pas encore grand-chose à dire. Sauf en ce qui concerne la réorganisation du SDECE, que j'ai mise en place quelques jours auparavant. Mais là vient la surprise. Lorsque je lui tend le dossier descriptif que j'ai préparé à son intention, il l'écarte sur le côté du bureau et me dit, suivant une formule qui resservira chaque fois qu'il refusera de traiter une question : « Veuillez en venir au point suivant. » Jamais il ne me reparlera de l'organisation du SDECE dont il avait pourtant souligné, en juin, l'importance et l'urgence.

J'évoque aussi, sans plus de succès, le projet que lui a présenté Hernu de création d'un Conseil national de sécurité, ainsi qu'une solution moins ambitieuse d'une commission permanente du renseignement sur laquelle j'avais adressé à l'Élysée une note de proposition.

J'ai le sentiment que François Mitterrand est plus ouvert; est-il en train de m'accepter dans le cercle de confiance? De mon côté, j'espère que la réorganisation va me permettre d'étoffer mes présentations. Je ne me doute pas qu'il va s'écouler près de cinq mois avant ma prochaine audience.

Les deux personnes que François Mitterrand m'a désignées

comme interlocuteurs directs sont le secrétaire général de la Présidence, Pierre Bérégovoy, et le chargé de mission, François De Grossouvre.

Le premier est un petit homme vif, aux yeux constamment en éveil, au regard inquisiteur et pénétrant derrière ses lunettes et sous ses sourcils broussailleux. Il est généralement affable et souriant, mais peut devenir rapidement pressant et autoritaire. Dès nos premiers contacts, il me signifie qu'il est investi par le président d'une large autorité avec laquelle je vais avoir à compter. Bien que la fiche qu'on m'ait donnée au SDECE le décrive comme un autodidacte, je ne tarde pas à noter qu'il est doté d'une sérieuse culture et d'une excellente mémoire. Je suis frappé par sa sûreté de jugement dans les problèmes qu'il aborde, en particulier de nature politique ou économique; il est manifestement moins à l'aise dans les domaines techniques. Il est bien organisé, précis et net dans les instructions qu'il donne et dans les demandes qu'il formule. Ses décisions sont rapides et sans ambiguïté. Je crois que c'est un des rares hiérarques socialistes que j'aie rencontrés qui ne mettrait pas en péril une petite entreprise dont on lui confierait la direction.

Il a en effet un contact facile avec le président. Il peut le voir sans délai à tout moment de la journée. Je sens vite qu'il connaît parfaitement ses réflexes. Lorsque je lui soumets une question qui me paraît du ressort du président, la décision est obtenue très rapidement; j'ai quelquefois l'impression qu'il prend sur lui de décider à sa place, en tout cas il sait presser François Mitterrand pour obtenir une réponse.

Il me fait très vite comprendre qu'il entend utiliser au maximum les Services Secrets. Il porte intérêt à la présentation que je lui fais de la réorganisation du SDECE. Il va être pour moi un interlocuteur essentiel qui me donnera des instructions et des réponses précises; mais il apparaît clairement qu'il veut se borner à des questions de fait et qu'il ne veut pas aborder la substance politique. Je le tiendrai moi-même précisément informé de la réorganisation du SDECE, de ses activités, de mes contacts à l'étranger, de mes difficultés.

La première demande qu'il exprime concerne la recherche de renseignements sur l'origine d'attaques dont le franc fait l'objet en juin. Malheureusement, la compétence et les moyens du SDECE sur ce plan sont très faibles; j'obtiens quelques indications exploitables de nos postes en Suisse, à Bruxelles, et à New York. Comme je m'excuse de la modeste moisson, il se déclare satisfait et me laisse entendre qu'il comprend bien ma situation. Nous engagerons plus tard ensemble des actions plus fructueuses.

Sur décision du président, Pierre Bérégovoy cessera en novembre 1981, dans des circonstances que je décrirai plus loin, de suivre les affaires du SDECE. J'ai la conviction que, s'il était resté à l'Élysée mon principal interlocuteur, le rôle confié aux Services Secrets aurait été beaucoup plus net et significatif. Je pense aussi qu'il se serait employé à régler les malentendus et les difficultés que je devais rencontrer de manière croissante. J'apprendrai plus tard qu'il partageait ce sentiment. Je le rencontrerai en 1983, en tant que président d'Aéroports de Paris, dans le salon d'honneur de l'aéroport Charles-de-Gaulle, à l'occasion d'un départ du président qu'il accompagnait en tant que ministre; il quittera le groupe officiel et traversera toute la grande pièce pour venir me dire : « Monsieur Marion, je suis heureux de vous revoir. Je conserve un excellent souvenir de notre collaboration. »

François De Grossouvre est d'une tout autre étoffe. Il doit exclusivement sa position à Mitterrand, dont il est l'intime depuis un quart de siècle; il l'a servi notamment comme trésorier de ses campagnes, ce qui induit un intérêt particulier pour les financements occultes. Il affiche une grande distance vis-à-vis de l'état-major de l'Élysée comme du Parti socialiste, où il ne semble entretenir de relations suivies qu'avec quelques hiérarques, en particulier Defferre et Hernu. Il a un accès facile au président : tous les jours, un peu après 19 heures, il quitte courtoisement son visiteur en indiquant qu'il monte chez le chef de l'État pour de mystérieuses rencontres qui durent de vingt minutes à deux heures; je mettrai quelque temps à en comprendre l'objet...

A l'Élysée, De Grossouvre est en principe chargé de suivre les questions du SDECE et des polices; il est surtout chargé de petites besognes que Mitterrand lui confie, ainsi que de missions, souvent insolites, en France et à l'étranger. Il est efficace pour faire passer des messages au président; les retours sont soit inexistants, soit aléatoires. Il ne sera jamais très ardent pour appuyer le service ou représenter l'autorité de l'Élysée, comme je m'en suis déjà rendu compte lors de ma prise de contacts avec le SDECE en juin. Il a des centres d'intérêt très ciblés, au premier rang desquels le Liban, puis le Gabon, le Maroc et la Corée du Nord. Il nous demande à leur sujet des renseignements, mais est en retour très discret. Pour le reste, il est surtout intéressé par des informations ponctuelles sur des personnes, et n'attache qu'une attention lointaine et distraite aux analyses de situation.

Sa contribution à la réorganisation du SDECE est surprenante et encombrante. Il va m'adresser et me recommander pendant plusieurs mois des personnages sans consistance qu'il me faudra recevoir à de nombreuses reprises. Ils se présentent comme des anciens du service écartés depuis longtemps « pour des motifs politiques ». Ils me conseillent avec force détails de créer un service parallèle, auquel ils sont prêts à apporter leur talent clandestin, et de vider petit à petit le SDECE de sa substance. Je ne suivrai pas leurs suggestions et ne ferai pas appel à leurs services. Et je n'aurai jamais de De Grossouvre le fin mot de son intérêt pour eux. Voulait-il vraiment que je les emploie ? Souhaitait-il en faire des sous-marins pour m'espionner ? Voulait-il simplement se débarrasser de quémandeurs ?

Par contre, s'il m'invite fin juillet à un déjeuner avec de Marenches dont il ne sort rien, il ne porte pas attention à la restructuration du SDECE que je lui présente pourtant de manière détaillée. Il n'intervient pas non plus pour contribuer à la mise en ordre des procédures intergouvernementales. Il ne s'intéresse ni au projet de Conseil national de sécurité qu'Hernu a soumis au président, ni à celui de la création d'une commission permanente du renseignement que je propose à l'Élysée au mois d'août. Je dirai plus loin ce que sera son attitude dans la tentative d'organisation des relations avec le ministère de l'Intérieur et la DST. Il ne jouera aucun rôle dans la coordination entre organismes intervenant dans les affaires de sécurité.

Je poursuis mon périple dans l'État socialiste avec le Premier ministre auprès duquel je mets deux mois à obtenir une audience. Pierre Mauroy m'accueille dans son bureau modeste de l'hôtel Matignon. Il est sympathique, direct, chaleureux; il s'exprime avec force et conviction. Mais il ne souhaite manifestement pas entrer dans les secrets du SDECE. Son propos roule pour l'essentiel sur l'action qu'il a menée, depuis qu'il est Premier ministre, dans les domaines économique et social; il s'étend en particulier sur l'épreuve qu'a constitué la conduite de la défense du franc dans les premières semaines; il est fier de décrire les difficiles décisions qu'il a dû alors prendre. Mais lorsque j'insiste sur les services que peut lui rendre le SDECE dans la recherche de renseignements qui lui paraîtraient utiles, il élude. Lorsque je lui dis être prêt à le rencontrer périodiquement pour le tenir informé de nos activités, il ne répond pas. Je ne le reverrai ensuite que rarement. Matignon restera complètement extérieur au circuit des affaires secrètes et de sécurité.

Je rencontre Claude Cheysson, à sa demande, trois jours après ma prise de fonctions. Cette hâte me paraît de bon augure. N'est-il pas particulièrement important qu'existent d'efficaces conditions de coopération entre le Quai d'Orsay et les Services Secrets? J'attends avec intérêt de rencontrer ce polytechnicien qui a fait l'essentiel de sa carrière dans le corps diplomatique.

Le jour du rendez-vous, je suis introduit dans le bureau de Vergennes, tout chargé d'histoire et... de dorures. Quelle magnificence! Le ministre me reçoit, assisté de son directeur de cabinet, dans le coin salon de l'immense pièce qui donne sur les jardins. Mais ce n'est pas ce à quoi je m'attendais; j'apprends rapidement pourquoi il a souhaité me voir si vite après ma nomination. Claude Cheysson veut me prendre en main; il souhaite que le SDECE se soumette à l'autorité des Relations extérieures; s'il parle de coopération, c'est pour affirmer qu'elle est à sens unique. Tout ceci est dit avec tout l'enrobage du diplomate dans un long discours incontinent et décousu.

Qu'à cela ne tienne. J'ai appris, en pratiquant l'aïkido au Japon, la méthode consistant à amplifier le mouvement de la personne en face. Oui, nous ne pouvons que coopérer étroitement puisque nous disposerons d'informations différentes, et d'analyses qu'il nous faudra confronter. Oui, il sera nécessaire qu'il m'explicite les ressorts et les objectifs de son action internationale pour orienter nos activités secrètes. Oui, nous devrons déterminer ensemble les axes et priorités de nos recherches de renseignements. Oui, j'aurai besoin de coordonner avec lui les actions menées, lui par la voie diplomatique, moi par celle des Services Secrets.

Claude Cheysson semble bien prendre ma réaction; quelques jours plus tard, il fera à Charles Hernu une remarque positive sur l'entretien et sur moi-même. Je le reverrai quinze jours plus tard, mais je serai surpris de ne rien pouvoir aborder de substantiel. L'avenir montrera le vide de ses intentions de coopération.

Dans le domaine politique, j'aurai trois autres interlocuteurs : Gaston Defferre, ministre d'État, ministre de l'Intérieur et de la Décentralisation; Jean-Pierre Cot, ministre délégué à la Coopération; Guy Penne, à l'Élysée. En ce qui concerne le premier, nous le retrouverons plus tard dans les questions de contre-espionnage et de contre-terrorisme. Quant aux deux autres, je décrirai plus loin les contacts avec eux à l'occasion des affaires africaines.

Dans le domaine économique, je rends visite aux ministres responsables. Avec Jacques Delors et Laurent Fabius, il s'agit d'un contact de pure forme. Michel Jobert, ministre d'État chargé du Commerce extérieur, me reçoit à plusieurs reprises; nous nous sommes connus en Extrême-Orient; j'apprécie beaucoup son jugement; son expérience politique lui a fait percevoir l'activité du SDECE vue de Matignon et de l'Élysée; il me donne effectivement de judicieux conseils sur l'orientation de nos activités et sur les précautions à prendre, notamment vis-à-vis de certains responsables politiques.

A l'Industrie, ma visite à Pierre Dreyfus est décevante; cet homme qui a été un dirigeant remarquable d'une grande société nationalisée est fatigué; je ne puis retenir son attention sur le rôle que pourrait jouer le SDECE dans le renseignement industriel. A la Recherche, Jean-Pierre Chevènement me donne l'impression de ne pas maîtriser la matière technologique; il fait, devant la personne de son cabinet chargée des relations avec le SDECE, une démonstration d'autorité et de glorieuses déclarations dont il ne sortira rien.

Enfin, la rencontre avec Édith Cresson, ministre de l'Agriculture, est pittoresque; elle me retient pour un déjeuner en tête à tête au cours duquel j'ai du mal à l'intéresser à l'assistance que nous pourrions lui apporter en la renseignant sur la préparation des négociations de Bruxelles et sur les stratégies des multinationales alimentaires. Je dois me contenter de la laisser parler de ses difficultés de femme face aux dirigeants agricoles. Tous ces contacts resteront sans résultat et nous devrons chercher ailleurs les orientations de recherche de renseignements économiques et technologiques.

Pendant cette phase d'insertion dans l'appareil d'État, je participe à deux affaires; elles m'amènent à découvrir deux domaines qui devaient devenir des sujets d'intense intérêt pour le SDECE : la situation au Liban et le terrorisme.

Fin août, De Grossouvre me demande sans préavis de l'accompagner dans le Midi de la France pour une rencontre secrète dont je ne devrai rien dire au SDECE. Il m'emmène à Beaulieu-sur-Mer pour des entretiens avec des personnalités libanaises. Nous avons quarante-huit heures de conversations avec Amine Gemayel [1], accompagné d'un conseiller, Samy Maroun, entrecoupées de sorties sur le luxueux bateau de ce dernier. Fils de Pierre Gemayel, fondateur des milices chrétiennes, Amine est député au Parlement libanais. Quant à Samy Maroun, il doit sa fortune aux affaires multiples qui semblent tourner autour de l'exploitation du port de Beyrouth et de l'approvisionnement en armes des milices. Dès le premier contact, je comprends que De Grossouvre est intime avec les deux Libanais.

La discussion tourne autour des solutions à la crise politique du Liban. Nos interlocuteurs exposent un plan qui aurait retenu l'attention du gouvernement et des groupes modérés libanais. Il comporte pour l'essentiel l'établissement d'une structure fédérale cantonale de type suisse; le pays serait réduit par l'abandon à la Syrie d'un morceau de la plaine de la Bekaa; il serait libéré d'une partie des Palestiniens transférés en Cisjordanie et dans la Bekaa devenue syrienne; les autres, regroupés dans des camps, recevraient une assistance financière pour

1. Il sera élu président de la République en septembre 1982, son frère Bachir ayant été assassiné quelques jours avant sa propre investiture.

amorcer leur développement économique. Les cantons seraient découpés pour correspondre aux groupes ethniques ou religieux, et disposeraient de leur propre armée. La force fédérale serait constituée de contingents de chaque canton par rotation.

Dans l'esprit de nos interlocuteurs, une large présence militaire française jouerait un rôle clef de soutien, tandis que nos Services Secrets favoriseraient la mise en place des nouvelles institutions. Ils pensent qu'un prolongement de deux ans du mandat du président Sarkis faciliterait l'opération.

Curieusement, De Grossouvre, qui a la réputation d'être un spécialiste du Liban, s'exprime peu. Au cours des deux dernières séances, il se montre tantôt muet, tantôt évasif. Et il me pousse à m'exprimer sur le soutien militaire et secret que la France pourrait offrir. Alors que je viens de prendre mes fonctions au SDECE, je suis peu préparé à traiter d'un problème aussi délicat. Ce handicap, il ne peut l'ignorer. J'interprète son attitude comme visant à me « mouiller », ce que confirmera l'assiduité dont je ferai désormais l'objet de la part des deux Libanais. Surtout, je ne peux m'empêcher de noter l'étonnante proximité qu'il affiche avec les deux hommes, et qui semble avoir peu à faire avec la politique.

Je suis frappé, malgré mon faible niveau d'information, par le caractère irréaliste et flou d'une telle approche autant que par la légèreté des conceptions politiques de nos interlocuteurs devant une situation de chaos et de guerre civile dans laquelle le Liban s'enfonce depuis près de dix ans. Mais surtout, ils semblent commettre une monumentale erreur d'appréciation sur nos capacités d'intervention ; nous ne sommes plus dans les années vingt au temps du protectorat ; nous ne disposons plus de la puissance et de l'influence que nous avions avant la deuxième guerre mondiale au Proche-Orient. Les positions des puissances régionales, au premier rang desquelles Israël et la Syrie, me paraissent incontournables ; seuls les États-Unis pourraient envisager une intervention de la nature de celle qui nous est proposée. Le seul rôle utile que la France pourrait jouer serait celui d'intermédiaire secret entre les parties prenantes. Mais De Grossouvre ne tente pas de les détromper ; au contraire, il en rajoute sur nos possibilités d'action. Je me demande si cette illusion entretenue ne risque pas de conduire les chrétiens libanais dans l'impasse et la France dans un dangereux guêpier.

Dix jours plus tard, c'est l'assassinat à Beyrouth de l'ambassadeur Delamarre. Je l'apprends à Tunis, où je m'apprête à rencontrer les dirigeants tunisiens, par un télégramme secret de la Centrale. Mon homologue tunisien ne dispose d'aucune indication utile; il ne semble pas non plus très armé en matière de contre-terrorisme.

De retour à Paris, je prends connaissance des premiers éléments d'enquête que le Service a pu rassembler. La voiture de l'ambassadeur a été interceptée à une centaine de mètres d'une barricade tenue par des militaires syriens qui ne sont pas intervenus; un commando de quatre hommes a tenté d'ouvrir la porte verrouillée, puis a tiré à l'arme automatique. L'ambassadeur a été tué sur le coup; son chauffeur est indemne. Je donne instruction de tout mettre en œuvre pour déterminer quels ont été les instigateurs et les acteurs de l'attentat.

Une quinzaine de jours plus tard, nous obtenons des renseignements de nos sources à Beyrouth; ils désignent les Syriens comme commanditaires; ils recoupent des indications provenant du président libanais Sarkis, de l'ambassadeur d'Algérie à Beyrouth, de certains responsables palestiniens, et surtout de sources proches de la direction syrienne. L'attentat aurait été exécuté par un groupe de petits gangsters non rattachés à un mouvement organisé.

L'hypothèse avancée paraît bien cadrer avec les ambitions syriennes; les autorités de Damas sont hostiles à l'activisme français pour promouvoir une solution au Liban où elles veulent se réserver une position dominante. Delamarre lui-même, qui était prudent, n'aurait pas été visé. Mais Claude Cheysson s'était rendu récemment à Damas. Il y aurait eu un contact difficile avec son homologue syrien sur la situation du pays du Cèdre, notamment sur le rôle et la composition de la force arabe de dissuasion alors purement syrienne. Il avait aussi rencontré Yasser Arafat à Beyrouth même, quelques jours avant l'assassinat.

Une autre hypothèse est avancée par certains responsables arabes ; elle impliquerait l'Iran *via* des mouvements chiites libanais qui auraient voulu, en enlevant l'ambassadeur, obtenir une monnaie d'échange pour l'extradition de France de l'ancien président Bani-Sadr. Cette hypothèse, que semble privilégier par le Quai d'Orsay malgré le fait qu'elle cadre mal avec le déroulement de l'action du commando, fait même l'objet d'une déclaration de Claude Cheysson.

Une autre possibilité sera évoquée ultérieurement ; il se serait agi de motivations non politiques, liées à une affaire intéressant des biens immobiliers français au Liban sur laquelle l'ambassadeur enquêtait.

Nous ne disposons pas encore de renseignements suffisamment sûrs pour confirmer catégoriquement la responsabilité syrienne. C'est le sens des notes secrètes que le SDECE adresse à l'Élysée et au Quai d'Orsay. Nous n'aurons aucune réaction de la présidence. Quant au ministre des Relations extérieures, je souhaiterais pouvoir confronter nos renseignements, discuter des hypothèses et évoquer les conséquences à tirer de cette affaire. Mais je ne réussis pas à obtenir de rendez-vous et son directeur de cabinet est évasif. Je ne serai jamais informé de l'attitude que les autorités françaises adopteront finalement sur ce grave incident, comme je ne connaîtrai d'ailleurs pas les orientations de la diplomatie au Liban. L'affaire soulève pourtant des questions qui auraient justifié un examen attentif entre les organes concernés de l'État.

Car c'est la première fois qu'une action terroriste peut être interprétée comme visant à obtenir une modification de la politique de l'État français. Jusque-là il s'était agi, en s'attaquant à des personnes ou à des biens, d'attirer l'attention de l'opinion sur la cause palestinienne, ou d'éliminer des opposants comme les émigrés iraniens ; si le territoire français avait été choisi, c'était pour des raisons de facilité, les groupes violents considérant qu'il constituait un lieu plus commode et moins dangereux pour eux. L'assassinat de Delamarre préfigure une nouvelle forme de terrorisme dirigée directement contre l'appareil d'État français ; il s'apparente à la prise d'otages de l'ambassade américaine à Téhéran en 1979 plutôt qu'aux actions aveugles à Paris.

Ensuite, sous cette forme, le terrorisme devient un paramètre dans l'équation de la politique étrangère. Il constitue un substitut à la puissance politique ou à la force militaire pour des États ou des organisations qui ont découvert en lui un levier permettant d'agir sur les sociétés développées, ainsi qu'un moyen de pression et d'influence sur la scène internationale.

Enfin, le Liban apparaît maintenant en pleine lumière comme un point focal du terrorisme. L'affrontement de groupes rivaux, l'existence de fortes implantations palestiniennes et de l'état-major de l'OLP, le délabrement de l'État, constituent de puissants facteurs pour que s'y concentrent les actions de préparation ou d'exécution d'opérations à finalité politique.

Je décide donc dès ce moment d'y mettre en place un dispositif spécifique rattaché à notre organisation contre-terroriste; il sera coupé du poste traditionnel qui ignorera ses activités. Sa mission sera de mettre sur pied un réseau de renseignements et de rassembler des observations pour d'éventuelles actions. La première tâche qui lui est confiée consiste à déterminer qui sont les commanditaires et les exécutants de l'assassinat de l'ambassadeur. Il faudra quelque temps pour qu'elle soit menée à bien; elle n'apportera pas d'autres lumières sur les commanditaires, mais elle débouchera sur l'identité des tueurs qui seront exécutés.

Je viens avec ces deux expériences de prendre brutalement la mesure des conditions de fonctionnement de l'État socialiste. Dans la première, je m'étonne qu'on puisse aborder dans un tel état d'impréparation une discussion sur la situation au Liban. Dans la seconde, je ne comprends pas qu'on ne procède pas à une concertation sur les conséquences à tirer de l'assassinat d'un ambassadeur.

Mais c'est avec Gaston Defferre et le ministère de l'Intérieur que les relations seront les plus surprenantes.

CHAPITRE 4

LA DST REFUSE DE COOPÉRER

Dès mes premiers jours au SDECE, les cadres supérieurs me confirment l'absence de coopération organisée avec le ministère de l'Intérieur. Il en résulte des conséquences néfastes à la fois dans le domaine du contre-espionnage et du contre-terrorisme. Ces cadres expriment des réserves vis-à-vis de la DST à cause de ses méthodes de travail et de la mauvaise volonté qu'elle a toujours montrée à collaborer.

Il est de l'essence même des Services Secrets de devoir articuler leur action avec celle des autres organes gouvernementaux. Ils ne peuvent remplir leur mission que s'ils constituent le prolongement secret du pouvoir politique, et entretiennent avec les départements ministériels intéressés une coopération à un niveau proche du ministre lui-même. Je vais petit à petit découvrir que ces conditions ne sont remplies en France à aucun degré.

Cette nécessité de coopération est particulièrement impérieuse avec le ministère de l'Intérieur et ses trois directions de police : Police judiciaire (PJ), Renseignements généraux (RG) et Surveillance du territoire (ST), qui sont concernées par les questions de sécurité nationale.

En particulier, la fonction de contre-espionnage est partagée entre le SDECE, responsable à l'étranger, et la DST, responsable sur le territoire national. Un décret de 1964 détermine bien la compétence géographique des deux organismes, mais il est totalement muet sur leur articulation et leur coopération. Cette insuffisance était pourtant déjà soulignée dans le rapport du Premier ministre de l'époque, qui indiquait que *le contre-espionnage forme un tout difficilement dissociable en fonction de critères géographiques.*

Quant au contre-terrorisme, il est pratiquement ignoré dans l'organisation des services publics. Aucun texte n'associe les différents organismes impliqués (SDECE, polices, gendarmerie, DPSD [1]) dans la conduite de leurs actions. On est pourtant devant un continuum de menaces qui se manifestent à la fois à l'étranger, où seul le SDECE dispose de moyens, et sur le territoire national, où agissent les services de police et de gendarmerie.

Je ne m'arrête donc pas aux réactions de mes subordonnés. Je pense qu'il s'agit d'un malentendu provenant d'une absence de concertation nette et franche avec la place Beauveau. Je suis convaincu que les nécessités de la coopération et l'évidence de son importance devraient s'imposer des deux côtés. Je pense qu'il devrait suffire d'une explication de bonne foi où seraient mis sur la table les problèmes, les missions, les griefs réciproques. Je crois, sans toutefois convaincre mes collaborateurs, qu'en abordant franchement, avec la volonté d'aboutir, les responsables de l'Intérieur, je réussirai à surmonter les réticences des deux côtés.

Je fais part de ma résolution à De Grossouvre. Il semble suivre de près les questions de l'Intérieur et paraît être en bons termes avec Defferre. J'ai rapidement confirmation que François Mitterrand lui a demandé de veiller attentivement sur les affaires de police. Je souhaite en particulier savoir comment l'Élysée envisage la coopération SDECE-DST. De Grossouvre me met d'entrée en garde contre Marcel Chalet, directeur de la DST, qu'il considère comme peu sûr et sans doute malintentionné vis-à-vis du nouveau pouvoir. Je prends cette réserve avec précaution; il me paraît indispensable d'encourager une coopération étroite entre la DST et le SDECE; nos organisations traitent parallèlement des affaires de contre-espionnage, la première à l'intérieur, la seconde à l'extérieur du territoire national; il existe certainement des cas appelant des droits de suite dans les deux sens; certaines affaires réclament d'étroits

1. La direction de Protection et Sécurité de défense relève du ministre de la Défense.

contacts opérationnels. Mais De Grossouvre ne souhaite manifestement pas essayer de nous rapprocher; il me conseille d'en parler avec le ministre de l'Intérieur.

Gaston Defferre et moi-même sommes tous deux originaires des Bouches-du-Rhône. Sans que je l'aie approché sous l'Occupation, en 1943-44 j'ai été en relation avec un de ses amis, Max Juvenal, qui commandait dans la Résistance un maquis parallèle à celui de Defferre. Nous avions eu ensuite quelques contacts épisodiques lorsque je passais dans la région marseillaise. Je connaissais son dynamisme, son habileté, sa brutalité dans la poursuite de ses objectifs. Je savais aussi par Hernu qu'il avait été le seul à s'exprimer au cours du Conseil des ministres qui avait retenu ma nomination : « C'est un excellent choix », avait-il déclaré. J'ai donc toutes raisons de m'engager avec confiance dans la coopération avec son ministère et ses services.

Dès la fin juin, je lui fais une visite de courtoisie. Il me reçoit de façon sympathique en présence de son directeur de cabinet, le préfet Grimaud, avec qui j'avais eu de bonnes relations lorsqu'il était secrétaire général à l'Aviation civile. Lorsque j'évoque la nécessité d'une coopération étroite entre le SDECE et les directions de police, en particulier la DST, il ne réagit pas de façon négative. Il me demande de prendre contact à cet effet avec Chalet. J'appelle ce dernier dès le lendemain sans prendre le temps de discuter en détail avec le contre-espionnage la question de nos relations. Marcel Chalet souhaite d'abord m'inviter à déjeuner et nous convenons du début juillet.

Quelle n'est pas ma surprise le jour dit lorsque j'arrive au restaurant où il m'a invité, sur la butte Montmartre! La petite salle est une véritable ruche, pleine d'une clientèle bruyante. Nous sommes installés à une petite table au beau milieu de l'assistance. Nous sommes tellement serrés que je suis pratiquement assis sur les genoux du client de la table voisine. Nous avons le plus grand mal à conduire une conversation.

D'entrée, le contact est difficile. Marcel Chalet est fuyant; je n'arrive pas à saisir son regard. L'on dirait que son long séjour dans le contre-espionnage policier le condamne aux strictes approches obliques. Et puis, il est très marqué par sa longue carrière dans l'administration; il insiste curieusement sur le fait que sa position de directeur ne doit pas créer un état d'infériorité vis-à-vis de moi qui suis directeur général; c'est vraiment le genre de préoccupation qui n'a jamais effleuré mon esprit.

Compte tenu de la configuration des lieux, nous ne pouvons aborder aucune question substantielle, encore moins amorcer une disccusion sur nos relations. La conversation roule sur des banalités; Chalet paraît les cultiver avec soin. Lorsque, vers la fin du déjeuner, j'exprime le souhait que nous nous rencontrions à nouveau rapidement et, cette fois, dans des conditions propices à une discussion sérieuse sur les modalités de notre coopération, il me répond de façon évasive, prétextant ses charges de travail et son prochain départ en vacances. De fait, il a choisi la rencontre dans ce restaurant pour « noyer le poisson » et éviter un véritable entretien.

La rencontre suivante n'a lieu que fin août. Entre-temps, j'ai pu travailler avec les deux principaux responsables de la division Contre-espionnage, réorganisée et renforcée par la Décision générale n° 1 : ils confirment leurs réserves sur l'attitude de la DST; je pense qu'en abordant notre prochaine rencontre avec la volonté d'aboutir, je réussirai à convaincre nos interlocuteurs de la DST et, par retour, à effacer les réticences des responsables du contre-espionnage. Je fais élaborer des propositions à soumettre à la DST en matière de contre-espionnage : échange systématique de renseignements, coordination dans les actions de contre-espionnage, mise en place de structures de contact au niveau opérationnel et, si nécessaire, rencontre périodique des responsables. Nous n'aborderons par contre qu'incidemment le contre-terrorisme sur lequel nous sommes encore loin d'avoir des idées précises.

Mais la rencontre de fin août tourne mal. Pour ne pas heurter la sensibilité hiérarchique de Chalet, j'ai choisi de me rendre au ministère de l'Intérieur accompagné du seul chef de la division Contre-espionnage. Alors que je plaide la coopération et la bonne volonté réciproque, les représentants de la DST, son directeur en tête, multiplient les objections, les faux arguments, les réponses dilatoires. Nous ne restons pas plus d'une heure ensemble. Je ne puis même obtenir de fixer la date de notre prochaine rencontre; il me paraît évident que je devrai l'aborder avec des propositions plus précises qui enfermeront nos interlocuteurs dans la nécessité de répondre clairement.

Il faudra que nous attendions jusqu'à fin novembre, presque six mois après ma prise de fonctions. Entre-temps, les contacts les plus élémentaires au niveau de l'exécution s'avèrent étonnamment difficiles.

Nous préparons pour cette réunion toute une panoplie de modalités de coopération que j'adresse à Marcel Chalet sous forme de projet d'ordre du jour, présenté comme base de discussion : rencontres mensuelles entre le chef de la division Contre-espionnage et le numéro deux de la DST, rencontres trimestrielles entre Chalet et moi-même sur un plan d'égalité, respect des territoires de compétence et non-interférence avec les homologues étrangers, information réciproque sur les méthodes de travail, coordination dans le recrutement des sources, création d'un tronc commun d'informations et de renseignements, mise en place d'une antenne DST au SDECE et vice-versa, organisation de liaisons entre les deux maisons, création d'équipes opérationnelles mixtes pour les affaires nécessitant des actions à la fois à l'étranger et en Fance, examen systématique des prolongements extérieurs d'opérations intérieures, organisation des échanges avec les services étrangers, coopération à l'étranger entre les postes SDECE et les agents détachés du SCTIP [1].

Au cours de la rencontre qui se tient au SDECE fin novembre, nos interlocuteurs rejettent toutes les propositions, après avoir pourtant accepté l'ordre du jour. Ils ne manifestent à aucun moment la moindre intention d'une recherche de solution. A un point de la discussion, le directeur adjoint de la DST brandit un document en déclarant : « Le jour où vous aurez quelqu'un à Moscou, nous pourrons vous confier certaines affaires. » Il n'en dit pas plus et nous ne comprenons pas de quoi il veut parler. Au bout de deux heures, il faut se rendre à l'évidence : nous n'aboutissons à rien.

Je pense que nous ne pouvons en rester là. Trop de choses importantes sont en jeu dans la conduite du contre-espionnage, dans l'organisation et la mise en œuvre du contre-terrorisme. Il

1. Service de coopération technique internationale des polices.

reste deux voies possibles : une intervention de l'Élysée, ou une démarche auprès de Defferre qui devrait s'élever au-dessus de ces querelles médiocres et prendre la mesure des enjeux. Je rends compte par lettre à Hernu de l'échec de notre approche de la DST et je m'en ouvre à De Grossouvre que je mets au courant des conditions de la rencontre. S'il n'est pas surpris et en profite pour me redire sa méfiance à l'égard de Chalet et de son équipe, il écarte une intervention de l'Élysée. Il est par contre favorable à une démarche auprès de Defferre et se propose de m'y accompagner, ce qui permet de la placer sous la caution du président. Je pense que j'ai maintenant de bonnes chances de déboucher.

Defferre nous fixe un rendez-vous début janvier 1982. Quatre personnes y participent : le ministre de l'Intérieur, son directeur de cabinet Grimaud, De Grossouvre et moi-même. Nous sommes assis en arc de cercle face au grand bureau de Defferre : Grimaud à sa gauche, moi à sa droite, De Grossouvre à côté de moi, légèrement en retrait. J'aborde la question profil bas. Je déclare qu'une coopération étroite et confiante me paraît indispensable sur des sujets qui intéressent au plus haut degré la sécurité nationale. Je précise que je n'ai aucune intention hégémonique. Je rappelle que, m'étant heurté à un mur du côté de la DST, je viens trouver le ministre pour lui proposer des modalités qui me paraissent de nature à faire avancer la coopération. Je suis bien entendu tout à fait ouvert à d'autres voies si le ministre de l'Intérieur le préfère. Je prends bien soin de ne pas m'exprimer sur le mode majeur, et je m'en remets à la sagesse et à l'autorité du ministre d'État.

Avant que j'aille plus loin, Gaston Defferre me coupe la parole. Il parle d'une voix brutale, saccadée; les propos qu'il prononce sont à la limite de l'injure; et il conclut par une menace :

« Je vais vous dire ma position, monsieur Marion. Je vais donner des instructions à tous les services de police pour qu'ils ne coopèrent plus avec le SDECE. Car votre service est un nid d'espions soviétiques. »

Je suis stupéfait. Je me retourne vers De Grossouvre qui mange littéralement sa cravate et n'a manifestement aucune intention d'intervenir. La réaction de Defferre met fin à l'entretien. Je n'ai d'autre recours que de me retirer. Je me lève et, le regardant dans les yeux :

« Monsieur le ministre d'État, vos accusations sont beaucoup trop graves. Si elles sont fondées, vous devriez traverser immédiatement la rue du Faubourg-Saint-Honoré et aller en faire part au président de la République. Et, si tel est le cas, je souhaite être informé en détail des renseignements sur les agents du SDECE que vous soupçonnez, de manière que je puisse en tenir compte dans les opérations de réorganisation et d'assainissement que j'ai entreprises. »

Je me dirige vers la porte, suivi de De Grossouvre, et prends congé.

Je débouche dans la cour de la Place Beauveau avec le chargé de mission du président à mes trousses. Il fait très froid. Je relève le col de ma pelisse. Nous nous retrouvons debout près de ma voiture, de laquelle s'écartent mon chauffeur et mes gardes du corps. J'exprime ma surprise qu'il ne soit pas intervenu :

« François, lui dis-je, je n'ai jamais été traité de ma vie avec une telle brutalité. Le refus de coopérer opposé par Defferre me paraît de nature à hypothéquer gravement mon action au SDECE. Sa déclaration sur le nid d'espions soviétiques est d'une exceptionnelle gravité.

« Je vais réfléchir cette nuit, mais il n'est pas exclu que le président ait sur son bureau demain matin ma lettre de démission. Il faut en tout cas que vous le mettiez tout de suite au courant de ce qui vient de se passer, et que vous lui suggériez de clarifier avec Defferre la nature des renseignements qu'il détient sur des agents du SDECE.

« Il va de soi que si je reste, je devrai pouvoir en disposer pour remplir ma mission. Il n'y a pas d'autre voie maintenant, pour sortir de cette impasse entre la DST et nous, qu'une intervention de l'Élysée. »

De Grossouvre me supplie de réfléchir, de ne pas envisager de démissionner. Il me promet de parler sans délai au président.

Je le quitte très troublé. Ma nuit est agitée. J'avais déjà dans les semaines précédentes connu de sérieuses interrogations à la suite d'un incident du début décembre sur lequel je reviendrai, et des mesures qu'il m'avait obligé à prendre; j'avais eu alors une conversation édifiante avec le colonel chef de la subdivision Sécurité. Je décide toutefois après une longue hésitation de poursuivre ma mission au SDECE, et j'en avertis le lendemain matin De Grossouvre. Il semble soulagé. Je lui rappelle l'engagement qu'il a pris la veille de faire intervenir l'Élysée dans la question de nos relations avec la DST, et réclame une fois de plus que me soient communiqués les renseignements mettant en cause certains de nos agents.

Je rends compte, d'autre part, par lettre secrète à Hernu, de la rencontre avec Defferre et de l'attitude de la DST. Je lui demande de provoquer une réunion interministérielle à l'Élysée. Je transmets aussi un dossier détaillé de proposition à De Grossouvre, en lui demandant de saisir le président.

Lorsque je suis reçu à nouveau par François Mitterrand, mi-janvier, après une longue interruption d'audience sur laquelle je reviendrai, je soulève la question. Je suis gratifié de sa réponse coutumière et sibylline lorsqu'il ne veut pas s'exprimer : « Monsieur Marion, veuillez prendre le point suivant. »

On n'entendra plus parler des relations entre le SDSCE et la DST. Il n'y aura aucune réunion interministérielle. Aucune coopération ne sera organisée, ni sur le contre-espionnage, ni sur le contre-terrorisme. Je n'aurai jamais aucune indication sur les prétendus soupçons pesant sur des agents du SDECE; ce n'était qu'un montage de la DST pour justifier son refus de collaborer et mobiliser Defferre sous sa bannière.

Je viens de prendre la mesure de la puissance du ministre de l'Intérieur dans l'équipe gouvernementale. Je prends aussi celle des manœuvres de la DST qui lui a fait adopter son point de vue et l'a empêché de s'élever au-dessus de l'horizon de son ministère. Defferre veut sous-estimer ou ignorer l'importance de la coopération pour les actions de contre-espionnage et de contre-terrorisme. Il est de plus engagé dans une opération de charme vis-à-vis de la hiérarchie policière qu'il avait quelque peu malmenée en 1981. Je m'efforcerai désormais d'entretenir avec lui des relations convenables, en sachant bien qu'elles baigneront dans l'ambiguïté.

Il est clair que De Grossouvre ne souhaite pas affronter Defferre. Mais c'est surtout le refus de Mitterrand de trancher qui est lourd de conséquences. Que sont devenues les professions de soutien qu'il m'avait exprimées en juin 1981? Qu'en est-il de sa volonté de faire du SDECE un organe efficace, de l'utiliser pleinement? Se rend-il bien compte du coup qu'il porte ainsi au crédit de ses Services Secrets?

Cette attitude, qui m'avait d'abord parue aberrante ou obscure, se trouvera éclairée beaucoup plus tard par des fuites rendant publique l'affaire dite « Farewell ».

Fin 1980, un agent important du KGB – la DST lui donne le nom de code « Farewell » – aurait contacté le représentant d'une firme industrielle française – qui lui avait rendu un service mineur – pour lui proposer de fournir à la France des renseignements sensibles sur les Services Secrets soviétiques. Informée, la DST aurait décidé de conduire elle-même l'opération en contradiction formelle avec les attributions du SDECE. Cette affaire allait servir Chalet pour se faire accepter par le nouveau pouvoir socialiste, très prévenu contre lui. L'opération aurait été proposée à Defferre dès mai 1981, et portée à la connaissance de Mitterrand en juin. Trois intermédiaires amateurs, deux représentants de la firme industrielle et un colonel sans formation sérieuse d'agent de renseignements, gracieusement mis à la disposition de la DST par le ministère de la Défense, plus précisément par le haut état-major, s'y seraient successivement impliqués. Elle se serait entièrement déroulée à Moscou.

A partir du début de 1981, Farewell aurait remis à ses contacts successifs des renseignements très sensibles sur le KGB, en particulier des listes d'agents à l'étranger, curieusement actifs pour l'essentiel hors de France et surtout aux États-Unis. Tout se serait brusquement terminé en janvier 1982. Farewell aurait été arrêté pour une rocambolesque affaire d'assassinat d'un agent de sécurité qui l'aurait surpris à Moscou dans sa voiture en galante compagnie. Farewell aurait ensuite avoué sa trahison et aurait été exécuté.

Cette affaire contient certains ingrédients tout à fait surprenants, qui m'inclinent au plus grand scepticisme. Pourquoi Farewell aurait-il choisi un service de contre-espionnage intérieur français – avec les risques que cela entraînait – au lieu de s'adresser directement à la CIA qui semble avoir été la principale bénéficiaire des renseignements? Comment aurait-il accepté, lui agent expérimenté du KGB, d'être « traité » à Moscou par des amateurs à qui il aurait remis des renseignements secrets dans la rue ou dans des marchés? Comment la DST aurait-elle adopté une méthode de contact, formellement contraire aux règles, comportant des risques évidents pour elle et pour sa source?

Comment s'expliquerait la réaction de Farewell lorsque, surpris dans sa voiture, il aurait assassiné successivement un agent de sécurité et sa maîtresse? Comment se fait-il qu'on n'ait pas profité de Farewell pour obtenir des renseignements plus utiles à la France? Sait-on que certaines indications présentées par la DST comme des révélations étaient déjà bien connues de la DGSE? Comment expliquer que le comportement étrange de cet agent critiquant ouvertement et trahissant sans précaution un service particulièrement protégé n'ait pas été détecté par l'organe de sécurité du KGB très attentif à ce genre de déviation?

Comment la DST a-t-elle négligé des protections élémentaires de sa source qui auraient permis de l'exploiter plus longtemps? Comment se fait-il que certains documents qui auraient été transmis par Farewell aient été portés à la connaissance de l'ambassade soviétique par un haut fonctionnaire du Quai d'Orsay? Ceci pour m'en tenir aux points les plus importants.

Ce qui ajoute à ma perplexité, c'est que durant toute cette période je rencontrais maintes fois des responsables de la CIA et en particulier son directeur général, Casey. Nous évoquions souvent l'espionnage technologique pratiqué par le KGB; Casey m'exposa à plusieurs reprises, sans jamais citer Farewell, les actions de contre-espionnage technologique que son service menait aux États-Unis; il manifestait la crainte que devant leur efficacité, les Soviétiques ne reportent leur attention sur l'Europe, notamment sur la France; il insistait vigoureusement pour que nous prenions sur notre sol des mesures analogues. Voulait-il me faire comprendre qu'il doutait de l'affaire Farewell, ce que confirme le fait qu'il ne l'ait jamais mentionnée dans les nombreuses confidences qu'il a faites jusqu'à sa mort en 1987 et qui ont été rapportées dans plusieurs livres? Et cherchait-il à m'alerter sur son existence, ce que corrobore son attitude constante d'ouverture et de coopération à mon endroit?

Car je puis révéler que ni la SDECE ni moi-même n'avons été informés de cette affaire, alors que j'étais en fonctions pendant tout son déroulement. François Mitterrand ne m'en a jamais rien dit, Gaston Defferre non plus. Charles Hernu, qui savait qu'un colonel avait été mis à la disposition de la DST à Moscou, me l'a toujours caché. Et pourtant, le SDECE était seul responsable de l'espionnage et du contre-espionnage hors du territoire national.

Je ne crois pas à la version DST de l'affaire Farewell. Cet avis est partagé par de nombreuses personnes familières avec le monde des Services Secrets et conforté par des indications données depuis, d'autant qu'on laisse entendre que Farewell coulerait des jours heureux avec sa femme à Leningrad.

Il pourrait s'agir d'une belle manipulation d'un service étranger, très vraisemblablement le KGB : elle aurait visé, en révélant aux États-Unis la connaissance par les Soviétiques de certaines caractéristiques de leurs missiles moyenne portée, à inquiéter suffisamment les Américains pour retarder leur disponibilité en Europe. Le choix de « l'exalté » Farewell s'expliquerait parfaitement pour une telle mission; il est possible que vers la fin, ses chefs aient décelé un risque de dérapage et qu'ils aient alors décidé sa mise à la retraite.

Ce qui est tout à fait étonnant, c'est que l'affaire Farewell a fait depuis l'objet de confidences de François Mitterrand à plusieurs journalistes. Il reconnaît avoir lui-même apporté, avec Claude Cheysson, les documents Farewell à Reagan et à son ministre Haig, à l'occasion du sommet d'Ottawa en juillet 1981; et il déclare : « C'est une histoire de fous. Je n'ai pas la clef. Le dénouement m'a paru tellement singulier que j'ai cessé de croire à ces balivernes. Était-ce une manipulation soviétique? Ou bien une affaire que les Américains avaient lancée alors que nous paraissions les en informer [1]? » Et il ajoute, se référant à cette dernière hypothèse : « On devait avoir l'air fin,

1. Rapporté dans *Le Président* de Franz-Olivier Giesbert, Éditions du Seuil, 1990.

Cheysson et moi, devant Reagan et Haig, en leur révélant l'affaire [1] ! » On croit vraiment rêver.

L'affaire Farewell et l'attitude du pouvoir politique vis-à-vis du SDECE en 1981 et 1982 s'éclairent mutuellement. La DST convainc Defferre d'une pénétration du SDECE : c'est le « votre service est un nid d'espions soviétiques » que me lâche le ministre de l'Intérieur en janvier 1982.

Elle le fait sans preuve, s'appuyant sans doute sur de vieilles déviations qui avaient été corrigées plusieurs années auparavant. En agissant ainsi, elle tourne le dos à son rôle qui est au contraire de protéger le SDECE.

Mais ne devrait-on pas, à l'inverse, se poser des questions sur la DST elle-même ? N'est-il pas étrange qu'il n'y ait jamais eu, dans son demi-siècle d'existence, aucune opération d'assainissement ? Comment croire que les Soviétiques ne s'y soient pas vigoureusement intéressés ? Pourquoi penser que les policiers ne seraient pas plus sensibles à la corruption et au dévoiement que les militaires ?

Il n'y a rien de plus suspect qu'un service délicat qui n'a jamais procédé à des épurations. D'autant que la chasse aux agents soviétiques constitue le principal, pour ne pas dire le seul fonds de commerce de la DST. Ne néglige-t-elle pas les autres menaces intérieures, par exemple celles des nombreux lobbys étrangers qui œuvrent à influencer les décisions de l'État ? Il faut bien comprendre que la DST n'a ni les attributs, ni les moyens des Services Secrets dont elle tente pourtant d'usurper les fonctions et même l'appellation. Elle est une direction de police, au même titre que les autres organismes policiers, avec toutes les contraintes et les limitations que cela implique. Elle n'a aucune compétence à l'extérieur du territoire national, aucun moyen pour mener des actions sur la scène internationale.

En tout cas, Defferre et Chalet manœuvrent François Mitterrand. Ils le persuadent de la soi-disant pénétration du SDECE. Et ils obtiennent sa disqualification pour mener l'affaire à Moscou.

Dès lors, François Mitterrand devient l'otage de la DST. Il se

1. Rapporté dans *La Décennie Mitterrand* de Pierre Favier et Michel-Martin Roland, Éditions du Seuil, 1990.

condamne à lui faire aveuglément confiance. Il se prive de tous les moyens de recoupement qu'il pouvait attendre du SDECE. Il se jette même dans la gueule du loup, en se transformant en petit télégraphiste de la DST lorsqu'il apporte lui-même les documents Farewell à Reagan. Il effectue là une démarche inouïe; voilà un chef d'État qui se transforme en commissionnaire de la DST; il donne le sentiment aux responsables américains de venir chercher leur onction; il cautionne par cette démarche l'authenticité des documents; il engage son crédit personnel en se mettant complètement à la merci de la DST.

Il lui faudra plusieurs années pour comprendre cette invraisemblable erreur qu'il finira par confesser de manière ambiguë à deux journalistes. Et il sous-entendra qu'il a été manipulé, suggérant l'interprétation d'une manœuvre étrangère américaine ou soviétique; en vérité, s'il y a eu manœuvre elle n'a pu être que soviétique, car on voit mal comment les Américains auraient pu monter une telle opération à Moscou (ou alors la DST est encore plus naïve qu'il n'y paraît); mais Mitterrand ne peut pas reconnaître explicitement qu'il a été joué par le KGB. On se demande si, comme il le déclare, il a « cessé de croire à ces balivernes », ou s'il n'a pas plutôt pris conscience trop tard de son étonnante imprudence.

Le choix que fait Mitterrand de tenir à l'écart le SDECE va avoir les conséquences les plus dévastatrices sur ma mission et sur l'efficacité du service. Je passe sur le fait que cet acte contredit radicalement les engagements de proximité et de soutien pris lors de notre entretien du 10 juin, c'est-à-dire sans doute quelques jours avant ou quelques jours après qu'il ait donné le feu vert à l'opération Farewell. Quelle étrange attitude adopte-t-il vis-à-vis de quelqu'un avec qui il est essentiel qu'il entretienne des rapports sans ambiguïté...

Il faut bien comprendre la nature particulière de la fonction secrète. Elle ne peut remplir son rôle que si elle constitue un prolongement de l'action politique, une émanation du pouvoir suprême. Elle n'existe que dans la mesure où il n'y a pas d'écran, de distance, de malentendu, entre lui et elle. Désormais, les semences de méfiance vont polluer l'action et la position du SDECE, dont la mission devient dès lors impossible.

Quant aux autres organes du gouvernement, ils sont par

essence hostiles à une fonction qui est susceptible de soulever des problèmes, de souligner leurs insuffisances, et de constituer vis-à-vis d'eux une contre-épreuve. Ils sont en conséquence à l'affût de toute indication au niveau du chef de l'État qui souligne l'absence de soutien. Et ils sont prêts à s'engouffrer dans toute brèche qui apparaitraît entre lui et elle.

Or, en tenant le SDECE à l'écart de l'opération Farewell, François Mitterrand envoie un message dévastateur. D'abord à la DST, qui est la première à le recevoir puisqu'elle en est l'instigatrice. Dès lors, pourquoi Marcel Chalet prendrait-il des précautions pour refuser toute coopération ? Il est assuré de l'impunité ; il ira même, en avril 1982, jusqu'à accuser de refus de coopération, par lettre confidentielle à son ministre, le chef de la division Contre-espionnage du SDECE... et le directeur des Renseignements généraux de la police ! Et Gaston Defferre peut se permettre d'adopter son attitude brutale de janvier 1982 en traitant le SDECE de « nid d'espions soviétiques ». Il sait, ce que j'ignore encore, que François Mitterrand ne pourra pas lui imposer une attitude ouverte vis-à-vis du SDECE, qu'il ne cherchera même pas à le contraindre à transmettre des renseignements sur la prétendue pénétration.

Mais le ministre de l'Intérieur n'est pas le seul informé de la quarantaine imposée au SDECE par le chef de l'État. Le ministre des Relations extérieures le sait, puisqu'il a fait à Ottawa le petit télégraphiste adjoint. Et effectivement, alors que le premier contact fin juin avec Claude Cheysson avait été prometteur, je ne réussirai pas ensuite à renouer le dialogue.

Le ministre de la Défense et la haute hiérarchie militaire ont reçu aussi le signal puisqu'ils ont mis à la disposition de la DST l'officier supérieur qui travaille pour elle à Moscou. Dès lors s'éclaire l'attitude de Charles Hernu ; la porte est désormais ouverte à toutes les manœuvres de déstabilisation de la part de militaires hostiles à la réorganisation que j'ai lancée, et qui menace leur mainmise.

Et puis il faut savoir qu'autour des Services Secrets existe toute une série de personnages à l'affût, prêts pour de multiples raisons à leur porter des coups ; il peut s'agir d'agents liés à des puissances étrangères, de membres de réseaux français d'influence, de personnes écartées ou ayant eu maille à partir avec le SDECE, de politiciens hostiles à l'existence de la fonction secrète. Contrairement à ce que l'on peut croire, l'information circule vers eux de manière occulte. Et dès lors qu'ils recueillent des indices montrant que la fonction secrète n'est pas soutenue par le pouvoir, tous les coups leur paraissent permis. Nous en connaîtrons quelques manifestations redoutables.

Mais il y a plus grave encore. Par sa démarche personnelle auprès de Reagan, par le fait qu'il laisse percevoir aux Américains la mise à l'écart du SDECE, François Mitterrand accrédite l'idée de sa méfiance vis-à-vis de ses propres services secrets ; il les désigne à leurs yeux comme manquant de fiabilité. Ce signal, il le donne aussi aux dirigeants anglais et allemands qui sont tenus informés de l'opération Farewell. Et parce que la communauté internationale du renseignement est un petit monde où, malgré les apparences, circulent des informations secrètes, le jugement de manque de fiabilité se diffuse. Je puis dire qu'on ne connaît pas un autre exemple d'une telle méfiance affichée d'un État vis-à-vis de ses propres Services Secrets, même pour les moins efficaces ou les moins en cour ; en aurais-je été informé que j'aurais certainement exclu toute coopération active avec eux.

Ainsi, en disqualifiant dès juillet 1981 le SDECE pour l'opération Farewell, François Mitterrand dépose les germes de l'échec de ma mission. Il déchire d'un seul geste l'indispensable contrat de confiance qu'il avait semblé établir en juin 1981. Il crée les conditions d'un fossé avec ses Services Secrets, fossé qui ne pourra dès lors que s'élargir inéluctablement. Il ouvre une brèche où peuvent s'engouffrer toutes les manœuvres de déstabilisation et de destruction.

Manifestement, cette méthode du « diviser pour gouverner » (et non « pour régner ») lui a bien réussi en politique politicienne pour éliminer ses concurrents. Mais sur la scène internationale, l'histoire ancienne et récente montre le prix très lourd payé par les peuples pour de demi ou de faux engagements de leurs dirigeants.

En tout cas, une telle méthode de gouvernement engendre des conséquences dévastatrices sur la fonction secrète. Et il vient un jour où celle-ci se venge. François Mitterrand en dégustera les fruits amers en juillet 1985. L'affaire Greenpeace, intervenant sur fond de terrorisme à répétition, sera ironiquement suivie, quelques semaines plus tard, du renvoi du directeur de la DST, Yves Bonnet, coupable de fuites vers la presse sur... Farewell. Elle ébranlera profondément l'État français et nuira gravement à son crédit international. Elle anéantira la DGSE. Elle aura raison en quelques semaines d'un des ministres les plus chers au président, Charles Hernu. Et elle fragilisera durablement son disciple préféré, le Premier ministre Laurent Fabius.

CHAPITRE 5

VOYAGE AU SEIN DES SERVICES ÉTRANGERS

Mes premiers contacts avec le SDECE m'ont fait découvrir les relations existant avec d'autres Services Secrets. Je reçois déjà la visite de plusieurs chefs de poste en France, qui m'invitent à me rendre auprès de leur direction. Mais de quoi sont faites ces relations? Quelle part comportent-elles d'affrontement et de coopération? Comment se comportent entre eux les responsables et quelle personnalité ont-ils? Comment sont organisés leurs services, quelles sont leurs méthodes, leurs objectifs, leurs analyses? L'Élysée est d'accord pour que j'entreprenne sans délai une série de déplacements.

Je choisis de commencer par une visite de la CIA qui est, dans le monde occidental, le service le plus puissant. Pierre Bérégovoy me confirme l'intérêt de l'Élysée; la visite à Paris quelques jours plus tôt du vice-président Bush a souligné la surprise américaine devant l'entrée au gouvernement de quatre communistes; il faut rassurer Washington sur les limites de leur rôle, plus généralement sur la continuité de la politique française vis-à-vis de l'Union soviétique. Le secrétaire général me rappelle l'attitude de François Mitterrand vis-à-vis du Parti communiste, son objectif de l'affaiblir au profit du Parti socialiste, les affrontements au sein de l'Union de la gauche. Rien n'est changé dans les objectifs du président qui est décidé à tenir les ministres communistes à l'écart des questions sensibles, notamment toutes celles touchant à la Défense. Comme je lui demande quelques indications pour compléter mon argumentation, il me renvoie à la lecture du livre *Ici et Maintenant*, où François Mitterrand est longuement interviewé à la fin de 1980 par le journaliste Guy Claisse.

Arrivant à New York début juillet, je suis accueilli par notre chef de poste aux Nations unies; il est flanqué de deux hauts responsables de la CIA qui sont venus me chercher pour me conduire à Washington. Le trajet est court, le premier contact ouvert et cordial. A ma descente sur le parking, je suis attendu par le chef de poste du SDECE. Même scénario qu'à New York; il est encadré par deux responsables de la CIA, dont son représentant à Paris. Je m'engouffre dans leur limousine. Ils me conduisent à mon hôtel.

Je viens d'avoir une illustration du rôle de notre dispositif qui m'avait déjà frappé à la Centrale. Retenant le lendemain le colonel chef de poste pour un entretien dans un parc – précaution qui s'avérera vite inutile – je n'obtiens de lui qu'une longue plainte : la CIA ne lui fournit pas suffisamment de renseignements; il déplore son manque de coopération. Il me réclame un renforcement de ses moyens, mais il n'est pas capable de m'indiquer à quelles fins. Lorsque je lui demande d'étudier la possibilité de recherches autonomes, il tourne vers moi un visage stupéfait; sans réfléchir, il s'avoue immédiatement incapable de l'envisager.

La CIA a préparé à mon intention une série d'exposés et a mobilisé ses différents responsables. Deux anges gardiens qui me prennent en charge me font traverser plusieurs barrages de sécurité et m'accompagnent dans de longs couloirs anonymes. Je suis emmené d'étage en étage dans le grand immeuble moderne qu'elle occupe à Langley, à une vingtaine de kilomètres de Washington. Les exposés par les chefs de service me sont faits dans des salles de réunions banalisées. Dans cette première phase, je ne rencontre aucun membre de la direction générale.

J'écoute d'abord une série d'évaluations par zone géographique; elles ne comportent pratiquement pas de renseignements. L'insistance est manifestement mise sur des sujets où peut exister une différence d'appréciation avec nous. Mes interlocuteurs passent en revue successivement l'Union soviétique et les pays de l'Est, le Proche-Orient, l'Asie et l'Amérique centrale. Ils s'étendent peu sur l'Europe et l'Afrique.

Les différents analystes, qui se présentent comme responsables de secteur, paraissent professionnels et compétents. Les évaluations de situation sont détaillées et approfondies. Elles manifestent une grande autonomie d'appréciation dans l'appareil gouvernemental. Je retire aussi l'impression que le SDECE est traité avec condescendance. Je réussis toutefois à leur poser des questions qui les embarrassent, et leur fais sentir que je ne suis pas dupe des indications visant à influencer mon jugement, en particulier sur l'Amérique centrale.

La présentation de la fonction contre-espionnage est plus exotique. On ne souhaite manifestement pas trop m'en dire. L'accent est mis sur l'espionnage industriel et technologique des Soviétiques, et sur les actions qui sont menées pour y faire face. Cette attitude réservée me convainc que ce domaine constitue pour la CIA un secteur sensible où la coopération et les échanges sont très limités et contrôlés. Si nos intérêts peuvent converger, notamment dans la défense contre l'espionnage soviétique, il existe par contre de larges espaces de concurrence.

La CIA met en particulier l'accent sur la thèse selon laquelle les Services Secrets ne devraient pas faire bénéficier les intérêts privés de leurs renseignements. Il y a là une bonne dose d'hypocrisie. Comment croire que la CIA s'interdirait l'exploitation de renseignements susceptibles de renforcer la position du pays dans le domaine technologique et industriel, dont la mise en œuvre aux États-Unis est du seul ressort des firmes privées ? Ne se souvient-on pas de son action au profit des sociétés bananières dans les pays d'Amérique centrale ? A-t-on oublié sa collusion avec ITT dans la déstabilisation du régime Allende au Chili ? Et la chute du gouvernement Mossadegh en 1953, entraînant le retour du Shah sur le trône, n'a-t-elle pas été, de bout en bout, l'œuvre de l'un de ses responsables, Kermitt Roosevelt, qui s'intéressait de si près aux intérêts pétroliers américains en Iran qu'il est devenu quelque temps plus tard vice-président de la société Gulf Oil ?

En matière de contre-terrorisme, la CIA porte une attention particulière à son hémisphère, surtout à l'Amérique centrale et au Mexique. Elle surveille bien aussi la région méditerranéenne, en particulier les groupes palestiniens et iraniens, ainsi que la Libye, l'Iran et l'Irak qui sont sur sa liste des « États terroristes », mais je retire l'impression que ses renseignements y sont moins opérationnels et qu'elle s'en remet à l'efficacité du Mossad israélien. Je ne puis obtenir d'indications précises sur l'affaire des otages de l'ambassade à Téhéran en 1979 et 1980, ni sur les leçons qu'elle en a tirées. Sur l'implication dans le support au terrorisme de pays socialistes, elle dispose de quelques indications sur les États d'Europe centrale mais reste très discrète sur le KGB lui-même.

La dernière présentation sectorielle concerne la fonction action-intervention, *Covert Action*. Son responsable, numéro trois de la CIA, à son service depuis près de trente ans, donne l'impression de disposer des délégations et de l'autorité nécessaires pour déclencher et conduire les opérations décidées au niveau du gouvernement ou de la direction générale. Ses moyens sont fournis par les unités spéciales d'intervention de la CIA elle-même, ainsi que par l'appel à des forces militaires spéciales de l'Army. L'exposé souligne que la *Covert Action* constitue une composante importante de l'activité totale du service.

Je prends également conscience d'une fonction qui n'apparaît pas dans l'organisation du SDECE, celle chargée de la conduite d'actions d'influence à l'étranger. Elle s'appuie dans chaque pays sur des réseaux de correspondants qui cherchent à orienter les choix et les décisions, notamment en matière politique et économique. Elle utilise la désinformation dont j'apprends, au détour d'une conversation, que plusieurs dizaines d'opérations sont menées simultanément.

La CIA ne gère pas directement l'exploitation des satellites, les interceptions de communication et leur décryptage. C'est la NSA qui en est chargée ; les renseignements bruts correspondant sont communiqués à la CIA, qui les intègre dans ses analyses. Je visiterai la NSA à l'occasion de mon deuxième voyage aux États-Unis. C'est un organisme puissamment doté en équipements radio-électriques et informatiques qui lui assurent des capacités exceptionnelles ; ses effectifs et ses budgets sont plus importants que ceux de la CIA. Il est encore plus secret et plus protégé qu'elle.

Toute une séance est consacrée à la projection de photographies prises de satellites. Je découvre les sites de lancement des missiles SS-20 soviétiques pointés sur l'Europe occidentale ; on peut distinguer le détail des rampes de lancement, des abris, des engins eux-mêmes. On me montre aussi des clichés de chantiers navals sur la mer Baltique : plusieurs sous-marins de très gros tonnage sont en cours d'achèvement.

La précision est surprenante. On distingue des détails d'une trentaine de centimètres. Le satellite permet d'obtenir des renseignements factuels et quantitatifs, notamment déploiements militaires, objectifs de bombardement, villes, installations industrielles, infrastructures, éléments économiques tels que l'évaluation des surfaces cultivées et leur rendement. Il ne dévoile évidemment pas ce qui se passe sous terre, sous mer ou sous les toits, ni dans l'esprit des décideurs. Cet auxiliaire est très puissant mais ne remplace pas la recherche par moyens humains.

Les observations par satellite sont très strictement réservées aux besoins du gouvernement américain. Elles ne sont en principe pas communiquées à des services étrangers, mais peuvent les assister exceptionnellement en cas d'opérations militaires. J'obtiendrai une seule fois, en 1982, le déroutement d'un satellite pour observer, à notre intention, lors d'une phase sensible, le mouvement de troupes libyennes au Tchad. Les capacités de cet équipement donnent aux États qui en disposent une indiscutable supériorité ; son utilisation rationnelle dépasse le cadre de la France, et ne peut être envisagée qu'à l'échelle de l'Europe.

La structure de la CIA comprend d'une part des services opérationnels de renseignements, de contre-espionnage, de contre-terrorisme, d'action et d'influence, d'autre part des organes d'état-major chargés de l'élaboration des plans et instructions, ainsi que des analyses, synthèses et évaluations de situation. Ces dernières constituent un outil essentiel qu'utilise le gouvernement américain pour la conduite de ses politiques de relations extérieures et de défense. Les moyens informatiques sont très développés et largement utilisés par tous les organismes.

Le personnel est à quelques exceptions près exclusivement civil. Son recrutement s'effectue principalement dans des couches de population à haut niveau de formation, souvent titulaires de titres universitaires. La CIA leur dispense des programmes de formation et de perfectionnement visant en particulier à développer les capacités d'observation, d'analyse et de synthèse.

Quant aux matériels dont dispose la CIA, ils sont très développés, notamment dans les domaines de l'informatique, des transports aériens et des équipements de détection et de sécurité.

Ma visite se termine à la direction générale où l'on accède par un ascenseur spécial, particulièrement protégé. Après une longue conversation avec le numéro deux, l'amiral Inman, je passe chez le directeur général William Casey. C'est un monument de la scène américaine; avocat de formation, il a tâté des activités secrètes pendant la guerre dans les fameux OSS. Il a ensuite fait alternativement de la politique et du droit. Sa dernière activité l'a mis sous les projecteurs de l'opinion; choisi par le président Reagan comme directeur de campagne, à un moment difficile, il a réussi à regrouper une équipe divisée et à redresser la situation. L'homme est l'inverse de son adjoint : massif, négligé et désordonné; mais cela cache en réalité une grande culture à l'américaine et beaucoup de subtilité. Son élocution est curieuse; il avale la moitié des mots, ce qui rend la conversation difficile. Son bureau est un invraisemblable capharnaüm, avec partout des dossiers recouverts de livres. Mais l'œil est pénétrant et les questions inquisitrices.

Dans son cabinet, puis devant un déjeuner spartiate, il borne ses propos à quelques points qui lui tiennent à cœur et sur lesquels il insiste vigoureusement : l'expansionnisme soviétique, l'équilibre précaire au Proche-Orient, les actions cubaines sur le continent américain et en Afrique, l'importance et la vulnérabilité de l'Amérique centrale, la nécessité d'une action vigoureuse contre l'espionnage technologique et militaire des Soviétiques. Lorqu'il m'interroge sur la situation en France et sur le rôle du SDECE, j'ai le sentiment que mes réponses le rassurent; je développe le message sur la politique intérieure de François Mitterrand. Sur le SDECE, je ne cache pas mon diagnostic réservé ni ma volonté d'en faire un instrument plus performant.

Mais la partie de l'entretien la plus instructive pour moi concerne les points qu'il dévoile en réponse à mes questions sur le rôle de la CIA dans le gouvernement américain. Il décrit son rôle personnel de coordinateur du renseignement et des actions secrètes; les organismes intéressés comprennent, outre la CIA elle-même, la NSA, la Defense Intelligence Agency (DIA) et les bureaux de renseignements militaires, le service spécifique des Affaires étrangères (State Department), enfin le FBI qui relève du ministère de la Justice. Casey laisse entendre que cette mission, inscrite dans les institutions, n'est pas facile à remplir mais qu'il peut faire appel à l'appui du président.

Il explique le rôle du Conseil national de sécurité (National Security Council – NSC), où lui-même siège avec le président, le vice-président et les ministres de la Défense et des Affaires étrangères. C'est là que se discutent et se décident toutes les orientations de politique étrangère et de défense. C'est là en particulier que sont arrêtés les plans et orientations de renseignements, les objectifs de contre-espionnage et contre-terrorisme, ainsi que l'exécution des opérations spéciales.

Je mesure par quelques réactions de Casey combien il est proche du président Reagan. Il partage avec lui une grande intimité et le rencontre en tête à tête plusieurs fois par semaine. Je perçois clairement qu'il existe entre eux une certaine complicité.

Je découvre un autre point important : c'est le contrôle parlementaire des activités de la CIA. Il est du ressort d'un comité conjoint Sénat-Chambre des représentants, dont les membres sont tenus au secret, et qui reçoit périodiquement des rapports et des exposés sur les activités des Services Secrets. Manifestement, Casey n'apprécie que moyennement d'être soumis à ce contrôle. J'apprendrai plus tard qu'à l'époque de mon passage à Washington, une lutte sourde l'opposait au comité, particulièrement à son président, Goldwater. Ce dernier essayait d'exploiter contre Casey des accusations d'irrégularités financières et de pousser à son remplacement par Inman. Casey s'en tirera grâce au soutien de Reagan, et c'est Inman qui quittera plus tard la CIA. Casey rechignera ensuite à se soumettre au contrôle parlementaire, ce qui contribuera au développement du scandale Irangate-Contra.

Pourquoi une instance du type NSC serait-elle impossible en France, puisque les fonctions relations extérieures, défense et services secrets sont de fait du domaine réservé du président? Par contre, le contrôle parlementaire n'est pas transposable à cause de la présence des communistes et du dysfonctionnement des assemblées. Il constituerait pourtant une garantie démocratique vis-à-vis d'une activité conduite par essence en marge de la loi.

De cette première visite à Washington, je retiens aussi que la CIA donne une impression d'efficacité à l'américaine, avec des personnels compétents et professionnels, travaillant à l'intérieur d'une structure précise et cohérente, et appliquant des procédures rigoureuses. Son histoire n'est pourtant pas exempte de défaillances ou d'échecs, tel le fiasco du débarquement à Cuba en 1961, l'incapacité à appréhender la situation en Iran avant la chute du shah à la fin des années soixante-dix, ou ses erreurs d'appréciation, au début des années quatre-vingt, sur la puissance soviétique, notamment au plan économique. Ils constituent le prix qu'un État doit accepter de payer pour disposer d'une fonction secrète dynamique et entreprenante. Les politiciens et l'opinion publique aux États-Unis ont eu alternativement tendance à trop attendre de la CIA, ou à la critiquer et la mettre à l'écart. Le président Carter a tenté de la « moraliser »; il l'a affaiblie et en a payé les conséquences. Elle est revenue sous Reagan plus forte que jamais. Elle constitue sans conteste un instrument incontournable de l'appareil gouvernemental américain.

Mon passage à Washington m'amène aussi à découvrir les contacts de haut niveau ouverts au directeur général du SDECE. Je ne vois pas encore les responsables politiques en exercice comme je le ferai à mes prochains voyages avec le vice-président Bush, le secrétaire d'État Haig et le secrétaire à la Défense Weinberger. Mais je rencontre longuement en tête à tête plusieurs personnalités dont les anciens ministres de Richard Nixon, Henry Kissinger (Affaires étrangères) et James Schlesinger (Défense).

J'ai avec Kissinger une conversation d'une heure dans son appartement de New York, dont il vient lui-même ouvrir la porte. Ce personnage historique est impressionnant par la lucidité et la largeur de ses analyses, mais je suis frappé aussi par sa propension au mépris et au cynisme.

Pendant que son chien s'attaque consciencieusement au bas de mon pantalon, il m'interroge sur la situation en France et sur les orientations diplomatiques du nouveau pouvoir. Mon couplet sur Mitterrand et les communistes se heurte à son scepticisme. Alors qu'il me raccompagne, je lui lance : « Ce serait un événement historique pour l'Europe si François Mitterrand réussissait à marginaliser les communistes. » A quoi il répond avec dédain : « Oui, mais s'il échouait, ce serait aussi historique. » Je le quitte après l'avoir convaincu de venir en France faire au président la visite que j'ai déjà évoquée.

Dans l'avion qui me ramène à Paris, je réfléchis à la moisson que je remporte avec moi. L'organisation de la CIA m'aidera dans la définition des structures du SDECE. Je suis confirmé dans le caractère essentiel de relations intimes avec le président. Si j'ai jeté les bases d'échanges avec Casey et les autres responsables, je n'en mesure pas moins les limites de la coopération avec la Centrale américaine; les arrière-pensées et les zones d'ombre ne manquent pas. Les possibilités de contacts de haut niveau pourront constituer, si Mitterrand le désire, d'utiles canaux de communication.

Certains feront courir le bruit d' « une sorte de soumission intellectuelle aux Américains... de la DGSE » [1]. Rien n'est plus faux. Si au cours de cette visite j'ai fait l'objet de quelques tentatives pour influer sur mon jugement, j'ai fait comprendre à mes interlocuteurs que je n'étais pas homme à l'accepter. Et je ne trouverai pas au SDECE d'hommes portés à la complaisance. Les moyens dont disposent la CIA la mettent certes en position de force, mais ce sont d'autres secteurs de l'administration française qui sont affectés par les effets de la puissance dominante.

Ma deuxième visite est, en août, pour les Services Secrets israéliens. Ce choix est dicté par plusieurs considérations; la

1. Déclaration de François Mitterrand, rapportée dans le livre *La Décennie Mitterrand.*

réputation d'efficacité du Mossad, son importance sur l'échiquier proche-oriental et méditerranéen. Mais surtout, je tiens sans délai à renouer avec les services d'un État qui est par essence l'allié des Occidentaux et l'ami de la France; mon prédécesseur avait mis un soin particulier à couper toute relation depuis dix ans avec le Mossad. Je suis convaincu par mes « briefings » au SDECE qu'un rapprochement n'est en rien incompatible avec nos contacts parmi les services arabes.

François Mitterrand, lorsque j'ai évoqué mon projet de visite en juillet, n'a pas soulevé d'objections. Pierre Bérégovoy, avec qui j'en discute, ne me donne pas d'orientation particulière; il me demande seulement de faire part de la condamnation par la France du bombardement, quelques semaines plus tôt, de la centrale atomique Osirak par l'aviation israélienne.

Au Mossad, mes premiers contacts sont difficiles. Le directeur général (c'est une règle absolue en Israël de ne pas révéler son identité) se montre très froid au cours du premier entretien. Son attitude ne se réchauffe que lentement, au fur et à mesure du déroulement de mon séjour. Il devait m'expliquer que cette réserve lui était dictée par le désir de scruter d'abord la sincérité de mon approche, après une rupture de plus de dix ans à l'initiative du SDECE.

Mes relations personnelles avec le directeur général deviendront par la suite proches et confiantes. Cet homme simple et attachant me fera des confidences sur son expérience de général; il me dira ses angoisses rétrospectives en se remémorant les heures critiques où le front nord qu'il commandait en 1973 avait été soumis à une énorme pression des tanks syriens, à laquelle il avait dû faire face dans des conditions acrobatiques au cours d'une des plus grandes batailles de blindés. Et nous nouerons ainsi petit à petit une sympathie qui facilitera la coopération des deux services.

Je réussis pour l'heure à le convaincre, ainsi que ses collaborateurs, que je souhaite réellement établir avec le Mossad des relations continues, tout en précisant que je ne m'interdirai en aucune façon d'avoir des relations analogues avec des Services Secrets de pays arabes. J'évoque surtout la possibilité de coopérer en fonction de l'évolution des choses dans la lutte contre le terrorisme. Nous convenons finalement d'échanger des renseignements et des évaluations de situation, essentiellement sur la zone Proche-Orient/Afrique.

Les présentations et les discussions confirment la qualité des renseignements du Mossad. Les analyses de situation, ainsi d'ailleurs que l'organisation et les méthodes, sont fortement influencées par l'état de guerre dans lequel Israël vit depuis sa fondation en 1948. Le Mossad suit avec une attention particulière la zone Proche-Orient, vitale pour Israël; il observe aussi des régions plus éloignées comme l'Union soviétique et ses pays satellites, ainsi que certains pays d'Europe et certaines zones d'Afrique.

Les principales menaces viennent des Palestiniens, de la Syrie, de l'Irak et de la Libye. Des contacts existent par contre avec les Iraniens du fait de la position singulière d'Israël dans la guerre du Golfe, et de son hostilité à l'Irak. Le Mossad est très attentif à la situation intérieure en Égypte, en Jordanie et en Arabie Saoudite, qui sont considérées comme des zones tampons. Il entretient des relations avec des services du Maghreb et s'intéresse à certains pays d'Afrique où il a fait un effort d'implantation; il a des contacts soutenus avec les services d'Afrique du Sud. Mais surtout, il a des relations privilégiées avec la CIA, avec qui il échange des renseignements.

Le Mossad dispose d'effectifs relativement peu nombreux, tous civils. Ses personnels semblent avoir une formation essentiellement opérationnelle. Ils sont extrêmement motivés et doivent s'entourer de mesures exceptionnelles de secret et de sécurité. Ils vivent dans une ambiance très particulière de vigilance et de tension, bien différente de celle qui prévaut au SDECE ou de celle que j'observerai dans d'autres services occidentaux. A certaines réactions, je recueille aussi l'impression que le Mossad est très jaloux de son indépendance vis-à-vis de l'armée israélienne.

Les analyses de situation présentent une nette focalisation sur les zones et les événements qui touchent à la sécurité d'Israël. La recherche de renseignements et la conduite des actions d'influence sont facilitées par les possibilités de recrutement de correspondants au sein de la diaspora juive. De plus, le caractère sémite que ses hommes partagent avec les Arabes du Proche-Orient rend possible des pénétrations profondes dans les milieux auxquels ils s'intéressent. Tout ceci contribue à leur donner, même au sein des pays qui leur sont le plus hostiles, comme la Syrie et l'Irak, des capacités d'observation et d'action très supérieures à celles des services européens ou américains.

Je ne puis, lors de cette première rencontre, obtenir autant d'informations que je l'aurais souhaité sur la manière dont le Mossad conduit la lutte contre le terrorisme. Il s'appuie sur d'excellents renseignements concernant les organisations adverses, leurs structures, leurs méthodes et leurs implantations, mais aussi sur des informations précises à caractère opérationnel concernant les hommes et les projets d'action. Quant à l'exécution d'opérations de neutralisation et d'interception, elles sont le fait d'unités spéciales appartenant ou étant associées au Mossad, soumises à un entraînement rigoureux et intensif. Il est clair que la situation d'hostilité et de guerre leur impose de privilégier les actions violentes, pré-emptives ou réactives. C'est à l'occasion de ce premier voyage en Israël que je prends pour la première fois conscience que c'est une voie à laquelle il peut être indispensable d'avoir recours.

Au cours de contacts suivants, en Israël ou à Paris – où le directeur général viendra à plusieurs reprises –, je pourrai obtenir d'autres indications plus précises sur l'action contre le terrorisme. Les services secrets israéliens ont réussi à mettre fin aux incursions terroristes palestiniennes sur leur territoire, fréquentes dans les années soixante-dix. Un dispositif précis et efficace était utilisé : des agents infiltrés dans les organisations hostiles transmettaient à leur Centrale, souvent par radio en temps réel, des indications précises sur les opérations prévues ; dans quatre-vingt-quinze pour cent des cas, des unités d'intervention héliportées interceptaient le commando à son point de départ, le reste étant arrêté au passage de la frontière.

Le deuxième jour de ma visite, le samedi du sabbat, le Mossad organise un déplacement manifestement destiné à montrer le niveau de sécurité du pays. Nous visitons les avant-postes du front du Golan et du doigt de Galilée, à quelques dizaines de mètres des lignes syriennes. Nous déjeunons dans un kibboutz connu pour avoir été fréquemment bombardé par les

Palestiniens. Puis, longeant la frontière avec le Liban, notre voiture pénètre brusquement sans escorte en territoire libanais ; à quelques kilomètres, nous tombons sur une voiture isolée d'où émergent un homme et une femme puissamment armés. Ce sont deux de leurs agents détachés auprès du commandant Haddad, leur allié chrétien qui contrôle la zone du Sud-Liban. Nous progressons ensuite sur une vingtaine de kilomètres jusqu'à un village se trouvant à cent mètres des avant-postes palestiniens, et souvent soumis à leur bombardement. De retour en Israël, sur la route de Tel-Aviv, nous serons pris dans un flot de voitures de civils revenant de week-end ; la démonstration de sécurité est parfaitement réussie. Quand on pense que j'ai fait tout ce périple dans la journée, on mesure combien il faut de préparation et d'attention de tous les instants pour assurer la sécurité de ce pays.

A ma deuxième visite en Israël, quelques mois plus tard, j'aurais une autre démonstration de leur contrôle de la situation. Après avoir eu une discussion le matin dans une villa portes ouvertes de la partie arabe de Jérusalem, et avoir déjeuné au restaurant avec le maire juif de la ville, le directeur général du Mossad me fera faire à pied – sans escorte visible –, plusieurs centaines de mètres dans une rue grouillante du quartier arabe de la porte de Damas. Lorsque je lui dirai en plaisantant qu'un carton sur nous deux ferait les gros titres de toute la presse mondiale, il se contentera de sourire.

La veille de mon départ, je suis surpris d'apprendre par le directeur général du Mossad que le Premier ministre Begin souhaite me recevoir le lendemain. Il m'explique qu'il relève directement de lui, qu'il le voit longuement au moins une fois par semaine en tête à tête, et qu'il a quotidiennement au téléphone ses deux principaux collaborateurs.

Le Premier ministre nous reçoit effectivement, au sortir de la sieste, dans son logement de fonction. L'homme est conforme à l'image publique : dur, déterminé, combatif; il a aussi des aspects chaleureux et humains. Il se montre ouvert ; il a manifestement reçu du directeur général un rapport positif sur le déroulement de nos conversations. Il approuve le développement des contacts entre Services Secrets. Il insiste sur les menaces terroristes qui risquent à l'avenir de s'étendre à d'autres zones que le Proche-Orient. Il écarte fermement tout compromis ou toute négociation, et ne croit qu'aux réponses de force. Il désigne la Syrie et l'Irak comme les deux pays apportant l'assistance la plus significative aux mouvements terroristes.

Alors que je fais état de la réprobation française du bombardement de la centrale nucléaire d'Osirak, il se lance dans un plaidoyer passionné : c'est lui seul qui un matin a pris la décision, en regardant des enfants juifs jouer dans la rue. Il entrevoyait leur avenir menacé par l'armement atomique que l'Irak pourrait acquérir. Il n'en avait informé son cabinet, dans la pièce même où nous sommes assis, que lorsque les avions avaient déjà décollé ; un des ministres avait même pensé qu'il avait fait un lapsus en disant Irak au lieu de Syrie. Il demande à la France de comprendre qu'Israël, compte tenu de sa taille et de sa profondeur, ne pouvait laisser se développer dans un pays voisin la possibilité d'une menace nucléaire. Il espère que le président Mitterrand comprendra la nécessité où il s'est trouvé d'agir, ajoutant qu'il regrette que le bombardement ait affecté des intérêts et des ressortissants français. Il me demande de transmettre au président un message de sympathie et le souhait de relations plus confiantes entre les deux pays. Je me suis acquitté de ma mission sur le bombardement d'Osirak, mais je suis très troublé.

Le bilan de la visite paraît positif. Si la méfiance est largement érodée, certaines réactions des Israéliens me signifient qu'ils ne partageront pas aisément leurs informations. Cette précaution dans les relations entre Services Secrets est vitale pour le Mossad. L'intensité des menaces l'oblige à des précautions draconiennes concernant ses sources et ses renseignements.

Mais la glace est brisée. Je pourrai même constituer un canal utile de communication avec les autorités d'Israël si François Mitterrand le souhaite. Et puis le directeur général du Mossad n'a pas protesté lorsque je lui ai dit que j'entendais développer parallèlement des relations avec des services de pays arabes. L'avenir montrera que ces deux démarches peuvent coexister.

De retour à Paris, je fais un rapport précis et détaillé de cette visite. Je rends compte en particulier de l'audience du Premier ministre Begin et des messages qu'il m'a chargé de transmettre. J'en parle à Bérégovoy et à De Grossouvre, mais ne peux l'évoquer avec le président qui ne m'accorde pas d'audience.

Ma troisième visite est pour les Services Secrets anglais, les premiers à avoir reçu une structure moderne au niveau de l'État. C'est en effet de 1780 que date la création de l'Intelligence Service, et des toutes premières années du XXe siècle celle des deux organismes MI-5 Contre-espionnage et MI-6 Espionnage – auxquels devait s'ajouter plus tard le GCHQ, organisme automatisé, chargé des interceptions radio-électriques et des décryptages.

Les Services Secrets ont joué un rôle marquant dans l'histoire de la Grande-Bretagne. Des renseignements précis et opérationnels ont été dès le XVIIe siècle à l'origine d'importantes victoires navales, grâce à des agents judicieusement placés, près des ports ou des points de passage utilisés par les flottes qui leur étaient opposées, en particulier la flotte française. Au XIXe siècle et au début du XXe siècle, l'Intelligence Service a contribué efficacement à la conduite de la politique étrangère, et à l'affirmation de la suprématie britannique.

Les Anglais ont su marier renseignement et influence pour mener la politique de balance continentale qui devait être la clef de leur puissance pendant deux siècles ; bien informés sur les intentions des gouvernements continentaux, ils modifiaient, souvent grâce à l'action des agents d'influence, leur système d'alliances. En combinant l'espionnage, l'influence et la manipulation, ils se sont même assuré le contrôle de régions stratégiques. C'est ainsi qu'ils ont établi et maintenu leur empire sur de vastes régions comme le continent indien, et qu'ils se sont assuré au début du XXe siècle une position privilégiée dans l'accès au pétrole de la péninsule arabique et du golfe Persique.

Je retrouve dans les services britanniques les mêmes fonctions qu'à la CIA ; renseignement politique, économique, technologique, contre-espionnage, contre-terrorisme, action, et influence. Je ne retire pas de ma visite d'enseignements nouveaux. Trois fonctions appellent toutefois des observations. Les interceptions de communications radio et le décryptage sont confiés au GCHQ, service basé à Cheltenham, qui a hérité, de l'expérience et du dispositif de la deuxième guerre, une place du choix. Ses équipements et ses moyens sont, sans atteindre le niveau du NSA américain, très importants, disproportionnés même. Il y existe une attitude presque caricaturale d'autonomie ombrageuse vis-à-vis des autres services ; et quelle condescendance par rapport au SDECE, considéré comme sous-développé et à qui on voudra bien faire l'aumône de quelques interceptions !

La seconde fonction qui mérite une mention concerne l'influence et la désinformation. Elle reste un instrument notable de la politique extérieure britannique. Elle s'exerce par l'intermédiaire de réseaux manipulant, dans les pays étrangers, des personnages bien placés pour influer sur les décisions. C'est le cas notamment au Proche-Orient et en Asie, dans les anciens pays du Commonwealth, mais aussi en Europe continentale. La France constitue une cible privilégiée ; j'en aurai quelque temps plus tard des preuves, notamment par des opérations de désinformation.

La troisième fonction qui retient l'attention concerne la lutte contre le terrorisme. L'Angleterre est confrontée, depuis le tout début du XXe siècle, à l'action de l'IRA, branche armée des catholiques de l'Ulster. Les Services Secrets britanniques ont mis en place très tôt des moyens de lutte antiterroriste, s'appuyant à la fois sur la recherche de renseignements et sur l'action violente des fameux SAS, créés spécialement à cet effet au début du XXe siècle (ils devaient largement servir de modèle aux différents services Action occidentaux, en particulier américains). En dépit des actions violentes, des enlèvements et des neutralisations conduits contre l'IRA dont l'opinion publique internationale a eu écho, les services secrets britanniques n'ont pas réussi à démanteler les réseaux terroristes irlandais qui continuent à opérer encore de manière redoutablement meurtrière contre des personnes et des intérêts britanniques sur le continent et dans les îles anglaises. Cette situation souligne la singularité de l'IRA, son efficacité et les difficultés à la pénétrer.

Les Services Secrets britanniques sont une vieille machine, pétrie de tradition et d'histoire. Leur adaptation aux conditions de la fin du XXe siècle paraît douteuse, sauf pour ce qui concerne le GCHQ. Les personnels, tous civils, donnent l'impression d'une fonctionnarisation avancée, mais d'un type particulier que je qualifierai de vicieux. Ils sont animés d'un violent complexe insulaire, presque caricatural, qui les amène à refuser de fait toute collaboration réelle avec les services occidentaux européens et, j'en ai aussi l'impression, américains. Ils adoptent vis-à-vis d'eux une attitude de supériorité méprisante et d'hostilité courtoise. Ils n'hésitent pas à employer à leur encontre la manipulation et la désinformation. Ils utilisent des intelligences et des influences dans des administrations françaises; ils cultivent en particulier des relations occultes de haut niveau avec la DST, qu'ils exploitent pour influer sur les décisions et agir contre le SDECE.

Les dirigeants britanniques font encore un usage important de la fonction secrète dans l'action internationale. Ils lui apportent une attention et un soutien sans faille. Dans l'appareil gouvernemental de Sa Gracieuse Majesté, la coordination des trois services est assurée par un organisme coiffé par un haut fonctionnaire civil complètement inconnu du public et relevant directement du Premier ministre. Le bureau où je le rencontre au 10, Downing Street, est à quelques mètres de celui de Mme Thatcher. Ce haut fonctionnaire exerce à la fois une autorité très ferme sur les trois services et une coordination étroite avec le ministère de l'Intérieur et les services de police.

Les autres services secrets européens que je visite ensuite n'appellent pas de développements particuliers. Ils sont très proches en République fédérale allemande du chancelier, et en Espagne du roi Juan Carlos. Par contre, en Italie et en Grèce, ils souffrent du désintérêt du pouvoir politique, ainsi que de luttes intestines. Les autres services – suisses, belges, hollandais et scandinaves – sont des organes solides, bien installés dans l'appareil gouvernemental.

De manière générale, nous aurons quelques échanges de renseignements avec la plupart d'entre eux, avec des zones de précaution variables en fonction du contexte dans lequel chacun travaille. La seule exception notable concernera les services anglais qui resteront délibérément fermés à toute coopération.

En Afrique du Nord, nous n'avons pas de relations avec les services libyens et algériens ; l'engagement des premiers dans le support au terrorisme et leur propension à assassiner les opposants au régime du colonel Kadhafi suffisent à expliquer cette abstention. Quant aux services algériens, aucun contact significatif n'a été pris depuis l'indépendance en 1962 ; je me réserve de revenir ultérieurement sur cet état de choses, mais le problème n'entre évidemment pas dans mes priorités.

Par contre, les relations avec les services tunisiens et marocains sont déjà développées. Je souhaite moi-même leur donner une impulsion et un tour nouveau. Je pense en particulier qu'ils peuvent faciliter l'approche d'autres services arabes au Proche-Orient.

C'est le chef des services tunisiens qui prend l'initiative du contact par une visite à Paris. Ce haut fonctionnaire compétent est un protégé du président Bourguiba et surtout de sa femme, Wassila. Il vient me dire le souhait de son gouvernement de rapports étroits avec le SDECE, et m'invite à venir à Tunis dans les plus brefs délais.

Là, si je prends conscience des moyens limités des services tunisiens, je note aussi leurs capacités de renseignements et d'observations sur les pays arabes *via* l'ensemble de leurs services. C'est à Tunis que j'ai ma première rencontre, sur initiative tunisienne, avec le prince qui dirige les services saoudiens. Les Tunisiens disposent aussi de renseignements intéressants sur la Libye, grâce à la proximité et aux travailleurs migrants. De plus, la présence à Tunis du siège de la Ligue arabe – et plus tard, à la mi-1982, de l'état-major de l'OLP – offre d'intéressantes occasions de renseignements et d'évaluations. Par contre, les informations de Tunis sur le terrorisme restent fragmentaires ; et l'insuffisance de ses moyens d'action nous amènera à lui porter assistance contre les tentatives libyennes de subversion sur lesquelles je reviendrai plus loin.

A Tunis, je suis l'objet de signes d'intérêt de la part de tous les dirigeants politiques : des ministres des Affaires étrangères, de l'Intérieur, de la Défense et des Transports – un ami personnel du temps où il était président de Tunis Air – jusqu'au Premier ministre Mzali et au président Bourguiba. Ce dernier tient en effet à me recevoir dans son palais de Carthage : l'audience est traditionnellement précédée d'une longue conversation politique avec sa femme Wassila, qui occupe une partie distincte du palais. Elle conclut l'entretien par : « Maintenant, vous pouvez passer chez lui. »

Le président Bourguiba me reçoit dans son cabinet de travail : une photo de Pierre Mendès France trône sur son bureau. L'entretien est décousu, pénible, sans réelle consistance. Habib Bourguiba est un homme vieilli qui donne l'impression d'avoir largement perdu contact avec les réalités. Il semble essentiellement préoccupé par la montée de l'intégrisme islamiste autour de la Méditerranée et dans son pays. Il confirme en tout cas son souhait de relations confiantes avec la France, et de coopération étroite entre Services Secrets. Lorsqu'à la fin de l'audience j'évoque certains détails de sa détention au fort Saint-Nicolas à Marseille pendant la guerre, j'ai la surprise de voir des larmes couler sur son visage pendant qu'il me pince la joue. Quant au Premier ministre Mzali, l'entretien que j'ai avec lui me laisse un sentiment de superficialité et de laxisme. Il apparaît clairement que la Tunisie vit dans une atmosphère de fin de règne et d'intrigues de palais. Quelle différence avec l'impression de conduite ferme de l'État que donne le Maroc, où je me rends en septembre.

Je suis reçu à Rabat par le général Dlimi qui cumule les fonctions de chef des Services Secrets avec celles de commandant des forces du Sud, engagées contre le Polisario, et de chef des aides de camp du roi ! Il a été l'un des protagonistes de l'affaire Ben Barka pour laquelle il était passé en jugement en France. Il était alors l'adjoint du général Oufkir. Ce dernier avait plus tard été impliqué dans deux tentatives d'assassinat contre Hassan II, l'une à Skirat en 1971, l'autre dans l'attaque de l'avion du roi en 1972 ; à la suite de quoi il avait été assassiné dans le palais royal par le vieux cousin d'Hassan II, le prince Moulay Hassan, que je devais rencontrer plus tard. Dlimi lui-même mourra en 1985 dans un prétendu accident de voiture, à Marrakech, après une entrevue orageuse avec le roi. Le métier de chef des Services Secrets n'est pas ici de tout repos.

Je m'attends à un entretien difficile avec Dlimi : quels peuvent être ses sentiments vis-à-vis des Français ? Et puis ne dit-on pas que mon prédécesseur de Marenches a conservé des relations suivies avec Hassan II, à qui il servirait de conseiller et qui aurait mis à sa disposition une villa à Rabat ? Le contact est effectivement tendu au début ; mon interlocuteur est manifestement sur ses gardes. Puis il se réchauffe. Cet homme massif et rude, sinon brutal, ne manque pas de jugement ; il se montre courtois, m'emmenant lui-même visiter Fez et Meknès.

Il apparaît toutefois rapidement que les relations entre les deux services ne comportent pas d'échanges substantiels. La préoccupation de Dlimi est manifestement de créer, *via* le SDECE, un canal confidentiel de communication avec les autorités françaises, comme il semble le faire avec d'autres gouverments. Dlimi évoque le rôle qu'il a joué entre l'Égypte et Israël ; il avait alors servi d'intermédiaire pour organiser entre les directions du Mossad et des services égyptiens des contacts au Maroc, et ainsi contribué à la signature des accords de Camp David de 1978, qui scellèrent le rapprochement entre les deux pays.

Je pense de mon côté que les services marocains pourraient nous faire profiter de renseignements sur le monde arabe et d'introductions auprès de services du Proche-Orient. En outre, ils pourraient jouer un rôle utile dans la lutte contre le terrorisme international, soit dans la recherche de renseignements opérationnels, soit dans la prise de contacts avec certains gouvernements les soutenant. Dlimi ne réagit pas négativement lorsque j'évoque ces questions ; il donne quelques indications qui confirment les capacités de son service dans ce domaine. Je pense aussi tenter de désamorcer certaines relations que son service entretient avec des intérêts français hostiles, en particulier avec des éléments des réseaux parallèles actifs en Afrique.

J'ai la surprise d'apprendre de Dlimi que le roi souhaite me recevoir à la fin de nos entretiens, et je me retrouve le dimanche à Skirat sur le bord de la piscine tragique où, en 1971, une incursion militaire contre le roi avait interrompu une réception internationale donnée par la cour ; la fusillade avait entraîné la mort de nombreux invités ; le monarque avait dû la vie sauve à son sang-froid ; caché dans des toilettes avec quelques fidèles, il avait affronté une unité de cadets à qui il avait ordonné de s'agenouiller et de lui donner le baiser de la soumission.

Avec les quarante minutes de retard de tradition royale marocaine, Hassan II apparaît. Il est alerte et sautillant. Il porte un costume sport tweed de couleur bleu clair, agrémenté d'un foulard de la même couleur. Il m'entraîne sans Dlimi dans un salon largement ouvert sur la piscine et me fait asseoir à côté de lui. Son visage est fatigué et empâté ; ses yeux, cyniques et las, me scrutent, mobiles et inquisiteurs.

Les propos font preuve tout au long de l'audience d'une grande intelligence pratique et d'une solide culture politique et historique. Il tient à manifester qu'il est un Parisien expérimenté, qu'il connaît parfaitement la vie politique française, qu'il a des amitiés à droite, mais aussi à gauche ; il souhaite entretenir avec François Mitterrand, qu'il n'a pas encore rencontré dans ses fonctions, des relations confiantes. Il m'interroge sur l'attitude du pouvoir socialiste vis-à-vis de l'Algérie et du Maroc, sur la position concernant le conflit du Sahara occidental, qui apparaît clairement comme une de ses préoccupations majeures.

Sans faire de révélations particulières, je reviens rapidement à ce qui m'intéresse : la façon dont j'entends remplir ma fonction au SDECE, mon souhait d'entretenir avec les services marocains des relations fructueuses qui ne soient pas affectées par les pesanteurs du passé. Je lui confirme que mon service continuera à s'intéresser de près au contexte d'Afrique noire et du Nord. Je souhaite coopérer avec l'organisme marocain dans des domaines d'intérêt commun.

Le roi se déclare d'accord. A moi d'en discuter les modalités avec Dlimi. L'audience est terminée. Dans la voiture qui nous conduit à l'aéroport, Dlimi se félicite de nos premiers entretiens.

Au Proche-Orient, nous n'entretenons pas de relations avec les services secrets d'Iran, de Syrie ou d'Irak. Pour les premiers, les contacts ont été rompus à l'avènement du régime de Khomeyni. Pour les deux autres, nous les considérons avec une grande méfiance, en particulier du fait du soutien qu'ils apportent au terrorisme international. J'aurais toutefois droit moins de quinze jours après ma prise de fonctions à la visite de l'ambassadeur d'Irak, qui avait manifestement ses habitudes au SDECE avec mon prédécesseur, et qui considère devoir bénéficier de relations privilégiées!

Sous mon autorité, le SDECE aura en revanche des contacts suivis avec les services égyptiens. Leurs renseignements et leurs analyses nous intéressent, du fait de la singularité de la position de l'Égypte dans le monde arabe, de sa reconnaissance d'Israël, de ses relations difficiles avec les autres pays de la zone et de sa sensibilité au radicalisme musulman. De plus, ils disposent d'informations sur la Libye et le Yémen du Sud, supports du terrorisme, sur le Soudan et l'Éthiopie, en proie à des désordres chroniques, et sur les menaces pesant sur Djibouti.

Mais c'est avec les services saoudiens et pakistanais que les contacts seront les plus étroits. En Arabie Saoudite au mois de septembre, je suis accueilli par le chef des Services Secrets que j'avais déjà rencontré à Tunis. Cet homme fin, intelligent et timide a été formé dans les universités américaines. Il est venu m'attendre à Djeddah pour m'emmener à Taif où nous nous rendons le lendemain. Dans le jet gouvernemental qui nous transporte, nous sommes rejoints par un homme de grande taille, au visage fin, ouvert et sympathique, vêtu d'une gandoura élégante et d'un keffieh à carreaux blancs et rouges. Je n'ai pas compris son nom, mais il a manifestement le pas sur mon homologue. Pendant tout le trajet, la conversation animée porte sur divers sujets, en particulier les sports d'hiver, ce qui ne manque pas de piquant, alors que nous survolons des étendues sans fin de désert.

Amené immédiatement au palais où le roi Khaled veut me recevoir en audience, je retrouve à nouveau ce personnage dans l'antichambre du bureau royal, une immense pièce de marbre où de petits groupes de gardes armés et de visiteurs parlent à voix basse. Je finis par apprendre que notre compagnon de voyage est le prince Abdallah, frère aîné de mon homologue, et ministre des Affaires étrangères. J'avais ainsi, sans le savoir, noué relations avec cet homme intelligent et fin qui joue un rôle important dans la politique étrangère de l'Arabie Saoudite. Je devais avoir le soir même avec lui une longue conversation sous le ciel étoilé saoudien, lors d'un dîner intime organisé par un conseiller influent du roi, curieusement originaire de Syrie où il avait été condamné à mort par les autorités françaises de protectorat.

L'audience du roi Khaled ne manque pas de pittoresque. Son bureau immense contient deux longues rangées parallèles de fauteuils, sa table de travail jouxtant celui à sa droite. On me fait asseoir sur le fauteuil le plus proche de lui ; le colonel qui m'accompagne est, lui, assis sur le dernier, à plusieurs dizaines de mètres ; le chef des services saoudiens est assis de l'autre côté du bureau et sert d'interprète. Sur la rangée qui nous fait face s'installent six dignitaires, qu'on me dira être des ministres ou conseillers. Ils resteront muets pendant toute la conversation, qui dure près d'une heure, à se balancer d'un côté à l'autre tout en écoutant et en exhibant des visages largement souriants. Je suis frappé par le masque de mort et les yeux de souffrance du roi Khaled, qui devait disparaître quelques mois plus tard. La conversation laborieuse porte sur les inquiétudes de l'État saoudien concernant la guerre Iran-Irak, et sur les relations entre nos Services Secrets.

J'ai plusieurs séances de travail avec mon homologue saoudien. Nous convenons d'une coopération suivie dans le domaine du renseignement et de l'évaluation. Si leurs moyens modestes ne permettent pas des informations opérationnelles significatives, leurs analyses du Proche-Orient sont intéressantes. Elles expriment des inquiétudes sur l'équilibre politique et stratégique de la région. Le messianisme iranien préoccupe mon homologue, mais il revient fréquemment sur d'autres risques de déstabilisation. Son service s'intéresse de près à la Syrie, à l'Irak, au Koweït, aux Émirats arabes ; il y suit attentivement l'activité des minorités palestiniennes. Conscient des menaces terroristes, il ne dispose toutefois pas de renseignements exploitables sur le Liban et l'OLP.

Le Pakistan est l'autre pays du Moyen-Orient avec les Services Secrets duquel nous allons entretenir des rapports étroits. Cette fois, l'initiative vient de l'ambassadeur pakistanais à Paris, le général Ayub Khan, à l'allure très britannique, doté d'une grande culture politique internationale, qui manifeste une connaissance aiguë de la situation dans le sous-continent indien et en Afghanistan, ainsi que de la géostratégie de toute cette région. En dehors des tensions avec l'Inde, il exprime des préoccupations sur l'Afghanistan et la pression soviétique dans la région. Proche du général Zia – dont il a été dans l'armée le supérieur immédiat – Ayub Khan devait devenir plus tard son ministre des Affaires étrangères, un poste qu'il occupera encore dans les gouvernements suivants. Il devait jouer dans la deuxième partie des années quatre-vingt un rôle important dans les négociations de Genève qui allaient préparer le retrait soviétique d'Afghanistan.

Lors de la première visite à Paris du chef de l'État pakistanais, le général Zia ul-Aq, l'ambassadeur insiste pour que je le rencontre. Je trouve un homme différent de l'image publique : s'il émane de lui une impression de force et de détermination, il ne manque ni d'intelligence, ni de courtoisie ; je le connaîtrai mieux plus tard, lorsqu'il me recevra à Islamabad. Pour l'heure, il m'invite de façon pressante à venir au Pakistan pour me rendre compte sur place de la situation et pour étudier les possibilités de coopération avec ses services secrets, ce qui nous intéresse pour l'observation de l'Union soviétique, de l'Iran, de l'Afghanistan et du sous-continent indien.

Je n'aborderai pas ici mes visites aux services des pays d'Afrique noire que je décrirai plus loin. Je ne m'étendrai pas sur mes contacts avec les responsables des services japonais, australiens, brésiliens, argentins et sud-africains que je recevrai à Paris.

Tous ces contacts me permettent désormais de disposer d'un capital de relations personnelles avec plus de quarante services que je vais désormais exploiter. S'il peut en résulter l'amélioration de certains échanges de renseignements et d'évaluations, j'ai bien pris la mesure des contraintes qui les limitent ; assez ouverts sur le terrorisme, ils sont par contre très contrôlés sur le renseignement politique et militaire, et très parcimonieux sur le contre-espionnage et le renseignement industriel ou technologique. La coopération opérationnelle dans le domaine action est tout à fait exceptionnelle, et l'affrontement en matière d'influence est de règle. Les contacts au niveau des directeurs de service peuvent être fructueux dans la mesure où ils permettent d'aborder des questions délicates, de clarifier des différends, ou de constituer des canaux secrets de communication.

Dans tous les pays que j'ai visités, à l'exception peut-être de l'Italie et de la Grèce, les Services Secrets sont fortement intégrés à l'appareil d'État. Partout leur chef jouit d'une grande proximité du principal responsable politique auprès duquel il a un accès facile et fréquent; dans les petits pays, il est souvent un de ses proches. Partout les services de renseignements sont considérés comme un rouage important de l'État dans le domaine du renseignement et de l'action extérieure. Partout il existe des mécanismes précis d'intégration; très élaborés aux États-Unis, ils se réduisent dans les pays peu importants à une participation du chef des services à la réflexion et à l'action du responsable politique dans le domaine étranger.

Les Services Secrets sont partout dotés, à côté de la fonction recherche de renseignements, de capacités d'analyse et d'évaluation dans les domaines politiques, stratégiques et économiques. Dans les pays industriels, cela peut prendre la forme de moyens élaborés et puissants; dans les pays en voie de développement, d'une contribution du chef de l'organisme à la définition de la politique étrangère et de défense. Les fonctions contre-espionnage et action sont partout présentes sous une forme plus ou moins développée.

Les Services Secrets les plus développés exercent une fonction d'influence et de désinformation vers l'étranger. Il s'agit d'un moyen d'action significatif sur la scène internationale. On connaît l'usage qu'en fait le KGB en animant dans les pays occidentaux des réseaux d'influences parallèles aux réseaux de renseignements, et en utilisant systématiquement la désinformation pour laquelle sa centrale dispose d'un directorat spécifique. Mais cette fonction existe aussi dans les principaux Services Secrets occidentaux. Et à bien y réfléchir, il s'agit là d'une démarche nécessaire; les relations internationales sont faites, à côté d'affrontements et d'échanges, de cheminements plus subtils, souvent efficaces, quelquefois décisifs, par des influences exercées sur les milieux gouvernementaux, administratifs, économiques ou sociaux. Ces influences empruntent certes de nombreux canaux; diplomatiques, culturels, économiques...

mais les Services Secrets sont amenés à y contribuer souvent de manière dominante.

Partout les Services Secrets, en particulier leurs responsables, sont amenés à jouer un rôle dans le clavier dont dispose le responsable politique pour conduire son action extérieure, grâce notamment aux contacts, aux influences et aux négociations secrètes. Des exemples, comme la préparation du rapprochement israélo-égyptien à la fin des années soixante-dix, ou les missions confiées à Casey par le président américain sont particulièrement significatifs. Il est clair que la fonction secrète dispose de facilités spécifiques tenant au caractère de ses activités : discrétion, confidentialité, secret, suggestions n'engageant pas l'autorité politique, possibilités de sonder sans s'avancer, contact avec intermédiaires difficiles, etc.

Je suis surpris par le fait d'avoir pu lier en quelques mois, sans l'avoir sollicité, des contacts personnels avec plus de vingt chefs d'État ou de gouvernement. J'ai pu me rendre compte comment, au cours d'entretiens durant souvent une heure et plus, il est possible d'obtenir des renseignements de haut niveau ou des impressions, y compris sur les intentions intimes, qui sont inaccessibles par d'autres canaux. J'ai pris également conscience de l'importance qu'accordent les responsables étrangers à la transmission de messages par une voie qu'ils jugent fiable et discrète. Nul doute que cette voie pourrait permettre aussi d'amorcer des processus de manière moins visible que la voie politique ou diplomatique.

Quel abîme avec la situation du SDECE en France! Nos Services Secrets n'ont jamais été réellement utilisés, sauf peut-être de manière brève et limitée pendant la guerre d'Algérie. Ils n'ont jamais reçu quelque chose qui approche même de loin la plénitude de fonctions dans l'État, dont ils disposent dans tous les autres pays. Je constate, lorsque je déroule devant mes yeux le film de mon voyage au sein des services étrangers, que la France est pratiquement la seule puissance à ne pas ménager à la fonction secrète la place qui devrait être la sienne dans l'appareil d'État.

Je pense pouvoir contribuer à corriger cette situation. Je vais tenter de faire partager aux responsables politiques, en particulier à François Mitterrand, la conviction que j'ai acquise du rôle qui doit être confié au SDECE. Je vais essayer de doter le service des moyens à la hauteur de sa fonction. J'ai même la candeur de croire que le président n'hésitera pas à tirer parti du capital de contacts que je viens de rassembler en quelques mois, et qui ne pourrait que se renforcer au fil du temps et des missions qui me seraient confiées.

CHAPITRE 6

LUTTES D'INFLUENCE FRANCO-FRANÇAISES EN AFRIQUE

Lorsque je commence mon immersion au SDECE, je ne prends pas bien la mesure des problèmes que le Service rencontre en Afrique. Il semble y accorder beaucoup de moyens et d'attention, sans bien distinguer à quelles fins. Il y a bien sûr le poids de l'histoire et la présence d'intérêts français; mais de quelle nature sont-ils : stratégiques, de sécurité, ou principalement économiques et commerciaux?

Mon premier contact avec les réalités africaines se produit très tôt. Quelques jours après ma prise de fonctions, le président ivoirien Houphouët-Boigny me fait dire qu'il souhaite me rencontrer au cours du séjour qu'il fait traditionnellement en France durant l'été. Je me retrouve ainsi début juillet dans la villa bourgeoise où il réside à Vaucresson, dans la banlieue ouest de Paris.

L'ambassadeur de Côte-d'Ivoire, qui m'accueille, me conduit jusqu'à un tout petit salon, meublé avec goût et modestie. Le président me rejoint et me fait asseoir sur un divan près de lui. L'homme est petit et donne une impression de fragilité; il a un visage lisse avec des yeux malins et doux, et un air de grande bonté; ses mains très mobiles sont d'une grande finesse. Son âge n'a en rien altéré sa vivacité d'esprit et sa mémoire. Nous restons près d'une heure en tête à tête; je n'ai pas tellement à m'exprimer; il parle longuement de son pays, de son expérience politique, du soutien qu'il espère de la France. Il se félicite de ses rapports avec le SDECE et de l'assistance que lui apporte notre chef de poste à Abidjan. Il m'invite à venir le voir rapidement dans son pays, et me raccompagne avec beaucoup de courtoisie jusqu'à la porte sur le jardin.

Je me rends donc à Abidjan début octobre, non sans avoir entre-temps reçu à Paris la visite du directeur de cabinet d'Houphouët-Boigny, le gouverneur Nairay. Le président de Côte-d'Ivoire me reçoit simplement dans son palais. Après une nouvelle conversation sur son évaluation de la situation en Afrique, il me retient à déjeuner avec ses deux principaux collaborateurs. Je perçois chez lui une interrogation sur l'attitude du nouveau gouvernement français, et une réserve vis-à-vis de certaines pratiques d'autres dirigeants africains. Je vois longuement notre chef de poste qui lui sert de conseiller pour les questions de renseignement.

Je profite de ce déplacement pour me rendre aussi à Dakar visiter notre poste et rencontrer le président sénégalais, Abdou Diouf. Ce jeune dirigeant, successeur de Léopold Sédar Senghor, est impressionnant par sa taille – plus de deux mètres –, son ouverture d'esprit, sa culture et son calme. Tout en se montrant courtois et ouvert, il est moins chaleureux qu'Houphouët-Boigny. Nos relations avec son service de renseignements sont nettement moins étroites. Son attitude manifeste clairement une certaine distance.

Puis c'est, début novembre à Paris, le sommet franco-africain. J'y rencontre à leur demande les principaux autres chefs d'État. Je découvre un monde pittoresque et contrasté. Le président Mobutu, qui m'avait dépêché un mois plus tôt son chef de Services Secrets, m'accueille dans le style grand seigneur en son ambassade. Je sais quel coup d'État sanglant l'a hissé au pouvoir, sous quel régime répressif il tient un pays immense et difficile et quels sont ses liens avec les Américains.

Le président Eyadema, du Togo, ressemble à un immense sauvage civilisé dans l'appartement où je le retrouve avenue Foch; c'est, paraît-il, un excellent tireur, arrivé au pouvoir en abattant à la carabine son prédécesseur qui tentait de fuir.

Lorsque je visite Goukouni Oueddei du Tchad, dans sa chambre d'hôtel quatre étoiles, je suis surpris de le trouver affalé sur le plancher dans une grande gandoura blanche; il me dévisage avec des yeux apeurés; la conversation est décousue et sans intérêt. Le président Kountché, du Niger, en uniforme de colonel, est ascétique, direct; il parle de son pays avec intelligence et modestie. Le président Kolingba du Centre-Afrique est le seul à venir boulevard Mortier; il cache mal, sous une rondeur bon enfant, un certain embarras; il donne l'impression d'un dirigeant fiable et scrupuleux. Il s'agit de premiers contacts sans grande substance. Tous me demandent de venir rapidement leur rendre visite sur leur terre.

Mais le plus surprenant est pour la fin. Le président Bongo, du Gabon, me fait attendre à l'étage qu'il occupe à l'hôtel Crillon; il y règne une gentille pagaille; chacun vient me saluer sans que je puisse bien discerner quelle est sa fonction. Je sais que Bongo est une créature de Jacques Foccart. Je finis par voir arriver un petit homme sec perché sur des chaussures à talon haut; il m'entraîne dans un salon où nous parlons en tête à tête; le visage est commun, presque vulgaire; mais les yeux en constant mouvement sont scrutateurs et toute la personne exsude la ruse, la roublardise même.

D'entrée, il me tutoie et se montre très chaleureux comme un vieil ami que je connaîtrais depuis toujours. Il parle beaucoup : on dit beaucoup de choses sur lui, mais non, il est lisse comme une table de marbre et transparent comme du verre. L'économie de son pays est saine. Il souhaite maintenir des relations étroites avec la France et le SDECE. Il peut rendre de grands services comme intermédiaire vis-à-vis d'autres responsables africains auprès de qui il jouit de l'avantage d'antériorité. Que je vienne vite au Gabon et il m'initiera aux arcanes de l'africaneté!

Je sors de ces entrevues un peu étourdi, sans avoir appris grand-chose. L'habileté politicienne apparente de tous ces hommes m'étonne; à quelques exceptions près, ils donnent l'impression de petits Machiavel. Mais il reste à voir sur place; j'entreprendrai sans tarder une tournée de l'Afrique francophone.

Curieusement, quelques jours avant le sommet, certains organes de presse soulèvent une tempête dans un verre d'eau à propos du Tchad. Une information de l'Agence France-Presse a fait état de livraisons secrètes d'armes par la France au gouvernement tchadien de Goukouni Oueddei, qui fait face à des attaques d'Hissène Habré, soutenu par les troupes libyennes occupant le Nord du pays. L'information est vigoureusement exploitée par un quotidien parisien sous la plume d'un journaliste connu pour ses attaches avec l'Afrique, et qui met en cause le SDECE.

Puis des journaux se font l'écho d'un coup d'État à N'Djamena, et d'un retour des troupes libyennes vers la capitale tchadienne. L'Élysée m'interroge. Nous ne disposons pas encore de poste à N'Djamena – il a été supprimé quelques années plus tôt à la suite de l'affaire Galopin [1]. Mais nous obtenons des renseignements de sources diverses qui nous permettent d'infirmer les rumeurs.

Quelle n'est pas ma surprise d'être convoqué toutes affaires cessantes à Matignon, où je me trouve devant un véritable tribunal présidé par un conseiller du Premier ministre, Robert Pontillon, et composé de Jean-Pierre Cot, ministre délégué à la Coopération, et de Guy Penne, conseiller de l'Élysée pour les Affaires africaines, assisté de collaborateurs. Le SDECE est accusé d'être à l'origine de la rumeur de coup d'État et de la fuite sur ces livraisons d'armes. L'incident embarrassait le gouvernement français et pouvait troubler le déroulement du sommet.

Après un instant de surprise, je n'ai pas de mal à retourner la situation; le service ignorait tout des livraisons d'armes; la Coopération avait confié, contre toute précaution, leur transport à une société privée, la SFAIR, dont la discrétion était fort douteuse – il s'avérera qu'elle mentionnait la nature du chargement dans les documents de vol –, alors que le SDECE dispose d'avions justement prévus pour ce genre de mission. En prime, on accuse le SDECE d'avoir fait saboter son avion; j'apprendrai plus tard que cette société, basée en Corse, assurait, entre deux transports vers le Tchad, l'entraînement de pilotes... libyens. Quant aux rumeurs de coup d'État, qui visaient aussi à faire faire un faux pas au gouvernement français, le SDECE n'avait cessé de les infirmer.

1. Cet officier français avait été assassiné alors qu'il enquêtait sur l'enlèvement d'un savant français, Mme Claustre.

Je viens de rencontrer les réseaux Foccart car notre enquête nous convainc. La tentative de désinformation provenait d'agents de ces réseaux intimement liés à des journalistes qui ont répandu et amplifié à Paris les fausses nouvelles.

A ma grande surprise, les attaques contre le SDECE reprennent immédiatement après le sommet franco-africain. Plusieurs journaux ressortent les précédentes rumeurs, mais c'est seulement pour mettre en cause le SDECE. Un quotidien socialiste nous accuse d'avoir propagé de fausses nouvelles sur de prétendus combats dans l'Est du Tchad. Tout ceci est évidemment faux, comme ont dû en convenir les personnes assistant à la réunion de Matignon. Mais des indications filtrent sur des confidences faites par François Mitterrand lui-même à plusieurs journalistes et reprises dans leurs commentaires; sous couvert de se plaindre de s'être endormi avec un coup d'État au Tchad, démenti le lendemain, il met en cause une prétendue insuffisance du SDECE. Il provoque ainsi la deuxième vague d'articles délétères. Et si la tentative d'« intoxication » du gouvernement français a duré une nuit, celle qui vise la déstabilisation du Service se prolonge et rebondit.

J'apprends alors de De Grossouvre que le président a confié au général Saulnier une enquête sur l'implication du SDECE dans les fausses rumeurs. J'aurai à comparaître devant ce dernier à plusieurs reprises pour répondre à des questions insidieuses et inquisitoires. Pour couronner le tout, François Mitterrand refusera de m'accorder une audience, et me fera dire que Saulnier sera désormais mon premier interlocuteur à l'Élysée.

C'est la première fois que je découvre le double langage de François Mitterrand. Qu'en est-il des déclarations sans ambiguïté qu'il m'avait faites le 10 juin 1981 sur un accès privilégié, sur le soutien de mes actions, sur la régularité de nos rencontres? Pourquoi me soumet-il à une enquête inquisitoire du général Saulnier après m'avoir déclaré, au cours de cet entretien, qu'il ne nommerait jamais un militaire à la tête du SDECE? Pourquoi ce brusque raidissement, alors qu'en juillet et août des relations confiantes commençaient à s'établir, ce à quoi s'employaient Bérégovoy et De Grossouvre? Le premier doute m'effleure sur la qualité des engagements de François Mitterrand. A-t-il jamais eu l'intention de les tenir?

La distanciation qu'adopte alors à mon endroit le président est lourde de conséquences pour ma mission. Je ne connais pratiquement personne dans ce cirque gouvernemental; je suis pour tous les socialistes qui se fréquentent depuis longtemps un inconnu qu'ils observent avec curiosité et suspicion, du fait de la fonction sensible que j'assume et qu'aucun d'entre eux n'a pris le risque d'accepter. De plus, le SDECE est scruté avec la plus grande attention par toutes les administrations, en particulier par les diplomates, les militaires et les policiers; sans doute l'est-il aussi par des services étrangers et par des groupes hostiles ou concurrents, comme ceux des réseaux parallèles.

L'embargo d'audience ne peut passer inaperçu; une série de circuits informels se chargent d'en répercuter la nouvelle. Et puis mes collaborateurs du SDECE ne seront pas sans savoir que je passerai quatre mois sans voir le président; ne vont-ils pas interpréter l'absence d'audience comme un acte de défiance et d'éloignement, incompatible avec l'exercice de ma mission? Je prends conscience de difficultés qui ne sont pas celles que j'avais imaginées; je suis très troublé et je m'interroge.

Je vais toutefois poursuivre ma tâche et accélérer la remise en état du SDECE. Mais je reste en éveil; je ne tolérerai pas la moindre tentative interne de déloyauté; et je frapperai suffisamment fort pour qu'on mesure ma détermination, aussi bien à l'intérieur qu'à l'extérieur du Service.

L'occasion m'en est fournie quelques semaines plus tard. Le capitaine de vaisseau chef de la subdivision Formation tente de m'impliquer dans une séance de sensibilisation au secret des directeurs de cabinet de ministres, conduite dans les locaux du SDECE par le secrétaire général de Défense nationale; je n'aurai qu'à être là au début et adresser une courte allocution de bienvenue. Étrange! Pourquoi choisir un organe aussi protégé pour une réunion que le SDECE ne contrôle pas?

Je demande à réfléchir; on insiste, c'est pour le surlendemain; je reçois des appels téléphoniques de plusieurs membres de la haute hiérarchie militaire. Le lendemain matin, je me fais communiquer la liste des participants; ce sont des seconds couteaux à l'exception des directeurs de cabinet des quatre ministres communistes. Je déclare au contrôleur général responsable du personnel et au capitaine de vaisseau, seuls présents dans mon bureau : « Cette réunion n'aura pas lieu au SDECE, compte tenu de la présence des quatre directeurs communistes. » Je subis de nouvelles pressions téléphoniques de généraux, mais je maintiens la décision et la réunion est annulée.

J'ai la surprise de lire quelques jours plus tard dans un hebdomadaire de droite une information brève m'attaquant et mentionnant l'annulation de la séance des directeurs de cabinet, en citant précisément les raisons que j'ai mises en avant. Ce qui se dit dans le bureau du directeur général relevant du plus haut secret, je mets sur-le-champ à la porte le capitaine de vaisseau. Puis l'enquête interne permet de désigner quel a été le vecteur vers l'extérieur : un autre officier supérieur, ami du rédacteur en chef de l'hebdomadaire; je l'exclue immédiatement et lui inflige la plus sévère sanction possible : quarante-cinq jours d'arrêts de rigueur. Je rencontrerai plus tard le rédacteur en chef; il tentera de disculper son ami, mais me lâchera : « Vous savez, ce jour-là, vous l'avez échappé belle. Deux photographes du journal sont restés toute la journée devant la caserne Mortier. Et les photos des communistes entrant au SDECE auraient paru en bonne place. »

Cet homme – qui avait été correspondant du SDECE – ne pouvait ignorer qu'il aurait porté un coup sévère au Service, en le faisant dès lors tenir en suspicion par les autres Services Secrets occidentaux. Cette affaire, d'apparence mineure, aurait constitué un grain de sable susceptible d'enrayer le fonctionnement du mécanisme délicat qu'est la fonction secrète. Et les officiers supérieurs du SDECE, qui avaient été complices, ne pouvaient l'ignorer, non plus que les généraux qui étaient intervenus. Peu leur importait qu'une telle manœuvre disqualifie le Service de manière durable.

A partir de là, je découvre tout un panorama interne qui m'avait échappé; les responsables des divisions viennent me faire des confidences. J'apprends que depuis le mois d'août, leurs actions dans l'application de mes directives étaient entravées par des intimidations, voire des menaces. Je vois apparaître des filières restées liées aux réseaux Foccart, toutes prêtes à trahir le Service au profit d'influences externes; elles sont aussi, sans que je puisse évaluer le degré de collusion, en relation avec la haute hiérarchie militaire, notamment avec certains de ses membres ayant eu à faire avec le SDECE.

Je vais exploiter à fond l'incident pour nettoyer le Service. Je demande à chaque chef d'organisme d'éliminer, sans que j'intervienne, les éléments douteux; je précise qu'il ne peut s'agir d'une chasse aux sorcières, car je veux ignorer, et ceci restera ma règle constante, les opinions politiques. Seront retenus les agents sur lesquels pèse une présomption de déloyauté au Service, ainsi que ceux ne donnant pas satisfaction professionnellement. Je laisse aux responsables le choix du rythme d'éviction pour éviter toute rupture de fonctionnement. Une première tranche de vingt-six officiers ou agents supérieurs est exclue immédiatement; d'autres suivront au premier trimestre 1982.

Il n'y aura plus désormais de tentatives de déstabilisation du Service. Mais je serai l'objet d'une hostilité des milieux en cause qui ne désarmera pas. On tentera d'accréditer l'idée que j'ai procédé à une épuration politique, ce qui est, je le répète, tout à fait contraire à la vérité. On tentera de faire croire que j'ai décapité certains secteurs, que j'ai créé une situation difficile en laissant sans officier traitant d'honorables correspondants; rien n'est plus faux puisque, dès le début, j'ai laissé chaque responsable juge des évictions à prononcer et du rythme auquel les réaliser; aucun des vingt-six premiers exclus ne traitait de correspondants.

Toutes ces attaques, certains organes de presse s'en feront l'écho jusqu'à mon départ du Service, et quelquefois après. Et les tartufes qui ont attaqué le Service en divulguant des informations qui auraient dû rester confidentielles seront les premiers à me dénoncer lorsque je serais contraint de faire publiquement certaines mises au point.

Et puis, curieusement, Mitterrand lève peu de temps après l'embargo d'audience. Lorsqu'il me reçoit, mi-janvier 1982, il écoute en silence mon compte-rendu des mesures que j'ai prises après les attaques contre le Service. Il ne me dit pas un mot des conclusions de l'enquête Saulnier, dont je ne serai jamais informé.

Le SDECE est désormais à l'abri de toute déloyauté interne, et de toute pénétration significative liée aux réseaux Foccart. Mais qu'en est-il de la structure et des moyens de ces derniers ? On me remet maintenant un dossier rassemblé en décembre, qui regroupe des notes déjà élaborées dans les années soixante-dix.

L'origine des réseaux remonte au début de la Ve République. Jacques Foccart, réserviste du service Action du SDECE, est alors membre influent de l'appareil du RPR ; il joue un rôle occulte important dans les événements d'Alger de 1958. Nommé secrétaire général à l'Élysée pour les Affaires africaines et malgaches, il reçoit du général de Gaulle de larges délégations pour organiser la présence de la France sur le continent noir ; sa position est encore confortée en février 1960 lorsqu'il est nommé secrétaire général de la Communauté française qui vient d'être créée. Il devient alors le grand ordonnateur de l'indépendance des États africains en même temps que le grand dispensateur des fonds de la coopération. Il joue de plus un rôle important dans la création et l'organisation en Algérie du Service d'action civique (SAC), et dans la lutte contre l'OAS.

C'est à lui que de Gaulle confie l'organisation des relations de la France avec les États francophones d'Afrique et de Madagascar. Il s'agit de prolonger l'état de dépendance de la colonisation sous d'autres formes. Il disposera à cet effet, sous les présidences de De Gaulle puis de Pompidou, de larges pouvoirs et d'une grande liberté d'action.

Pour s'aider dans cette mission, Jacques Foccart met en place un tissu de réseaux actifs aussi bien en Afrique qu'en France ; ils sont composés d'apports très variés : anciens du BCRA de Londres et du SAC, transfuges du SDECE, diplomates sélectionnés, correspondants dans les polices, journalistes principalement spécialisés sur l'Afrique, responsables de sociétés commerciales ou financières travaillant en Afrique. Ces hommes sont reliés par un attachement ancien au gaullisme, mais aussi par des intérêts convergents que Jacques Foccart s'emploie à cultiver. Lui-même maintient des contacts étroits avec le RPR, l'Union démocratique du travail (UDT), des gaullistes de gauche et l'Association pour la défense de l'action du général de Gaulle au siège de laquelle il conservera un bureau.

Les relations avec le SDECE étaient, sous les présidences de De Gaulle et de Pompidou, ambivalentes. Foccart tirait avantage de sa position à l'Élysée pour donner directement au SDECE des instructions, souvent en passant par-dessus la tête du directeur général. Mais il recrutait aussi ceux qui étaient prêts à le servir, au premier rang desquels Maurice Robert. Cet ancien chef du secteur Afrique passera au service d'ELF-ERAP avant d'être nommé ambassadeur au Gabon, poste qu'il occupe encore en 1981. Des hommes des réseaux Foccart s'employaient aussi à déstabiliser les agents du SDECE en Afrique, et à vider de substance leurs fonctions ; souvent, des missions confiées au SDECE étaient doublées ou entravées par des interventions téléguidées du secrétariat général pour les Affaires africaines. L'utilisation par les réseaux de groupes marginaux, comme celui de Bob Denard, était aussi suivie par des officiers en activité au SDECE. Et des intelligences existaient au sein du Service, dont l'élimination a commencé avec l'opération d'assainissement de décembre.

Il existait aussi des actions plus subtiles et plus dangereuses. Les membres des réseaux parallèles, anciens officiers du SDECE, avaient gardé le contact avec d'honorables correspondants dont ils étaient les traitants. Cette situation leur permettait d'agir en apparence sous couverture du SDECE, ou même de se prévaloir de la qualité d'agents du Service. Ainsi des opérations de désinformation, de déstabilisation ou d'influence menées par les réseaux pouvaient être mises au compte du SDECE.

Les réseaux Foccart disposent encore de correspondants bien placés dans différentes administrations françaises. C'est le cas notamment au ministère des Relations extérieures et au ministère de la Coopération, qui ont récupéré d'anciens fonctionnaires du secrétariat général de l'Élysée pour les Affaires africaines y exerçant encore une forte influence occulte. Il y a deux directeurs du Quai d'Orsay; des ambassadeurs en Afrique dont Maurice Delauney, deux fois au Gabon, une fois à Madagascar, Maurice Robert au Gabon, Jacques Rafaël-Leygues en Côte-d'Ivoire, Fernand Wibaux à Bamako, N'Djamena et Dakar, Raphaël Touzé au Tchad; également des diplomates dans certains pays du Proche-Orient comme l'Arabie Saoudite et l'Irak.

Au confluent de l'administration et du monde des affaires, d'autres réseaux existent dans les sociétés pétrolières. Le plus actif est celui d'ELF-ERAP, qui dispose d'un véritable service de renseignements et d'influences politiques, animé par des proches de Jacques Foccart; en particulier trois anciens responsables du SDECE : le colonel Maurice Robert, M. Troppel, et le lieutenant colonel Maudry. Ce service manipule en France, mais aussi auprès de la Communauté économique européenne, certains journalistes spécialistes des questions africaines ou arabes.

La Compagnie française des pétroles (CFP) a également son service de renseignements politiques, bien que moins actif et moins structuré que celui d'ELF-ERAP; il utilise un réseau de correspondants : anciens diplomates, essentiellement spécialistes du monde arabe, anciens du SDECE, membres de l'Association de solidarité franco-arabe – dont le secrétaire général est Lucien Bitterlin, gaulliste de gauche et ancien membre des réseaux de soutien au FLN –, et de l'Association France-Algérie. Ce réseau soutient en particulier les intérêts irakiens et libyens.

Enfin, un autre groupe concerne des organismes commerciaux et financiers travaillant en Afrique : la Société d'Équipement pour l'Afrique, la société Goldschmidt, la Banque internationale pour l'Afrique occidentale, la banque Vernes et la banque Schlumberger – toutes dirigées par des proches de Jacques Foccart, qui possède lui-même une société d'import-export, la SAFIEX. Ce groupe serait en relations étroites avec des organes financiers introduits dans tous les pays africains dont les chefs d'État sont proches de Jacques Foccart, en particulier le Gabon, le Zaïre et le Togo.

Jacques Foccart lui-même entretient des relations suivies avec certains chefs d'État africains. Il dispose dans leur entourage ou leurs administrations, en particulier dans les services de sécurité, d'hommes bien placés pour influer sur les décisions. Et les sociétés commerciales et financières en contact avec les réseaux peuvent également user de moyens de pression ou de conviction par leur poids dans l'économie du pays. Les réseaux Foccart ont aussi commandité en Afrique un certain nombre de tentatives de déstabilisation, en employant des équipes de mercenaires dont le plus connu est Bob Denard; certaines de ces actions ont été conjuguées avec les autorités sud-africaines.

C'est au Gabon qu'on trouve la forme la plus achevée d'influence. Omar Bongo a été choisi et mis en place à la présidence en 1967 dans des conditions singulières : Jacques Foccart avait organisé à Paris un simulacre de passation avec Léon Mba, président fondateur soigné alors pour un cancer dans sa phase terminale. Les liens très forts qui en ont résulté ont été confortés et perennisés par un noyautage intensif de l'entourage du président Bongo et de ses principales administrations, en particulier de sécurité. C'est aussi au Gabon que la marginalisation du SDECE a été la plus poussée; le colonel Robert, lorsqu'il était au service d'ELF-ERAP, avait obtenu la mise en quarantaine de nos agents du poste de Libreville.

En France, Foccart compte des sympathies dans certains organes de presse de droite, mais aussi de la part de journalistes isolés, travaillant même pour des titres de gauche; il commandite aussi certaines parutions spécialisées sur l'Afrique. Ainsi, les fausses rumeurs imputées au SDECE en octobre et novembre ont pris naissance à l'initiative de membres des réseaux en Afrique, qui ont été relayés à Paris par des journalistes qui figurent dans les fichiers du SDECE pour leurs attaches avec eux. On imagine aisément combien les « confidences » de François Mitterrand, qui n'ont pas manqué d'atteindre leurs oreilles, ont pu flatter leur enthousiasme à attaquer le SDECE.

Une autre information contenue dans les dossiers du SDECE laisse rêveur. Ce sont les relations qu'auraient entretenues certains membres des réseaux avec des services de l'Est ou des mouvements œuvrant pour le communisme international, en particulier l'ambassade soviétique, les services secrets yougoslaves, l'Union financière pour l'Europe et l'Afrique... Le dossier indique que certains éléments des réseaux sont engagés dans des opérations hostiles aux intérêts occidentaux comme la neutralisation de la Méditerranée. Il est également noté que certains organes d'information communistes ont tenté d'accréditer l'idée d'une implication du SDECE dans des opérations douteuses qui n'étaient pas de son fait, ce qui peut suggérer un certain degré de collusion avec les réseaux. Il est évidemment impossible de savoir s'il s'agit d'actes subis ou voulus, mais on peut rapprocher ces faits de soupçons persistants d'États étrangers qui suggèrent que l'entourage du général de Gaulle était pénétré, et qui citent certains noms, notamment celui de Jacques Foccart.

Le Service dispose sur ce point d'une seule indication contenue dans une note secrète d'un poste en Afrique. Au début de 1975, l'évêque d'une capitale africaine arrivant à l'ambassade soviétique pour une réception officielle aurait remarqué la présence de Jacques Foccart dans le couloir menant aux appartements privés de l'ambassadeur; ce dernier, apercevant le prélat, se serait précipité vers une porte entrouverte et n'aurait pas paru à la réception. Je suis troublé à la lecture de la note dûment signée. Mais cela ne suffit pas à se forger une conviction.

Quand j'ai terminé la lecture du dossier sur les réseaux Foccart, je ne puis me garder d'une certaine admiration pour la manière dont a été créé et animé un complexe faisant intervenir autant de personnes d'horizons si divers, et réussissant à maintenir un contrôle de fait sur la politique et l'économie de nombreux États anciennement colonisés.

Cette réalisation constitue une bonne illustration du rôle de l'influence dans la politique internationale. J'en ai déjà souligné l'existence en ce qui concerne les États-Unis, la Grande-Bretagne et l'Union soviétique, mais il est aussi utilisé par des petits pays comme l'Irak et la Libye, qui s'appuient sur le jeu de « lobbys » actifs. L'influence constitue un moyen subtil qui peut remplacer l'affrontement militaire ou économique et se substituer à la diplomatie. En dehors de l'Afrique, la France souffre gravement de son incapacité à employer cet instrument pour appuyer ses actions politiques, économiques ou commerciales dans des régions du monde où sont engagés ses intérêts.

Quel dommage que Jacques Foccart n'ait pas exercé ses talents au profit de notre pénétration, par exemple en Asie ou en Europe de l'Est!

Mais on touche là à la singularité et aux limites de l'entreprise Foccart. Elle s'est appliquée, grâce à l'appui puissant du général de Gaulle et à la force de son prestige, à perpétuer en Afrique une situation néocoloniale. Elle a tiré parti d'un contexte fragile. Elle n'a rien entrepris pour corriger les lacunes de la période coloniale; elle en a au contraire prolongé les aspects les plus négatifs par chefs d'État indigènes interposés. Elle a contribué à l'installation de régimes autoritaires de parti unique, et au développement d'un système généralisé de corruption. Elle a participé à la perpétuation de structures économiques inadaptées aux conditions de ces pays et, profitant aux forces mêmes sur lesquelles les réseaux s'appuyaient, elle a concouru au détournement des aides économiques françaises et internationales au détriment d'investissements productifs.

Les réseaux Foccart ont deux autres effets pervers. D'abord, leurs actions mélangent à un haut degré influence politique et commerce, pour ne pas dire affairisme; on ne sait pas très bien où s'arrête l'intérêt général et où commencent les intérêts privés. Ensuite, des inversions de sens se produisent dans l'influence, la France devenant le théâtre de manipulations soit par des personnes ou des intérêts liés aux réseaux, soit par des fonds occultes provenant de caisses noires de certains chefs d'État africains ou proche-orientaux, au premier rang desquels le Gabon et l'Irak. Les financements de partis politiques ou de campagnes électorales en sont les principaux bénéficiaires.

Il appartient au SDECE d'informer le gouvernement, non de porter des appréciations sur les politiques qu'il y a lieu d'y mener. C'est aux instances gouvernementales d'en définir les orientations; la responsabilité en incombe à l'Élysée et au ministère de la Coopération. Le Service doit seulement être un instrument contribuant à leur application, en écartant si nécessaire certains obstacles comme les réseaux parallèles.

A la présidence, François Mitterrand ne me donne aucune indication; Pierre Bérégovoy est en dehors de cette boucle; François De Grossouvre élude. Mais il y a Guy Penne qui est conseiller pour les Affaires africaines et malgaches.

Cet ancien doyen de faculté dentaire est un homme fin et intelligent, qui a un accès facile à François Mitterrand. Mais il ne s'engage jamais clairement. Il donne parfois une impression de naïveté qui cadre mal avec sa position au Parti socialiste où il présidait avec succès, dit-on, la commission des litiges.

Deux anecdotes éclairent sa personnalité. Un jour où j'ai rendez-vous avec lui, je le trouve aux prises dans son bureau à l'Élysée avec un individu qui se prétend ministre des Affaires étrangères d'un pays africain. Accoutré de manière extravagante (chemise verte, nœud papillon jaune, veste rose, pantalon mauve, mocassins blancs), cet homme alterne lamentations, larmes et menaces; il nous faut, lorsqu'il se précipite sur sa serviette, le ceinturer et appeler les gardes républicains. L'ambassadeur du pays, mandé d'urgence, le désignera comme un imposteur; l'homme, relâché par le poste de garde, aurait tenté ensuite de mettre le feu à plusieurs immeubles de la rue du Faubourg-Saint-Honoré. Cet incident, qui amènera à resserrer la sécurité de l'Élysée, Guy Penne n'en est certes pas responsable; il reste qu'on a du mal à imaginer qu'il se produise avec d'autres... par exemple avec Jacques Foccart.

L'autre anecdote concerne le groupe de conseillers extérieurs que Guy Penne consulte périodiquement. Il s'agit d'une vingtaine d'universitaires et intellectuels devant lesquels il me demande de venir faire un exposé. Je me retrouve seul en face de « barbus » socialistes et, pour certains d'entre eux, beaucoup plus à gauche, si j'en juge par leurs réactions. Au début, je suis pour eux l'incarnation du diable, mais au bout de deux heures de discussion et d'un déjeuner en commun, ils finiront par me trouver des aspects humains... C'était moins de dix jours avant que je ne quitte la DGSE, mais Penne n'en savait rien.

Au ministère de la Coopération, le responsable est Jean-Pierre Cot, ministre délégué. Ce professeur de droit est un homme secret et complexe. Derrière son visage d'éphèbe grec empâté, son haut front de penseur et ses yeux songeurs, il ne manque ni de classe ni d'intelligence. Sans avoir au Parti socialiste un courant significatif, il y représente une option originale fortement teintée d'idéologie. Ses relations avec Mitterrand ont été conflictuelles et restent distantes.

Guy Penne et Jean-Pierre Cot ont des problèmes africains des vues fortement contrastées pour ne pas dire opposées. Le premier, en prise directe avec le président dont il exécute les instructions, est pragmatique ; il ne souhaite pas changer l'ordre des choses, même si cela conduit à laisser au vestiaire la ligne du parti et la condamnation des régimes autoritaires. L'autre, au contraire, est un tiers-mondiste convaincu ; il pense qu'il faut modifier les systèmes en place, sans doute certains dirigeants, qu'il faut introduire plus de démocratie, de justice et une économie mieux adaptée aux conditions de l'Afrique.

J'ai, dès l'origine, de bons contacts avec Guy Penne. Par contre, les relations avec Jean-Pierre Cot ont débuté difficilement ; l'affaire des fausses rumeurs sur le Tchad, couronnée par le tribunal de Matignon et où il voulait jouer les procureurs, ne les a pas arrangées. Puis nous avons plusieurs longs entretiens qui érodent les difficultés et, finalement, une coopération confiante s'établira ; je me souviens du jour où un membre influent de son cabinet laissera échapper : « Mais au fond, vos analyses sont proches des nôtres. » J'aurai des contacts suivis avec les deux responsables, mais il n'y aura jamais de rencontre commune.

Les deux hommes sont bien conscients de l'instrument que peut constituer en Afrique un SDECE réorganisé et réorienté. Mais pour appliquer quelle politique ? On ne le saura jamais clairement. Faut-il contribuer au maintien de la situation et fermer les yeux sur les dévoiements ? Faut-il faciliter un changement de méthodes et d'hommes pour mettre en œuvre de nouveaux systèmes plus ouverts et moins corrompus ? L'action du SDECE devra s'exercer dans une conduite des affaires à la fois chaotique et au fil de l'eau.

Pour compliquer l'équation, de nouveaux paramètres apparaissent. Des circuits insolites interviennent notamment avec l'apparition d'un affairisme socialiste. Je suis amené en particulier à adresser début 82 deux notes confidentielles à l'Élysée pour signaler les actions commerciales et privées menées par Patrice Pelat dans plusieurs pays africains, dont le Gabon, en se prévalant de son amitié avec François Mitterrand. Ce dernier ne m'en parlera jamais, mais j'aurai de vifs encouragements de François De Grossouvre qui y fera encore référence lorsque je le rencontrerai trois ans après avoir quitté la DGSE : « Votre avertissement était prémonitoire », me dira-t-il. Était-ce une réelle indignation, ou la manifestation d'influences ou d'intérêts antagonistes?

La mission du SDECE est de recueillir des renseignements, de constituer un instrument d'influence et d'effectuer si nécessaire certaines interventions. Dans le premier domaine, le Service adresse au gouvernement des indications et des analyses de situation sur presque tous les pays de la zone avec plus de précisions pour les francophones : sur le Tchad, des évaluations hebdomadaires, à partir d'octobre 1981, y compris la prévision du retour au pouvoir d'Hissène Habré; sur le Ghana, le Kenya, la Haute-Volta, les Seychelles une analyse des difficultés internes et des tentatives de coups d'État; sur tous, des points de situation intérieure politique et économique, en particulier en ce qui concerne les facteurs de déstabilisation. L'accent est mis à plusieurs reprises sur des initiatives américaines – en particulier de la CIA – et israéliennes, susceptibles d'affecter nos intérêts.

Nos renseignements et nos analyses traitent des questions de l'Afrique australe : l'évolution du régime sud-africain est suivie attentivement et fait déjà l'objet d'indications concernant la préparation d'importants aménagements au système de l'apartheid; des initiatives secrètes américaines pour la recherche d'une solution au conflit Namibie-Angola sont rapportées et analysées; l'évolution de l'implantation cubaine en Angola et du régime procommuniste du Congo est documentée. Mais le Service n'a aucune indication sur les objectifs du gouvernement dans cette zone.

Dans le domaine de l'influence, nos capacités dépendent de la position relative, dans chaque pays, du SDECE et des réseaux Foccart. Il existe de ce point de vue quatre catégories. Il y a ceux où le Service a un bon accès aux décideurs : en République centrafricaine et en Côte-d'Ivoire, nos agents sont placés en contact direct avec le chef de l'État. Au contraire au Togo, au Cameroun et au Gabon, ce sont les hommes de Foccart qui sont les plus proches du pouvoir. Au Sénégal, au Niger et en Guinée, les dirigeants sont relativement libres d'influence. Enfin, échappent à toute classification le Zaïre, qui entretient des liens privilégiés avec la CIA, le Congo, où le régime marxiste constitue un écran, et le Tchad, où l'on peut difficilement parler d'État.

Dans le domaine de l'intervention, le seul incident sérieux intervenu en 1982, si l'on excepte le Tchad, nous donne l'occasion d'une opération réussie en République centrafricaine. Nos agents sur place détectent la préparation d'une tentative le coup d'État contre le général Kolingba. Elle est le fait d'hommes proches de l'ancien président Bokassa, en particulier d'Ange Patassé. Il est soutenu par des membres du Parti socialiste français. Il est même reçu en France par des responsables du gouvernement, ceci malgré des notes confidentielles établies par le SDECE dès septembre 1981 qui ont souligné le caractère démagogue et peu fiable de l'homme ainsi que ses compromissions financières avec Bokassa lorsqu'il était au pouvoir.

Finalement, son retour en République centrafricaine, en février 1982, facilité par les autorités françaises, déclenche une agitation dirigée contre le général Kolingba, dont mes interlocuteurs à l'Élysée et à la Coopération souhaitent pourtant le maintien à la tête de l'État. Il est donc convenu que le Service, qui a des agents très bien placés auprès du gouvernement centrafricain, s'efforcera de contrer toute tentative contre lui. Notre dispositif à Bangui est renforcé; un contingent d'intervention de la division Action, qui pourrait être acheminé très rapidement par nos avions, est mis en alerte.

Effectivement, tard dans la nuit du 3 mars 1982, je suis prévenu à mon domicile par l'officier de permanence du déclenchement des troubles. Je me rends immédiatement à la Centrale où, de la salle d'opérations, je suis les événements et donne les instructions nécessaires. Nos éléments sur place, en contact radio permanent avec nous, réussissent dans la nuit, sans intervention de l'unité préparée à Paris, à retourner la situation; ils reprennent le contrôle de la station radio nationale, mettent le général Kolingba à l'abri dans un camp militaire à l'extérieur de la capitale, et repoussent les rebelles au petit matin. Je pourrai annoncer à l'Élysée et au gouvernement à la fois la tentative de coup d'État et son échec; la presse n'en parlera pratiquement pas. Patassé sera évacué de la République centrafricaine par un appareil gouvernemental français qui le conduira à Lomé, d'où il se rendra à Abidjan.

Ce succès, en définitive de peu d'ampleur, modifie brusquement la position de la DGSE en Afrique. Le collectif des chefs d'État francophones note que le Service est intervenu efficacement pour éviter à l'un d'entre eux d'être renversé. Je reçois de tous mes chefs de poste des rapports indiquant des réactions favorables. Je suis invité toutes affaires cessantes par le président Mobutu, qui organise une réception dans le Nord du pays près de la frontière avec la République centrafricaine; il a invité de nombreuses personnalités zaïroises, le général Kolingba et moi-même. Après un grand repas africain où nous partageons tous deux les places d'honneur, Mobutu ramène le général à Bangui, à bord de son avion personnel dont la cabine est tendue de peau de léopard. J'assiste à une scène étonnante : assis à la place du copilote, le président fait semblant de décoller et de piloter l'Hercule, les deux mains effleurant le manche. Il crie ses instructions au commandant de bord, le seul en vérité à conduire la manœuvre; le tout dans un cockpit où se presse debout un groupe plus dense que dans une rame de métro à 6 heures du soir.

Je rends aussi visite au président Houphouët-Boigny, qui me manifeste une sympathie presque affectueuse. Son tour d'horizon habituel est plus détendu et constructif qu'à l'accoutumée; j'ai même droit à quelques indications confidentielles sur certains de ses pairs. Je discerne un encouragement à renforcer l'action de la DGSE en Afrique. A ma demande, il organise, dans une villa de la banlieue d'Abidjan, une rencontre avec celui qui a fomenté la tentative de coup d'État en République centrafricaine, et qui est tenu en résidence surveillée. Je dis à cet homme prostré et terrorisé qu'il risquerait de payer de sa vie une nouvelle tentative.

Les présidents Kountché et Eyadema me reçoivent dans leurs pays chacun dans son style : le premier de manière spartiate et professionnelle dans la baraque d'un camp militaire qui lui tient lieu de palais; le second dans une cérémonie surréaliste où, au cours du dîner de deux cents couverts en plein air, il me remet la plus haute distinction du pays après que, toute la soirée, des parachutistes aient dansé devant les invités attablés en scandant : « Longue vie au directeur Marion ! »

Je pense le moment venu d'affirmer la position de la DGSE comme seule fonction secrète de la France en Afrique, ce qui implique d'engager des actions d'écartement des hommes de Foccart placés auprès de certains chefs d'État. Guy Penne et Jean-Pierre Cot, paraissent, sous des formes différentes, d'accord pour une telle démarche. C'est par le Gabon qu'il faut commencer, parce qu'il constitue sur ce plan le noyau dur, l'exemple. De plus notre analyse, qui est partagée par Jean-Pierre Cot, souligne le caractère autoritaire et corrompu du régime qui reste en contact étroit avec les gens de Foccart. Il s'appuie sur un sévère appareil répressif et policier tenu par eux : garde présidentielle, service de renseignements, écoutes téléphoniques, organes de répression interne. Il n'est pas question dans ces conditions que la DGSE puisse jouer un rôle significatif de renseignements et d'influences au profit des orientations du gouvernement français.

Je décide donc, avec l'accord de l'Élysée, de me rendre à Libreville en mai 1982, pour discuter les modalités de normalisation des rapports de la DGSE avec les services gabonais. Je sais d'ailleurs par notre poste de Libreville que, depuis l'affaire de la République centrafricaine, Omar Bongo exprime le désir de me rencontrer.

Au préalable, j'estime nécessaire de m'entretenir avec Albin Chalandon, le président d'ELF-ERAP. Cette société, qui abrite un service de renseignements et d'influences politiques, a d'importants intérêts au Gabon où elle exploite, au profit des approvisionnements français, des gisements pétroliers ; elle y joue dans l'économie un rôle important qui en fait un acteur de poids sur la scène gabonaise.

Un déjeuner est organisé boulevard Mortier. De Grossouvre, qui avait proposé d'y participer, se décommande une demi-heure avant ! C'est donc en tête à tête avec Albin Chalandon que je souligne l'anomalie de l'existence dans un pays étranger de deux actions concurrentes. Je sais l'importance pour la France et pour sa société de l'extraction du pétrole au Gabon. Mais je souligne qu'il ne peut y avoir deux services de renseignements et d'influences politiques. La DGSE est l'organe du gouvernement français, ELF-ERAP doit s'effacer sur ce plan. Sans résistance majeure, Albin Chalandon se rend à mes raisons et s'engage à dissoudre son service ; il confirmera publiquement plus tard notre entretien, la réalité de l'existence du service d'ELF-ERAP, et sa dissolution. Par une curieuse coïncidence, je reçois le même jour au boulevard Mortier la visite du ministre de la Défense gabonais, qui se montre particulièrement empressé. Les rapports que nous recevons du poste de Brazzaville sont également encourageants.

Je me rends donc fin mai au Gabon où j'ai plusieurs longues discussions avec Omar Bongo. Il m'entraîne même à Port-Gentil assister à une réunion publique où il s'avère orateur convaincant, encore qu'un peu répétitif. Nous convenons en conclusion que des relations plus étroites seront établies entre la DGSE et les administrations gabonaises concernées. Bongo donnera un accès facile auprès de lui à notre chef de poste. Il se séparera sans heurts et petit à petit des éléments qui nous sont hostiles ; je lui proposerai de les remplacer par des hommes susceptibles de faciliter nos relations.

Je sais que le processus ne sera pas sans heurts et difficultés. J'espère que ce début de normalisation ouvrira de nouvelles possibilités pour la DGSE au Gabon et dans les autres pays africains qui suivent son exemple. De Grossouvre, Penne et Cot, que j'informe à mon retour à Paris, prennent note. Mais après quelques semaines, les choses se détraquent. J'apprends par notre chef de poste que De Grossouvre est venu au Gabon et qu'il s'est longuement entretenu avec Bongo. Lui-même est de nouveau tenu à l'écart, et perçoit des signes renaissant d'hostilité. Il vient à Paris m'informer en détail et me donner de vive voix son analyse. Le virage date bien du passage de De Grossouvre.

Apparaissent alors deux nouveaux acteurs. Le fils du président, Jean-Christophe Mitterrand, devient l'adjoint de Penne ; il se substitue pratiquement à lui dans les contacts avec la DGSE. Au moment où son père l'appelle à l'Élysée, ce garçon, qui donne une impression de médiocrité et de laxisme, était correspondant obscur de l'AFP à Lomé, un fief des hommes de Foccart. L'autre nouvel acteur est Pierre Dabézies, ancien gaulliste de gauche, nommé ambassadeur à Libreville; je subis pendant des semaines de longues visites de cet homme ambigu. Sous couvert de préparation et de concertation, il cherche à capter notre substance et à percer nos intentions. Il va devenir le seul interlocuteur de Bongo, dont je n'aurais désormais plus de nouvelles.

D'ailleurs, nous sommes entrés dans la crise du terrorisme de l'été 1982, qui retient toute notre attention. Seuls le président Houphouët-Boigny, ses deux principaux collaborateurs ainsi que le général Kolingba me rencontreront à Paris avant mon départ de la DGSE; le premier continuera après à me manifester sa sympathie en m'invitant, à plusieurs reprises, à des dîners dans sa villa de Vaucresson.

Jean-Pierre Cot quittera le gouvernement quelques semaines après mon départ de la DGSE. Il sera remplacé par Christian Nucci lequel sera, en 1985, inculpé dans le scandale du Carrefour du développement. Guy Penne quittera l'Élysée à la même époque, certaines rumeurs le mêlant au même scandale. Jean-Christophe Mitterrand sera alors promu conseiller de son père pour les Affaires africaines; la presse rapportera qu'il sera dans le même temps administrateur de société au Gabon.

CHAPITRE 7

LA DGSE REMPLACE LE SDECE

Malgré les difficultés et les turbulences des derniers mois de 1981, je prends progressivement mieux la mesure de la situation et je poursuis la mise en place de la nouvelle organisation.

Les problèmes sont plus importants que je n'avais pensé et ils viennent de loin. Le SDECE, créé en 1947 et rattaché à la présidence du Conseil, s'était d'abord organisé en amalgamant difficilement des personnels d'origines diverses : anciens du BCRA de Londres, résistants, militaires, civils. Puis la guerre d'Algérie avait été l'occasion de son affirmation, grâce à l'appui du Premier ministre Debré, qui l'avait utilisé vigoureusement en coordonnant son action avec celle des autres administrations. Les réalisations du Service, dirigé par le général Grossin, combinaient le renseignement, les opérations de déstabilisation du FLN, les interventions pour couper ses approvisionnements en armes, les actions d'influence auprès de gouvernements étrangers pour empêcher des votes à l'ONU contre la France...

Mais sitôt l'affaire algérienne réglée, le général de Gaulle se désintéressait du SDECE; il prenait en 1964, après l'affaire Ben Barka, la funeste décision de le retirer de l'autorité du Premier ministre pour le rattacher au ministre de la Défense, commettant ainsi un étonnant contresens fonctionnel. Sous un commandement militaire faible, le Service s'était trouvé soudain en butte à une puissante conjonction d'oppositions. D'abord, de l'Élysée même, Jacques Foccart avait construit des réseaux parallèles qui étaient devenus l'instrument des actions secrètes du gouvernement français, principalement en Afrique. Ils y avaient marginalisé le Service, tout en débauchant ceux de ses agents qui l'intéressaient. Ensuite, les autres administrations que la fonction secrète gênait s'étaient employées à ce que le Service soit écarté de toute activité significative. Sans doute aussi dans les années soixante, des influences étrangères avaient tenté de l'affaiblir.

La situation sous les deux présidents suivants ne s'était pas améliorée. Le SDECE n'entrait ni dans l'équation gouvernementale de Georges Pompidou, ni dans celle de Valéry Giscard d'Estaing. Le premier ne demande-t-il pas au général Grossin : « Ça sert à quoi, votre machin ? » Quant au second, ne refusait-il pas de prendre connaissance de la photocopie d'un document secret prélevé dans le bagage d'un dirigeant étranger en déclarant : « On ne fait pas ça à un ami. » Le Service s'était affaibli davantage encore dans les années soixante-dix ; c'est alors qu'avaient été supprimées les implantations à l'Est.

Dans ces conditions, la fonction secrète s'était étiolée. Sa mission s'était décomposée. La qualité des personnels s'était dégradée, les officiers de qualité choisissant d'autres carrières. Ses moyens s'étaient détériorés. Et de Marenches, peu préoccupé d'engager un combat pour redresser le Service, s'était fort bien accommodé d'une situation qui lui donnait une apparence d'importance et qui lui permettait de mener la vie qu'il affectionnait de commis-visiteur des princes.

Les activités du Service perdaient de plus en plus de pertinence vis-à-vis des préoccupations étrangères du gouvernement, à l'exception de quelques opérations Action d'ailleurs mineures. Aucun plan n'existait pour le renseignement ou le contre-espionnage ; le contre-terrorisme était ignoré. Aucun processus en profondeur ne guidait les analyses d'événements ou les évaluations de situations. L'accent était mis sur des actions qualifiées de géopolitiques, mais qui étaient en fait ponctuelles.

Le renseignement et le contre-espionnage s'étaient organisés en conséquence. Ils enregistraient les renseignements parcellaires que pouvaient obtenir les agents, mais sans les coordonner. La recherche n'était guidée par aucun plan cohérent inspiré à la fois des besoins du gouvernement et de l'évolution de la conjoncture. La production se limitait à des notes d'information et à des fiches sur les pays ou les personnes; si ces fiches m'aident au début, elles consistent essentiellement en une compilation d'informations plus publiques que secrètes. L'action était une excroissance des forces armées.

La structure du SDECE variait en fonction des hommes; ainsi dans la seconde partie des années soixante-dix le contre-espionnage et l'action en étaient-ils venus à relever du renseignement; curieux empilage des genres, fort pratique pour le directeur général qui n'avait ainsi rien à coordonner.

L'exercice du commandement manquait de rigueur. Je découvre avec surprise que le SDECE avait été secoué dans les années soixante-dix par plusieurs crises majeures dont une peu de temps avant ma prise de fonctions. Elles avaient entraîné l'éviction de plusieurs hauts responsables, de Marenches, lui, ne se sentant ni concerné ni responsable.

L'administration du personnel ne relevait d'aucune règle. Les militaires restaient un temps variable en fonction des préférences individuelles; certains avaient jusqu'à quinze ans de présence au service. Les mouvements entre la Centrale et les postes extérieurs n'étaient pas organisés selon un plan cohérent; ils se faisaient sur la base d'une sorte de foire aux postes, où chacun se plaçait suivant ses capacités d'influence.

La présence des militaires était écrasante dans le commandement et les postes extérieurs. Mais leur main-mise n'était pas synonyme d'harmonie. Ils étaient constitués en clans, liés tantôt à une période historique, tantôt surtout à l'arme d'origine, ce qui souligne combien le recrutement devait à une cooptation pratiquée au niveau intermédiaire.

C'est ainsi que le secteur arabe était entièrement entre les mains d'anciens officiers d'affaires indigènes qui en avaient fait un fief fermé où tout se réglait entre eux; ils travaillaient à leur cadence fort coloniale et suivant leurs propres méthodes. Leurs analyses procédaient par idées préconçues ou par référence à leur expérience d'anciens administrateurs coloniaux, faite à la fois de sympathie pour les arabes francophones, et de rémanence de leurs attitudes colonisatrices.

Le secteur Afrique noire était tenu par d'anciens officiers de troupes coloniales ou méharis tournant inlassablement entre la

Centrale et les postes en Afrique; confortablement rémunérés, ils éprouvaient un sentiment de puissance du fait de leur influence dans l'appareil d'État du pays, et de leur rôle d'inspirateurs d'actions secrètes locales n'ayant rien à faire avec le rôle du SDECE. Bien que marginalisés par l'action des réseaux parallèles, ils n'en entretenaient pas moins avec eux des relations ambiguës, quitte à être mêlés à des opérations douteuses. Il en résultait une situation trouble de laquelle n'étaient pas absentes les tentations de déloyauté vis-à-vis du Service.

Les autres activités constituaient autant de chapelles où campaient des groupes constitués : les parachutistes à la division action, les cavaliers à la coordination des opérations, les marins à la formation, les gendarmes à la sécurité, les intendants à l'informatique. Le tout composait une mosaïque de groupes s'ignorant les uns les autres; souvent antagonistes, ils s'entendaient néanmoins pour échapper à l'autorité de la direction générale, parfois même à celle des directeurs de division.

Quant aux civils, ils n'avaient pas fait l'objet d'un recrutement homogène et de qualité. Ils n'avaient pas de développement de carrière organisé et stagnaient souvent dans des postes à vie. Ils remplissaient des fonctions d'exécution sous l'autorité des militaires dans une ambiance faite à la fois de servilité et d'hostilité; ils n'étaient autonomes que dans la division Administration et au service des écoutes radio. Ils donnaient l'impression d'une fonctionnarisation poussée, à l'abri du statut particulier dans la fonction publique qui leur avait été octroyé en 1948.

Je vois ce tableau se composer de façon pointilliste au fur et à mesure que le courant passe mieux avec les cadres supérieurs; au début ils restent sceptiques sur ma détermination et ma capacité à affirmer la position du SDECE. Mais la crise de décembre et les mesures d'écartement révèlent que je prends ma mission très au sérieux. Et ils acceptent petit à petit de se rallier à mon entreprise de redressement, de plus en plus vigoureusement.

Je suis bien conscient que la remise en ordre demandera du temps, sans doute deux à trois ans, pour atteindre un niveau satisfaisant de réalisation. Mais j'ai suffisamment assis mon autorité et resserré les rênes pour éviter tout faux pas et toute bavure.

L'effort de rénovation et d'activation passe d'abord par un profond changement des personnels. Le rééquilibrage entre civils et militaires commence par la mise en place de cadres de haute formation dans les fonctions d'état-major. Pour le personnel et l'organisation, le contrôleur général des Armées est de formation supérieure, honnête et loyal; ses origines et ses attaches au ministère de la Défense vont lui permettre de gérer au mieux le remplacement des officiers insuffisants et le rééquilibrage progressif au profit d'agents civils de haut niveau. Il m'assistera efficacement dans l'administration des personnels; en particulier dans la conduite du brassage entre Centrale et postes, ainsi qu'entre les différentes fonctions. Il conduira un profond renouvellement des programmes de formation et de perfectionnement. Il m'aidera enfin dans la formulation de la nouvelle organisation des structures et des procédures.

Ceux qui m'assistent dans les autres fonctions d'état-major – un polytechnicien pour Scientifique/Technique, un économiste pour Plan/Prospective/Évaluation, un administrateur civil pour Relations extérieures – recrutent petit à petit pour gérer leurs organismes des civils de qualité. A l'état-major, les seuls militaires sont le chargé de mission, le coordinateur des opérations et mon aide de camp.

J'ai par contre choisi de conserver des militaires à la tête des organes opérationnels car je ne veux pas provoquer de bouleversements qui affecteraient l'efficacité et la sécurité. C'est le cas de la division Renseignements – dont le directeur, un général, est le numéro deux du Service et assure mon intérim pendant mes déplacements, de la division Contre-espionnage, et de la division Action; mais aussi des subdivisions et secteurs, à l'exception du secteur de renseignements industriels et technologiques confié à un haut cadre civil.

J'engage rapidement des mouvements internes pour casser les chapelles, ce qui sera largement réalisé dès le deuxième trimestre 1982. Je fais écarter progressivement, de décembre 1981 à mars 1982, les officiers et agents insuffisants ou peu sûrs. Mais nous ne pouvons qu'engager lentement le processus de modification du tissu humain du Service. Il n'est pas question de le bouleverser à trop brève échéance sans s'exposer à de sérieuses difficultés.

Le recrutement des civils et le remplacement des militaires, ainsi que les mutations entre Centrale et postes extérieurs, ne peuvent s'effectuer pour l'essentiel qu'à l'occasion de l'été, à cause des vacances scolaires et des sorties d'université ou d'académie militaire. De ce point de vue, nous avons manqué le rendez-vous de l'été 1981. Les corrections sont donc ponctuelles, en attendant de procéder à partir de l'été 1982 à des mouvements plus profonds, pour lesquels un plan est préparé.

Le contrôleur général négocie avec l'administration de la Défense les mouvements d'officiers; il est satisfait de la qualité de ceux qui lui ont été promis, ainsi que de la coopération pour reprendre ceux dont nous voulons nous séparer. Il mène une campagne active pour le recrutement de civils de haut niveau par des approches très ciblées et personnalisées auprès de responsables tant de grandes écoles et d'universités que d'administrations et d'entreprises; les perspectives ainsi ouvertes vont nous permettre de poursuivre le rééquilibrage entre civils et militaires. Nous mettons aussi en place un nouveau cycle et de nouveaux programmes de formation et de perfectionnement qui commencent à fonctionner au deuxième trimestre 1982.

La gestion des carrières et des mouvements s'avère très laborieuse. Nous nous heurtons aux mauvaises habitudes qui perdurent depuis des années. La remise en cause des affectations en postes extérieurs, qui avait été tranquillement concoctée dans la foire aux postes, se heurte à de fermes et sourdes résistances. Au comité des carrières que je préside, il me faut élever la voix à de nombreuses reprises.

Le remodelage du tissu humain du SDECE va constituer le chemin critique du redressement. Nous évaluons à au moins trois campagnes annuelles le temps qui nous sera nécessaire pour le mener à bien. Nous devrions atteindre une situation satisfaisante à la fin de 1984.

La refonte des moyens matériels s'avère moins difficile; c'est essentiellement une question de crédits budgétaires que j'obtiens sans difficulté majeure. L'ingénieur en chef responsable de la fonction scientifique et technique en assure la définition et la conduite. Il met en place le plan informatique : les matériels sont sélectionnés et en commande, les crédits obtenus pour les deux premières tranches, les programmes de software très avancés. Ce plan va étendre très largement l'usage de l'informatique aux fonctions de renseignement, de contre-espionnage, de contre-terrorisme, de prospective et d'évaluation, en décuplant les capacités d'archivage et de recoupement des informations secrètes aussi bien qu'ouvertes; il va permettre en particulier de remplacer les fiches sur les personnalités soviétiques qui occupaient toutes les armoires d'une pièce immense. Les ordinateurs vont également accélérer l'exploitation des interceptions radio et les décryptages, ainsi que d'autres opérations.

Un effort est engagé pour améliorer d'autres moyens matériels comme certains armements sophistiqués, des équipements de surveillance, de sécurité ou de détection, etc. Une réflexion est engagée pour étudier l'utilisation de nouveaux instruments de haute technologie, en particulier les satellites.

Nous émettons une série de textes organiques pour clarifier les attributions et les missions, définir les structures et les procédures et fixer les objectifs de chaque organisme. Ils arrêtent aussi les modalités de liaison et de coordination et créent en particulier à cet effet des procédures ad hoc. Il y aura au total trente-deux décisions et instructions générales diffusées dans les quinze mois séparant la Décision générale n° 1 de mon départ.

Des textes organiques définissent notamment le fonctionnement du renseignement qui s'ordonne progressivement autour de la définition d'un plan et d'objectifs de recherche. C'est sans succès que j'essaie d'obtenir de l'Élysée, des Affaires étrangères et de la Défense qu'ils nous fassent part de leurs besoins. Il existe bien un plan général de renseignement gouvernemental, mais il ressemble plus à un Bottin où sont consignés des objectifs généraux et immuables, sans pertinence vis-à-vis de l'évolution de la conjoncture internationale. Je ne recevrai pas d'indications sérieuses sur les orientations de politique étrangère pour sous-tendre nos axes de recherche. Aucune priorité ne sera fixée quant aux zones ou aux pays auxquels nous devons nous intéresser; aucune précaution à prendre dans nos contacts extérieurs ne nous sera précisée.

En l'absence de ces orientations, nous en sommes réduits à

imaginer les renseignements qui pourraient être utiles au gouvernement. Ils intéressent d'abord les questions de sécurité nationale et les implantations françaises à l'étranger, ainsi que le renforcement de l'économie du pays ; mais ils visent aussi à permettre des analyses ou des évaluations de situations en fonctions pour chaque zone géographique de l'intérêt que semble y porter l'action internationale de la France.

Nous procédons aussi de manière plus pragmatique. Nous passons en revue chaque semaine les événements internationaux significatifs ; nous les rapprochons des renseignements à notre disposition pour esquisser une interprétation et pour déterminer les axes de recherche qui en découlent. Ainsi s'organise progressivement un dialogue entre le centre et les postes. Le plan de renseignement se précise petit à petit. Cela ne va évidemment pas sans tiraillements et freinages : certains pensent que ce processus risque d'affecter la recherche, d'autres sont dérangés dans leurs habitudes ou dans leur torpeur. Il me faut de temps en temps hausser le ton ; les clans hostiles ou réfractaires à l'effort de redressement ne manquent pas de faire courir le bruit de mon « mauvais caractère ».

Cette procédure débouche aussi sur *L'Évaluation hebdomadaire des événements internationaux*, créée en octobre 1981. Cette production, qui ne contient au début que quelques pages, en viendra, à partir d'avril 1982, à en comprendre une trentaine chaque semaine ; elle n'est diffusée qu'en quatre exemplaires : président, Premier ministre, ministre des Relations extérieures et ministre de la Défense. Son élaboration, qui s'appuie sur un échange systématique entre la Centrale et les postes extérieurs, est organisée de manière que je puisse la porter et la commenter à l'Élysée le mardi à 18 heures, veille du Conseil des ministres. Le document rapproche les événements des renseignements dont nous disposons, et formule une évaluation prospective.

J'amorce aussi un redéploiement des postes à l'étranger ; il ne prendra son plein effet qu'à l'occasion des relevés annuels et des injections provenant du nouveau recrutement. La mise en place des postes dans les pays de l'Est s'avère plus laborieuse que j'avais espéré, et ne se fera que progressivement au cours du premier semestre 1982 : les candidats ne se bousculent pas.

En attendant, il nous faut user de procédés acrobatiques comme dans le cas de la Pologne, fermée depuis le 17 décembre 1981, où nous devons procéder par des pénétrations clandestines pour observer la situation intérieure.

Je décide aussi la suppression de certains postes dont la production ne présente aucun intérêt, entre autres celui d'Afrique du Sud, dont les rares renseignements peuvent être obtenus par d'autres voies; les critiques à ce sujet, qui trouvent un écho dans certains organes de presse, me permettent de mettre à jour certaines complicités avec des personnages marginaux comme Bob Dénard, pour des actions qui avaient été menées, notamment, aux Seychelles.

Le renseignement économique, industriel et technologique est confié à un secteur spécifique créé à cet effet sous la conduite d'un cadre supérieur civil venant de l'industrie; il commence à rassembler des personnels compétents recrutés à l'extérieur. Son action, soutenue par mes deux adjoints scientifique et économique, nous permet d'engranger des renseignements significatifs dès le dernier trimestre 1981.

Je pense qu'il nous faut mettre plus à contribution les implantations françaises à l'étranger, notamment celles des entreprises. Sans qu'elles soient impliquées dans des actions d'espionnage, elles peuvent nous faire bénéficier de leurs observations et de leurs analyses. Je commence à organiser des rencontres avec les responsables de grandes entreprises. Je ne réussis pas toujours à les convaincre, mais le mouvement est enclenché et certains acceptent de coopérer.

Nous évoquons aussi avec eux la collaboration dans la recherche de renseignements industriels et technologiques. Si les firmes considèrent comme de leur responsabilité de recueillir des indications sur les marchés, les concurrents, leurs plans de développement, ainsi que sur leurs stratégies d'investissement, de production, de commercialisation, les moyens spéciaux du SDECE peuvent de leur côté ajouter un « plus » significatif: les interceptions de documents ou de conversations directes ou téléphoniques, les pénétrations de locaux ou de chambres d'hôtel, le recrutement, la manipulation ou l'utilisation d'informateurs constituent des voies à ne pas négliger. De plus, le SDECE peut aider les firmes à se prémunir contre l'espionnage dirigé contre elles par la sensibilisation des personnels et l'utilisation de moyens ou de procédés adaptés.

Je sais que les Américains ont tenté de dénoncer la collaboration entre Services Secrets et firmes privées; j'ai déjà dit, à l'occasion de ma visite à la CIA, ce que j'en pensais. J'ajoute que je ne vois pas comment un organe d'espionnage gouvernemental pourrait déterminer seul les objectifs de recherche technologique ou industrielle. Je ne vois pas non plus ce qu'il pourrait bien faire des renseignements qu'il obtiendrait s'il n'en faisait pas profiter l'acteur économique. Peut-on croire que le KGB se borne à les archiver? Ou que la CIA resterait inerte vis-à-vis de l'industrie américaine si elle obtenait des informations confidentielles sur une technique de pointe japonaise?

Pour la fonction contre-espionnage, un effort important a été réalisé. Les effectifs de la division sont maintenant accrus de cinquante pour cent, des agents de qualité ont été transférés dans d'autres divisions, en particulier celle du renseignement. Des moyens matériels nouveaux sont mis à la disposition de la division Contre-espionnage, en particulier des installations propres séparées de la Centrale du SDECE. Des postes extérieurs spécifiques sont créés. Un premier plan d'action est élaboré, malheureusement sans concertation avec la DST. Il est amélioré à plusieurs reprises au cours du premier semestre 1982. Il vise notamment les filières et les agents de l'Est agissant en Europe et dans les pays d'Afrique francophone.

Un effort particulier est mené dans le domaine du contre-terrorisme. La subdivision Contre-ingérence, créée à cet effet au sein de la division Contre-espionnage, est dotée d'agents triés sur le volet. Elle s'installe dans des locaux spécifiques extérieurs dotés d'équipements adaptés. Des fonds importants lui sont affectés. Compte tenu de la sensibilité du territoire national, nous ne pouvons nous désintéresser des renseignements qui peuvent y être recueillis : les filières qui y existent prolongent en France celles de l'étranger et permettent d'y remonter. Le refus de coopération de la DST nous contraint à renforcer dans l'Hexagone nos moyens propres. Ils viennent s'ajouter à ceux qui existaient déjà pour le renseignement (examen des valises diplomatiques, surveillance des hôtels, interceptions de documents et de communications...).

Un premier plan d'action contre-terroriste est arrêté à la fin novembre 1981. Il vise à l'obtention de renseignements opérationnels sur les organisations et les groupes d'actions terroristes en provenance du Proche-Orient. Il prévoit la recherche d'informations sur leurs implantations, leurs objectifs, leurs soutiens et, si possible, leurs agents. Un effort important est prévu au Liban, notamment à Beyrouth, qui paraît être la base de départ et le point focal; il s'appuie sur le groupe du contre-espionnage exclusivement chargé du renseignement contre-terroriste mis en place après l'assassinat de l'ambassadeur Delamarre; il agit totalement coupé du poste de recherche traditionnel qui en ignore l'existence.

Nos infrastructures en place au Proche-Orient, dans le Maghreb et dans certains pays sensibles d'Europe et d'Afrique, reçoivent des orientations spécifiques de recherche de renseignements sur des milieux pouvant être en relation avec les organisations terroristes. La division Contre-espionnage et la subdivision Contre-ingérence intensifient leurs liaisons avec les Services Secrets susceptibles de nous aider dans la collecte de renseignements, en particulier ceux d'Israël, du Maroc, de Tunisie, de RFA, d'Italie et des États-Unis.

Au début du deuxième trimestre 1982, un dispositif contre-terroriste cohérent est en place. Il dégage petit à petit une représentation plus précise des mouvements terroristes, de leurs relations avec certains États, de leurs infrastructures. Ses progrès permettent d'envisager retournements et pénétrations. Nous devrions commencer à disposer, dans un délai de trois à quatre mois, de renseignements réellement opérationnels.

La fonction action pose un problème particulier. Chargée de missions ponctuelles, souvent violentes ou dangereuses, et de la réalisation de protections, elle met aussi en œuvre les moyens spéciaux de transport du service, essentiellement maritimes et aériens. La division est composée d'environ trois cents militaires d'élite, subissant un entraînement intensif et continu de parachutistes et de nageurs de combat.

Mes premiers contacts avec elle n'avaient pas manqué de pittoresque. J'avais été « admis » au fort de Noisy, son centre, par l'état-major en uniforme noir d'opérations, toutes décorations dehors, avec à sa tête le colonel qui la commande, baroudeur fameux en Indochine et en Algérie, exhibant sur sa poitrine les plus hautes distinctions. On m'avait remis à l'entrée un badge portant mon pseudonyme action : Romain – ils ne s'étaient pas fatigués pour le trouver! –; je ne serai désormais connu là que sous ce seul nom qu'il me faudra décliner pour être admis! J'avais ensuite été amené dans la crypte du fort, où je m'étais trouvé face à la presque totalité de son contingent, en uniforme noir, figé dans un garde-à-vous impeccable; il s'agissait évidemment de m'impressionner et j'avais dû, pour rester dans le ton, leur adresser un discours musclé. La visite aux deux autres centres, Cercottes et Aspretto, avait été du même tabac; j'y rencontrais des militaires de choc hyper-entraînés.

Il m'apparaît pourtant que toute la division Action tourne à vide. Ses hommes de guerre se morfondent en s'entraînant à des exercices qui ne débouchent presque jamais sur des opérations réelles. Leur entraînement relève du commando militaire et non de l'intervention légère et clandestine. Son chef, qui a été un remarquable combattant, n'a pas les qualités requises pour une telle activité. Il est empêtré dans des amitiés extérieures et se heurte auprès de ses principaux officiers à une opposition sourde. Elle débouchera pendant l'été 1982 sur une crise sérieuse qu'il me faudra régler.

Deux exemples soulignent l'inadaptation de la division aux missions du SDECE. Le premier concerne un réseau manipulé par la division Action s'appuyant sur une structure clandestine constituée d'éléments extérieurs au Service, souvent des anciens de l'Action; ils ne sont connus que du commandement de la division, et répartis dans des lieux clefs de Hexagone. Ce réseau m'est présenté comme pouvant effectuer l'exfiltration de personnalités en cas d'invasion du territoire national. Le dispositif aurait été créé au début des années cinquante; il aurait son pendant dans d'autres pays européens, notamment en Italie et en Belgique. L'ensemble serait coordonné par un organe spécifique de l'OTAN.

Je décide de faire personnellement l'expérience. Extrait clandestinement de la Centrale vers 17 heures, je change plusieurs fois de voiture dans Paris et suis emmené, yeux bandés, jusqu'à un appartement où je suis dûment grimé. Puis une voiture me conduit, toujours yeux bandés, à une soixantaine de kilomètres de Paris; là, embarqué dans un champ à bord d'un hélicoptère, je suis transporté jusqu'à un terrain vague que je situe en Provence (c'est effectivement près d'Avignon). De là, une voiture m'emmène, toujours yeux bandés, jusqu'au port de l'Estaque, près de Marseille, où j'attends le lever du jour dans un bateau de pêcheurs ponté. A bord, deux hommes, muets comme tous ceux que j'ai rencontrés jusque-là, m'offrent une tasse de café. Puis je suis transféré sur un voilier au large de Marseille.

Le caractère théâtral de l'opération m'a évidemment surpris. Mais surtout, il ne peut être question de s'en remettre à un réseau clandestin dont la direction générale ne connaît ni la composition, ni la loyauté; si des exfiltrations devaient être réalisées, elles seraient le fait d'agents en exercice proprement encadrés. Je décide donc de dissoudre ce réseau dont l'équivalent italien aura quelques années plus tard les honneurs de la presse sous le nom de Gladio. Lorsque je parle de l'affaire à François Mitterrand, j'ai l'impression qu'il en connaissait déjà l'existence.

A une autre occasion, je participe à un exercice en mer de la division Action. Partis le soir de Toulon dans un sous-marin, nous réalisons un rendez-vous en plongée avec des vedettes rapides d'Aspretto sur lesquelles je dois être transféré en haute mer. Cette opération ne me paraît pas plus convaincante; elle ressemble à un jeu d'entraînement qui ne correspond qu'à une très marginale utilité pour les missions du SDECE.

C'est avec cette division que la transition sera la plus laborieuse. Je préside un certain nombre de réunions de commandement sans parvenir à définir des types de missions et des conditions d'emploi. Je finirai, avec l'assistance de mon état-major, en particulier du chargé de mission qui connaît bien la fonction action, à arrêter les types d'opérations utiles : actions clandestines par très petites équipes en terrain neutre ou hostile, interventions en milieu urbain, neutralisation de groupes terroristes, infiltrations, sabotages, recueil de renseignements en conditions dangereuses... L'entraînement des hommes sera réorienté en conséquence.

Quant à la fonction influence à l'étranger et désinformation, je n'aurai ni le temps ni l'occasion de l'organiser, bien que nous en reconnaissions l'intérêt. Quelques opérations ponctuelles de circonstance seront réalisées, notamment en Afrique, en prolongement des autres activités du Service.

J'accompagne la réorganisation d'un début d'information destiné à la presse. Je suis arrivé à la conclusion que certaines indications peuvent être dévoilées, à condition d'éviter des sujets sensibles, telles l'implantation des postes, l'identité des agents, les opérations en cours ou restant d'actualité. Je pense même qu'il s'agit d'une démarche importante car le Service souffre surtout de contresens sur ses activités et ses réalisations. Je rencontre ainsi, à partir d'août 1982, des responsables de média; l'accueil que je reçois est sympathique, les questions posées de qualité. La confidentialité que j'ai demandée ne sera jamais trahie. Je n'aurai malheureusement pas le temps de poursuivre cette tentative avec tous les organes de presse intéressés.

Les missions des diverses fonctions s'ordonnent désormais dans le cadre des plans de renseignements, de contre-espionnage, de contre-terrorisme et d'action. Elles s'affinent dans des réunions quotidiennes, de commandement, et hebdomadaires, d'évaluation, que je préside. Alors que la seule production du SDECE consistait en notes d'information, elle s'exprime désormais en une série de documents diversifiés à finalité différente : note de renseignements, document confidentiel où est rapportée chaque information secrète obtenue par nos sources; notes d'analyse où de synthèse, élaborées lorsque nous atteignons un niveau suffisant pour donner une appréciation pertinente de situation; sommaire quotidien des renseignements; évaluation hebdomadaire des événements internationaux.

L'expression par le SDECE de ses analyses de situation aurait dû, comme l'élaboration des plans, déboucher sur un échange avec les organes concernés du gouvernement. Il n'en sera malheureusement jamais rien. Les réactions ou critiques de mes interlocuteurs du mardi à l'Élysée seront rarissimes; l'expression d'avis contraires ou les demandes d'éclaircissement inexistantes. Nous ne recevrons jamais aucun retour des autres destinataires. On verra par contre apparaître des rumeurs, jusque dans la presse, selon lesquelles une part significative des renseignements et des analyses du SDECE ne présenterait pas d'intérêt. Il faut savoir qu'il s'agit là d'une méthode employée lorsqu'on veut mettre en difficulté le Service ou son directeur général. C'était déjà le cas avant 1981, de la part de responsables des Affaires étrangères pourtant bien placés pour connaître la médiocrité des analyses du Quai d'Orsay. C'est ce que l'on reprendra à plusieurs reprises après 1983. C'est facile, c'est pas cher, et c'est impossible à contrer. Je peux témoigner de ce que ces critiques vagues et inarticulées ne sont jamais ni précédées ni accompagnées de remarques précises qui permettraient à la fonction secrète de mieux déterminer ou de mieux orienter ses objectifs de recherche, d'affiner ou de modifier ses analyses de situation, d'engager une confrontation constructive avec d'autres administrations.

On est ici au nœud même des difficultés qui affectent les Services Secrets français. Il faut bien comprendre qu'ils ne peuvent orienter leurs recherches et en améliorer l'exploitation s'ils ne sont pas soumis au test du dialogue et de la confrontation; ils ne peuvent conduire leurs actions que s'ils sont en permanence informés des intentions du pouvoir en matière de politique étrangère. C'est l'essence même de l'intégration réalisée dans pratiquement tous les autres pays. Non seulement cette intégration n'existe pas en France, mais le SDECE n'est pas même gratifié de demandes ou d'échos émanant de quelque instance que ce soit.

De ce point de vue, c'est l'attitude du président qui est décisive; s'il associe la fonction secrète à l'action de l'État, les ministères suivent. S'il la tient à l'écart, ils l'ignorent. Or je ne rencontre François Mitterrand que de manière espacée et irrégulière : quinze fois au total entre juin 1981 et juillet 1982; il ne m'accorde d'audience ni pendant la phase des attaques contre le Service de septembre à décembre 1981, ni pendant la crise aiguë au Proche-Orient de mai et juin 1982.

Lorsque je le rencontre, c'est toujours le même scénario : à mes exposés ou questions, il fait des réponses sybillines souvent monosyllabiques, lorsqu'il ne me demande pas de changer de sujet s'il ne veut pas s'exprimer. C'est par exemple le cas lorsque je veux lui exposer la nouvelle organisation du SDECE, lui rendre compte des écartements de personnels de décembre 1981, ou évoquer les difficultés avec la DST et l'algarade avec Defferre.

Il ne réagit jamais sur les analyses ou évaluations du SDECE, il ne demande jamais de rechercher tel renseignement ou d'engager telle action. Il ne s'exprime jamais sur ses préoccupations ou ses objectifs en politique étrangère. Jamais il n'esquisse la moindre volonté de soutien lorsque le Service fait l'objet d'attaques publiques; des indications me laissent même penser qu'il fait à des tiers, y compris à des journalistes, des confidences délétères sur le Service.

A l'Élysée, tant que Pierre Bérégovoy est mon interlocuteur principal, donc jusqu'en octobre 1981, je reçois des réponses rapides et sans ambiguïté. Mais, même avec lui, les rares impulsions visent des opérations ponctuelles, jamais situées dans une perspective politique. A partir de novembre 1981 avec le général Saulnier, plus tard avec Jean-Louis Bianco, je ne reçois que des réactions ou des indications techniques et ponctuelles. Quant à François De Grossouvre, les fréquents contacts que j'ai avec lui concernent presque exclusivement des renseignements sur des personnes; s'il fait parvenir des messages au président, il ne m'a presque jamais transmis de sa part une demande ou une instruction. Je ne connais que rarement ses déplacements à l'étranger, jamais leur objet ni leur résultat. Personne à l'Élysée n'assure de coordination réelle sur les questions touchant à la fonction secrète.

Matignon demeure extérieur aux circuits intéressant le SDECE. Je rencontre très rarement Pierre Mauroy. Si j'entretiens des rapports mensuels avec son directeur de cabinet, Michel Delebarre, que je m'efforce de tenir informé, je ne reçois de lui ni orientations ni demandes.

Quant aux ministères, je ne réussis à obtenir d'eux ni réactions sur nos évaluations, ni demandes de renseignements. Au Quai d'Orsay, je ne réussis à m'entretenir avec Cheysson que très rarement, et il me faudra attendre l'été 1982 pour obtenir du secrétaire général Gutman le principe de rencontres mensuelles dont une seule sera tenue avant mon départ. Je ne reviens pas sur nos difficultés avec le ministère de l'Intérieur. Quant aux autres ministres, notamment en matière économique, ils n'expriment jamais de demande significative, malgré les démarches que j'ai faites auprès d'eux.

Mais c'est avec le ministre de la Défense que les relations sont les plus surprenantes. Bien qu'il soit l'instance hiérarchique dont je relève, il ne s'intéresse à nos activités, conformément à ce qu'il m'avait déclaré dès juin 1991, que sur des sujets susceptibles de servir sa position personnelle; les renseignements qu'il me demande ou les indications qu'il donne tournent presque toujours autour de questions de personnes, notamment de Français. Quant à la haute hiérarchie militaire, je mettrai plus d'un an à obtenir une présentation des options stratégiques, préparée d'ailleurs semble-t-il pour M. Tout-le-Monde.

Je souhaite néanmoins faire couronner la remise en ordre du SDECE, et c'est à Charles Hernu que je dois en parler d'abord. Il manifeste cette fois de l'intérêt; c'est une opération sans risque pour lui, qui peut même lui donner l'aura du réformateur. Il en fait son affaire avec le président. Ce sera le décret du 2 avril 1982. Il définira dans un texte officiel les fonctions et les missions des Services Secrets. Sur ma proposition, la nouvelle appellation sera : Direction générale de la Sécurité extérieure, le sigle DGSE remplacera SDECE.

Ce document ouvrira peut-être la voie à une reconnaissance du rôle de la fonction secrète dans l'État, à son intégration dans l'appareil gouvernemental, à son acceptation par les autres administrations. Je me donne six mois pour en juger.

CHAPITRE 8

LE RÉVEIL DES SERVICES SECRETS

La DGSE va dès lors pouvoir commencer à remplir ses missions. En voici quelques exemples.

Dans le Maghreb, c'est principalement le Maroc et la Tunisie qui retiennent notre attention. Les objectifs que nous avons déterminés concernent moins les problèmes bilatéraux avec la France que les renseignements sur l'Afrique et le Proche-Orient; nous souhaitons donc créer des relations qui nous donnent accès à leurs informations.

Au Maroc, ma visite du mois de septembre 1981 a été suivie de la venue à Paris du général Dlimi, qui confirme son intérêt pour des échanges de renseignements. Les Marocains ne nous demandent rien concernant les problèmes de voisinage qui les préoccupent (Polisario, Algérie, Mauritanie), ce qui aurait pu soulever de délicates questions politiques.

En novembre, le roi du Maroc me fait demander de venir le voir d'urgence. L'Élysée ne soulève pas d'objections. Je suis conduit par le général Dlimi de Fez à Ifrane, où le roi dispose d'un palais de montagne. Mais Hassan II nous ramène à Fez, au volant du dernier modèle d'Aston Martin; la sécurité est assurée par deux hélicoptères volant à basse altitude de part et d'autre de la route. La conversation se termine dans les beaux jardins du palais où le roi, après avoir écarté Dlimi, me fait visiter le chantier du pavillon en cours d'achèvement qui abritera dans quelques jours le sommet de Fez.

Le souverain marocain veut faire connaître à la France les positions qu'il compte défendre au sommet. Il est préoccupé par une déstabilisation croissante du Proche-Orient et par le développement du fondamentalisme islamiste – en particulier chiite – dont il craint l'extension jusqu'au Maghreb. Il veut tenter de prendre des initiatives et nouer des contacts pour rechercher une solution pacifique au conflit israélo-arabe, et discuter d'un statut spécial pour Jérusalem. Il pense que la position particulière de la France et nos contacts avec Israël pourraient y contribuer. Hassan II souhaite que l'Élysée soit informé de ses intentions, voire joigne ses efforts aux siens. Je ne pourrai en parler à François Mitterrand mais j'établirai une note urgente que je commenterai à Pierre Bérégovoy; je ne recevrai pas en retour d'indications particulières.

L'attitude du souverain marocain m'assure d'un accès auprès de lui que l'Élysée pourrait utiliser, soit pour obtenir des renseignements de haut niveau, y compris sur ses intentions, soit pour transmettre des indications secrètes. C'est là un exemple du rôle particulier que pourrait jouer le chef de la DGSE dans les relations entre l'Élysée et les chefs d'État. Cette journée confirme aussi que nous pourrons faire appel aux services secrets marocains pour des renseignements sur le Proche-Orient.

Mais quel curieux régime de pouvoir personnel où manifestement tout procède du roi et tout aboutit dans son cabinet... Quel étonnant amalgame de modernisme et d'archaïsme, illustré par l'autocrate médiéval au volant de la voiture de sport la plus moderne... Les Services Secrets jouent dans le royaume un rôle différent de celui d'une démocratie occidentale; ils sont très proches du monarque et peuvent être appelés à intervenir dans les jeux d'influences et de puissance à la cour. La position de Dlimi, qui est aussi responsable de la lutte contre le front Polisario, en fait un personnage important. Mais j'ai cru percevoir une distanciation de la part d'Hassan II. J'apprendrai plus tard que Dlimi est surveillé pour le compte du roi par certains de ses collaborateurs.

Avec la Tunisie, les domaines d'intérêts réciproques sont différents; les services tunisiens sont préoccupés par la menace libyenne dans la région, surtout contre leur pays. Le chef des services tunisiens attache une importance particulière aux relations avec la DGSE, et considère que les Services Secrets constituent un canal privilégié de communication entre gouvernements.

Fin mars 1982, une occasion de coopération opérationnelle se présente. Des troubles ont éclaté dans de petites agglomérations du Sud de la Tunisie ; ils semblent être le fait d'agents libyens infiltrés. Les services tunisiens, inquiets et, semble-t-il, désarmés contre ce type de menaces, demandent notre aide. C'est une occasion de gagner un peu plus leur confiance, et aussi de mettre à l'épreuve les capacités d'intervention que nous avons commencées à préparer. Un dispositif conjoint est organisé : il comporte des radars de surveillance de la frontière, des commandos d'intervention d'abord mixtes puis exclusivement tunisiens, la préparation et l'entraînement des hommes, la fourniture d'équipements et d'armements adaptés. La tentative de subversion sera ainsi rapidement jugulée.

Dès lors, la coopération sera confiante. Nous obtiendrons de précieux renseignements sur le Proche-Orient, sur les organisations palestiniennes, sur les actions libyennes, notamment dans le support au terrorisme. Des contacts fructueux seront établis en Tunisie, en particulier avec la Ligue Arabe, plus tard avec la direction de l'OLP dans des conditions que j'évoquerai plus loin. De fréquentes confrontations d'analyse de situation entre les Tunisiens et nous-mêmes seront organisées.

La situation au Proche-Orient retient particulièrement l'attention de la DGSE à cause de la guerre Iran-Irak, du conflit israélo-palestinien et de la situation au Liban. Nos objectifs visent l'acquisition de renseignements utiles pour le gouvernement français, l'établissement d'évaluations de situation et de pronostics d'évolution, et l'obtention d'indications précises sur les organisations terroristes, leurs soutiens, leurs implantations et leurs objectifs.

Nous recevons la visite à Paris du directeur général du Mossad, la première depuis de nombreuses années. La défiance a maintenant disparu et l'on peut envisager certains échanges de renseignements. Le démarrage de notre coopération est prometteur, même s'il existe des zones d'ombre. Je propose à l'Élysée que le président reçoive secrètement le directeur général du Mossad comme j'ai été reçu à Jérusalem par le Premier ministre Menahem Begin ; le chef du Mossad aura finalement un entretien avec Pierre Bérégovoy.

Durant le premier trimestre de 1982, un certain nombre d'échanges de renseignements s'organisent effectivement par le canal du chef de poste du Mossad à Paris ; ce vétéran des guerres de 1957 à 1967, entré le premier à Jérusalem à la tête d'un commando, s'avère particulièrement actif, compétent et coopératif. Il respecte manifestement des limites et des contraintes qui s'expliquent de la part d'un pays en guerre voulant protéger ses sources et ses informations les plus sensibles. Il doit se soumettre lui-même à Paris à une très stricte discipline de sécurité. Mais certaines indications que nous pouvons obtenir sur le terrorisme commencent à nous aider sérieusement.

Dès cette époque, la DGSE alerte le gouvernement sur le risque d'une intervention militaire israélienne au Liban. Le Mossad s'emploie évidemment à en démentir l'éventualité, sans être très convaincant. L'opération viserait à élargir au nord le périmètre de sécurité d'Israël, en particulier contre les menaces terroristes visant la Galilée. Mais s'agirait-il d'une pénétration plus profonde ? Comment les Israéliens envisagent-ils les risques d'un affrontement violent avec les Syriens ? Comment apprécient-ils une aggravation du déséquilibre de la région que l'opération pourrait entraîner ? Les responsables du Mossad se souviendront plus tard que nous avions soulevé ces interrogations.

Sur la guerre Iran-Irak, les Israéliens ont une position qui découle de leur analyse sur le risque pour eux d'un renforcement de l'Irak, qu'ils considèrent comme un adversaire particulièrement dangereux, pouvant devenir un facteur d'instabilité dans le précaire équilibre régional. Nous obtenons quelques indications sur des soutiens logistiques que l'État hébreu apporte à l'Iran.

Le président Mitterrand se rend en Israël en mars ; la DGSE participe à la préparation du voyage en adressant à l'Élysée un dossier substantiel de renseignements et d'analyses, et en suggérant certaines modifications dans le discours à la Knesset sur les termes employés concernant le problème palestinien, notamment une formulation moins précise sur les territoires qui pourraient être proposés pour leur regroupement. Je ne reçois aucune indication particulière après le retour de François Mitterrand.

Je me rends à nouveau en Israël début avril avec une délégation de la DGSE pour tenter d'accélérer les échanges sur le terrorisme et de connaître les intentions du gouvernement israélien devant la montée des tensions au Proche-Orient, notamment au Liban. Mon déplacement en Mystère 20 et mon hébergement à Tel-Aviv sont entourés de précautions particulières de secret.

Les dirigeants du Mossad sont tendus; ils sont particulièrement affectés par l'assassinat, quelques jours plus tôt à Paris, de l'un de leurs diplomates, Jacob Barsimentov, assassinat qu'ils attribuent au mouvement d'Abou Nidal; ils espèrent la fermeté des responsables français. Ils semblent plus décidés encore à coopérer.

Je suis reçu, comme lors de ma précédente visite, par le Premier ministre Begin; je retire de la conversation l'impression d'une impatience à agir. Puis, fait nouveau, je suis invité à une rencontre avec le ministre de la Défense, Ariel Sharon, dans l'hacienda de type espagnol où il habite, à la porte du désert, et où l'on accède par hélicoptère. L'homme privé est bien conforme à son image publique : une vivacité d'esprit qui contraste avec la lourdeur du corps, une expression vigoureuse, une grande force de conviction notamment lorsqu'il s'exprime sur la place d'Israël dans la communauté occidentale, une combativité, pour ne pas dire une brutalité, qui perce sous l'accueil sympathique. J'ai droit à un long exposé où les menaces contre Israël figurent en cercles concentriques de couleur sur des cartes qu'il déroule devant moi; le centre est en Union soviétique, les avant-gardes au Proche-Orient, mais la Méditerranée et l'Afrique sont aussi des champs d'affrontement. A défaut d'être convaincant, l'exposé est brillant et vigoureux. Ariel Sharon insiste sur la description de la Jordanie comme terre de regroupement des Palestiniens qui représentent déjà plus de soixante pour cent de sa population.

Il se dégage de tous ces contacts une impression de tension et de veillée d'armes. Ils permettent ainsi de pronostiquer une déchirure entre Begin et Sharon. Lorsque j'évoque devant plusieurs de mes interlocuteurs l'éventualité d'une intervention militaire au Liban, ils me déclarent tous qu'aucune décision n'est prise, sans que leurs dénégations emportent réellement la conviction.

Avant mon départ, le directeur général du Mossad me confirme sa détermination à coopérer plus étroitement avec la DGSE et à nous faire bénéficier des renseignements opérationnels dont il dispose contre le terrorisme. Il enverra sous quelques semaines à Paris une délégation munie d'informations et de réponses à nos questions. Il évoque aussi l'éventualité que je puisse servir d'intermédiaire pour des conversations secrètes avec des dirigeants arabes, en particulier saoudiens, syriens et libanais, sur la sécurité de la zone; l'Élysée ne retiendra pas cette démarche, mais ne soulèvera pas d'objections à une intensification des contacts avec le Mossad.

Les relations avec ce dernier ont leur pendant avec les services secrets saoudiens et égyptiens. Le chef du premier vient en visite à Paris. Je me rends moi-même deux autres fois dans le premier semestre 1982 en Arabie Saoudite, où je suis reçu de manière sympathique, non seulement par le chef des Services Secrets mais aussi par son frère, le prince Abdallah, ministre des Affaires étrangères. Les relations nouées avec le prince Abdallah et mon homologue sont directes Les deux frères ont fait des études supérieures aux États-Unis et font preuve d'un surprenant niveau d'information sur le monde : ils s'expriment librement en privé, tout en affirmant un grand attachement à l'islam et à ses règles; ils parlent des problèmes de société chez eux, de leur difficulté à vivre éloignés des modèles modernes de développement, de la nécessité d'une évolution prudente du régime.

Les Services Secrets saoudiens disposent de moyens limités et de peu de renseignements opérationnels. Mais les responsables développent des analyses qui retiennent l'intérêt. Ils manifestent de grandes inquiétudes sur l'équilibre politique et stratégique de la région. Ils sont préoccupés par le messianisme chiite iranien – sur le danger duquel le roi Fahd me confiera un message verbal pour François Mitterrand –, par le conflit israélo-palestinien et par la situation d'anarchie au Liban. Mais ils craignent aussi les menaces provenant d'une montée en puissance de l'Irak. Quant aux Palestiniens, l'affirmation du soutien à leur cause masque difficilement l'inquiétude que crée leur radicalisme. La DGSE de son côté obtient en janvier 1982 des renseignements sur un renforcement secret des liens entre l'Arabie Saoudite et la Syrie.

Ces hommes, conscients de vivre dans un environnement régional à l'équilibre précaire, ont pour la France une attitude sympathique mais ils ne nourrissent pas d'illusions sur nos capacités réelles d'intervention dans les affaires du Proche-Orient; seules deux puissances comptent réellement à leurs yeux: les États-Unis, qui peuvent les appuyer, et l'Union soviétique. Il est difficile de les faire s'exprimer sur Israël, mais on retire le sentiment qu'ils ne le considèrent pas comme un acteur directement menaçant.

Nos relations avec les Services Secrets égyptiens sont nettement moins denses et moins confiantes. Leurs préoccupations sont plutôt orientées vers la gestion difficile des relations avec Israël – nous pourrons nous procurer à ce sujet le compte-rendu secret de conversations entre le Premier ministre Begin et le président Sadate –, les désordres chroniques au Soudan, les initiatives imprévisibles du colonel Kadhafi ou l'extrémisme des Frères musulmans. Ils suivent attentivement la situation au Yémen du Sud, ce qui nous intéresse à cause du soutien que ce pays donne au terrorisme et de la proximité de Djibouti; mais nous n'obtiendrons jamais d'eux de renseignements précis et utilisables.

Le Liban constitue un terrain d'observation important pour la DGSE, à la fois à cause de l'intérêt traditionnel que lui porte la France, de la situation interne du pays, des affrontements qui s'y déroulent, de la forte implantation des Palestiniens et de l'OLP, enfin parce qu'il constitue un point focal du terrorisme. Dès le mois d'octobre, après l'assassinat de l'ambassadeur Delamarre, nos moyens avaient été renforcés par la création d'un échelon contre-espionnage chargé principalement de rechercher des renseignements sur le terrorisme. Ce dispositif est complété à partir d'avril 1982 par la mise en place d'un échelon de la division Action chargé de la reconnaissance des implantations et des groupes terroristes; il concourt aussi par ses propres informateurs à la collecte de renseignements. L'ensemble, qui comprendra jusqu'à plus de vingt agents simultanément, est coordonné depuis Paris. Le recrutement des sources, les retournements et pénétrations que nous réalisons vont nous permettre de disposer de précieuses informations opérationnelles qui orienteront nos actions contre-terroristes.

Nous acquérons ainsi au fil des semaines une meilleure connaissance du contexte libanais sans que nous puissions en déchiffrer toute la complexité : chrétiens maronites relevant d'autorités claniques différentes, chiites pro-iraniens ou anti-iraniens, sunnites d'obédiences diverses, Druzes de deux catégories, camps palestiniens où coexistent éléments pacifiques et groupes violents, armée et deuxième bureau libanais, armée syrienne et groupes occultes qu'elle manipule, agents de puissances étrangères... De plus, de nombreux réseaux de trafic d'armes et de drogue, de grands et petits groupes criminels... ainsi que de puissants intérêts financiers s'entrecroisent et se combattent.

Les actions françaises suivent des canaux multiples. De Grossouvre intervient directement pour l'Élysée, surtout auprès des chrétiens et des Druzes; on ne sait rien de ce qu'il fait à l'occasion de ses visites au Liban ou des rencontres qu'il a à Paris avec des émissaires; il semble entretenir des liens avec certains milieux d'affaires sans qu'apparaisse clairement s'ils contribuent ou non à la conduite politique. De son côté, le Quai d'Orsay mène ses propres actions avec l'ambassadeur; il entretient en particulier des contacts avec le gouvernement libanais et l'OLP. Quant à la DGSE, elle recherche des renseignements sur les divers groupes, sans être guidée par des orientations précises du gouvernement.

Cette absence de cohérence entre les intervenants, de clarté dans les objectifs français, rend les choses difficiles face à une situation complexe et dangereuse. Certains tenteront plus tard d'incriminer la DGSE alors qu'on ne l'a jamais réellement intégrée aux interventions françaises; des imprudences mettront même en danger certains de ses officiers en mission.

Les deux chrétiens libanais que nous avions rencontrés à Beaulieu en août 1981 maintiennent, avec l'approbation de De Grossouvre, des contacts avec moi dont l'objectif reste obscur. Je reçois aussi à Paris le dirigeant des milices chrétiennes, Bachir Gemayel, frère d'Amine, pour un court entretien quelques semaines avant son élection à la présidence de la République; il est soutenu par les Israéliens et sera assassiné quelques jours avant son installation; Amine sera élu pour le remplacer dans une situation très confuse en octobre 1982. L'hostilité qui a opposé les deux frères illustre bien le déchirement de ce pays.

Dans cet état de confusion, la DGSE ne reçoit ni impulsion, ni orientations de recherche. L'exploitation de notre toile de correspondants nous permettra toutefois, à partir de l'intervention militaire israélienne de juin 1982, d'élaborer des évaluations hebdomadaires spécifiques qui seront envoyées à nos correspondants gouvernementaux, sans provoquer de questions ou de confrontations d'analyse.

On peut, à partir de nos informations, formuler certaines observations sur le drame libanais. La position géographique de ce pays au carrefour d'intérêts violemment antagonistes, la mosaïque d'ethnies, de religions, de clans qui le constitue, la modification des données démographiques remettant en cause le pacte politique de 1920, l'installation en masse des Palestiniens et le pullulement de groupes violents constituent certes des causes essentielles de l'anarchie et de la disparition de l'État. Mais il existe aussi d'autres facteurs, comme l'entremêlement de manœuvres politiciennes ou l'affrontement de puissants affairismes. Devant cette situation, les interventions françaises ont manqué de cohérence; elles ont entretenu des illusions sur nos capacités réelles en face des puissances régionales, au premier rang desquelles la Syrie et Israël; elles ont quelquefois privilégié des forces qui ne pouvaient être que déstabilisatrices.

En ce qui concerne la guerre entre Iran et Irak, la DGSE a pour objectif de disposer de renseignements permettant d'évaluer la situation militaire et de déterminer les soutiens dont disposent les deux pays.

Pour ce qui est de l'Iran, nous n'avons que peu de sources directes. Nous tentons d'établir des contacts avec certains émigrés; le dernier Premier ministre du chah, Chapour Baktiar, plusieurs anciens hauts responsables, le jeune chah lui-même. Je les rencontre à Paris dans un grand luxe de secret et de sécurité. Les contacts avec le jeune chah sont précédés par la visite à sa mère, la chabanou, qui frappe par son intelligence et sa maturité politique; au cours d'une longue conversation, elle analyse avec lucidité les erreurs qui ont conduit à la chute de son mari, et explique pourquoi elle a décidé de s'éclipser pour laisser le champ libre à son fils. En définitive, ces contacts restent sans résultat. Ces émigrés sont regroupés en clans antagonistes, qui n'ont que des projets fumeux et inconsistants; ils nourrissent sur leur retour au pouvoir des illusions qui se dissipent lentement au fur et à mesure que la guerre avec l'Irak confère au régime Khomeyni une légitimité politique. Le seul qui dispose de quelques informations utiles et d'un peu d'influence locale est Chapour Baktiar, qui conserve des contacts avec son ethnie baktiari. En revanche, nous obtiendrons des renseignements utiles sur la situation en Iran grâce à la coopération avec les services pakistanais et, à un niveau moindre, avec les Israéliens.

Sur l'Irak, il nous est plus difficile d'obtenir des renseignements compte tenu du contrôle policier très strict qui y règne. Néanmoins, nous disposons de sources par les nombreux étrangers qui lui portent assistance, notamment en matière d'armement. L'Irak dispose en France de puissants groupes d'influence qui diffusent une image inexacte du régime de Saddam Hussein; leurs voix sont écoutées avec attention au Quai d'Orsay et à la Défense, engagés dans le soutien aux importantes ventes d'armes; ce régime bénéficie aussi de sympathies de la part des partis politiques français, à droite comme à gauche.

Il existe pourtant de puissantes raisons de se méfier, auxquelles la DGSE est particulièrement sensible : le régime irakien est une dictature violente qui conduit de sévères répressions intérieures. Son flirt avec l'Union soviétique, son initiative de la guerre avec l'Iran, ne peuvent qu'inciter à la plus grande suspicion. Surtout, son activisme dans le soutien au terrorisme nous incline à une extrême méfiance; l'Irak commandite depuis le début les groupes les plus extrémistes à qui il apporte un large soutien logistique en finances, en armes, en installations sur son sol, abritant états-majors et camps d'entraînement. Et ce ne sont pas les visites que multiplient auprès de moi l'ambassadeur d'Irak qui nous feront changer d'avis. Mais cette analyse ne trouve pas d'écho dans les autres administrations françaises.

Nos renseignements sur l'Iran et l'Irak, quoique incomplets, nous permettent de faire au gouvernement chaque semaine pendant l'année 1982 une évaluation hebdomadaire de situation sur le développement de la guerre. Deux orientations s'en dégagent : le régime des Iraniens en sort renforcé par un sursaut patriotique qui touche même les officiers traditionnels; malgré la disproportion de trois pour un des effectifs engagés, l'armée irakienne devrait résister, au prix de lourdes pertes, grâce à sa capacité à mettre en œuvre des armements modernes. A l'Élysée et à la Défense, j'expose personnellement ces considérations au cours de l'été 1982. Comme dans d'autres domaines, je n'aurai pas de contre-épreuve; je ne connaîtrai ni l'analyse de l'état-major français, ni les intentions de la présidence et des Relations extérieures.

En juillet 1982, la DGSE rend compte au gouvernement de renseignements concernant des livraisons occultes d'armes à l'Iran. Il s'agit de matériels américains transitant par plusieurs pays européens, notamment la Belgique, l'Italie et la RFA. Deux autres pays sont également cités comme fournisseurs : le Brésil et Israël; ce dernier pour des quantités significatives, en particulier des canons, des mortiers et des munitions. Des indications précises sont données sur les intermédiaires.

Sur le sous-continent indien, les objectifs de la DGSE concernent l'évaluation de la situation interne de l'Inde et du Pakistan, des risques de conflits entre ces deux pays, l'obtention de renseignements sur l'Afghanistan et de facilités d'accès à ce pays, des informations sur les intentions de l'URSS et l'état de ses républiques du Sud ainsi que toutes indications relatives aux intérêts français, notamment commerciaux.

Dans cette optique, les contacts avec les autorités et les services secrets pakistanais présentent un intérêt particulier. La rencontre que j'avais eue à Paris en novembre 1981 avec le général Zia ul-Haq est suivie d'un voyage à Islamabad en mai 1982. Je suis reçu à deux reprises par le chef de l'État, qui me retient à dîner avec le ministre des Affaires étrangères et le chef des services secrets. Les dirigeants pakistanais sont pessimistes sur l'évolution des relations avec l'Inde dont ils considèrent les responsables comme prisonniers d'un système décentralisé, déséquilibré, et condamnés à la surenchère extérieure aggravée par la menace atomique dont ils disposent. Ils considèrent le Sud de l'Union soviétique comme une zone d'incertitude où règne la corruption et où le pouvoir central a du mal à se faire entendre. Ils soulignent la charge que constitue pour l'État pakistanais les deux millions de réfugiés afghans qu'il faut loger et nourrir, ainsi que le ferment de troubles qu'ils constituent.

Nous avons plusieurs séances de travail avec les services secrets pakistanais, fortement militarisés. Nous convenons d'une coopération dans le domaine du renseignement sur l'ensemble de la zone : nous fournirons pour la surveillance de la frontière et des pays limitrophes des radars dont les observations nous seront communiquées; nous recevrons les analyses des Pakistanais sur l'évolution du Sud de l'Union soviétique. En ce qui concerne le soutien à la résistance afghane, dont j'ai reçu une délégation à Paris, nous savons par nos renseignements que les Pakistanais orientent leur appui – et celui des Américains qui transitent par eux – vers les groupes fondamentalistes islamistes qu'ils privilégient; nous souhaitons de notre côté une meilleure répartition entre les différentes composantes. Nous aboutissons finalement à un accord qui nous laisse libres d'acheminer notre aide nous-mêmes, et qui ouvre la voie à des opérations de support. La DGSE adressera aussi à plusieurs reprises au gouvernement une analyse des moyens militaires des Soviétiques et de la composition de la résistance afghane.

Les entretiens avec le général Zia ul-Haq, qui constituent un bon exemple des renseignements de haut niveau que peut obtenir un chef de services secrets, confirment l'impression que j'avais eue lorsqu'il m'avait reçu à son passage à Paris. Le général a une forte autorité sur ses principaux collaborateurs; il est le type d'homme nécessaire à la tête d'une nation difficile où la greffe démocratique a du mal à prendre, dans une société machiste, rudimentaire et violente, vivant à la fois sous la menace d'un conflit avec l'Inde, et dans une insécurité venant de l'Union soviétique et de l'Afghanistan.

En Inde, nos renseignements sur la situation interne sont limités. Nous obtenons toutefois une relation détaillée de la visite du maréchal soviétique Ustinov en avril 1982; l'accord secret alors conclu prévoit la cession de licence pour la production en Inde de Mig-27, la création d'un comité de liaison de haut niveau, le projet de plans de coopération à long terme dans le domaine aéronautique, notamment pour le développement d'un avion de combat de technologie avancée et l'étude d'une fabrication sous-licence de chars T-72. En octobre 1982, pour la préparation de la visite de Charles Hernu à New Delhi, la DGSE analyse les mesures secrètes prises par le gouvernement indien pour une intensification des exportations d'armes à destination du tiers monde et du Proche-Orient. En novembre, la DGSE rapporte le détail des discussions qui viennent d'avoir lieu entre Mme Gandhi et le général Zia ul-Haq. Elle obtient aussi des renseignements utiles à l'industrie française pour l'obtention de marchés, notamment de matériels aéronautiques.

En Asie du Sud-Est, notre objectif vise des renseignements sur la situation intérieure des divers pays. Nous disposons de sources propres et d'un observateur de haut niveau, François Missoffe, ancien ministre du général de Gaulle et ancien ambassadeur à Tokyo, où je l'avais rencontré. C'est un bon connaisseur de l'Extrême-Orient, où il effectue de nombreuses missions. Nous partageons la même analyse sur l'insuffisance de la présence et des initiatives françaises en Asie qui nous empêche de participer à la vie d'une zone en plein développement.

La DGSE porte un intérêt particulier à la péninsule indochinoise. Elle dispose d'informations suffisantes sur le Viêtnam pour pouvoir analyser les modalités secrètes de la crise qui agite au printemps 1982 le Parti communiste et le gouvernement vietnamien. Mais c'est évidemment la situation au Cambodge qui retient le plus notre attention. Je rencontre à Paris, grâce à François Missoffe, des responsables khmers rouges. Leur représentant en France est un ancien polytechnicien; les deux principaux dirigeants, Pol Pot et Khieu Samphan, ainsi d'ailleurs que leurs épouses, véritables égéries du communisme cambodgien, ont fait leur apprentissage marxiste au quartier Latin dans les années cinquante; ainsi le génocide du peuple cambodgien est-il le sous-produit de la formation – ou de la déformation – dispensée par les maîtres et les penseurs parisiens. Lors de nos deux rencontres, François Missoffe bouscule violemment nos interlocuteurs; il développe que leurs atrocités des années soixante-dix les disqualifient pour jouer désormais un rôle politique. Il les presse de se retirer de la scène de leur pays, sans d'ailleurs entamer leur cynisme souriant.

Nous envoyons une équipe légère de la division Action au Cambodge pour faire sur le terrain une évaluation de la situation et des forces en présence. C'est une mission délicate et dangereuse qui l'amène à sillonner clandestinement ce pays déchiré par la guerre. Elle en revient au bout de deux mois avec une analyse que nous diffusons aux responsables français intéressés; le régime provietnamien n'a pas réussi à s'imposer dans une large partie du pays; chez les opposants, les dix-sept mille Khmers rouges fanatisés soutenus par la Chine, les sept mille hommes bien organisés du modéré Son Sann, et les cinq mille hommes douteux et mal organisés du prince Sihanouk s'ignorent et se combattent. L'ancien Premier ministre Son Sann, intègre et ascétique, se dépense d'une manière étonnante pour un homme de plus de soixante-dix ans; il va des maquis cambodgiens aux Nations unies, courant les capitales pour plaider la cause de son malheureux pays. Je retire de plusieurs rencontres à Paris l'impression que son patriotisme, sa détermination et son désintéressement le désignent comme un acteur démocrate important face à la menace des Khmers rouges et à la fragilité de Sihanouk. Ni l'Élysée ni le Quai d'Orsay, qui sont saisis de notre évaluation, n'accepteront de soutenir significativement Son Sann.

En octobre 1982, l'ambassadeur de la république populaire de Chine souhaite me rencontrer. Le contact est pris au cours d'un dîner organisé au domicile de François Missoffe. L'ambiance est détendue; l'ambassadeur, fin connaisseur de la France et de sa langue, se prête à une conversation sympathique. A la fin du repas, j'ai avec lui un court entretien en tête à tête où il évoque le Viêt-nam et le Cambodge; il souhaite que nous puissions nous revoir plus longuement. Mais je quitterai la DGSE moins d'un mois plus tard, et ne le rencontrerai désormais qu'aux réceptions qu'il donnera à l'ambassade de Chine, avenue George-V.

En ce qui concerne le bloc de l'Est, la mise en place du dispositif de renseignements s'avère plus long que nous ne l'avions pensé. Les candidats ne se bousculent pas, et il est difficile de trouver des officiers ou des civils de qualité ayant le bon profil comme chef de poste et traitant; il faut un ensemble de caractéristiques difficiles à rassembler : connaissance de la langue, capacité à travailler en isolement dans un environnement très hostile, qualités d'observation et de jugement, etc.; lorsqu'on a pu mettre en place nos agents, le recrutement des sources est un processus laborieux. Nous commençons toutefois au début 1982 à construire les premières infrastructures et à fournir des renseignements et des évaluations.

La Pologne constitue un objectif prioritaire du fait des conditions particulières qui y règnent; la suppression au début des années soixante-dix de nos moyens de recherche est particulièrement malencontreuse. Le régime communiste y est confronté à une société évoluée à forte tradition catholique; c'est le seul satellite soviétique où une représentation syndicalo-politique se soit affirmée face aux autorités; le contexte nous y est moins hostile. De plus, l'évolution de la situation intérieure et l'attitude de l'Union soviétique face à la montée des forces démocratiques méritent une observation attentive pour évaluer les perspectives d'évolution du bloc de l'Est.

La Pologne est fermée, à partir de décembre 1981, par l'état de siège décrété par le général Jaruzelski, qui démantèle partiellement l'appareil de Solidarité obligé de se réfugier dans la clandestinité. Nous sommes donc réduits d'abord à procéder par des pénétrations ponctuelles d'observateurs, réalisées par divers moyens. L'une de ces pénétrations, effectuée à pied depuis la frontière tchécoslovaque, manque de mal tourner; l'équipe de trois officiers de la division Action est détectée à l'approche d'une petite ville, et ne doit son salut qu'à l'assistance d'un curé qui la cache plusieurs jours dans sa sacristie. Plus tard, le dispositif fixe mis en place tisse des liens secrets avec des éléments occultes de la résistance, et obtient des renseignements et des indications utiles. Ainsi, pendant toute l'année 1982, la DGSE est-elle en mesure d'adresser une évolution quasi hebdomadaire de la situation; analyse des courants au sein de Solidarité, attitude réelle de la hiérarchie catholique qui soutient clandestinement – malgré l'apparence de contacts avec le pouvoir – les responsables syndicaux ayant échappé à l'emprisonnement, maintien d'un appareil clandestin réduit, menace de persécution des prêtres, aggravation de la situation économique. Il se dégage de ces renseignements et de ces analyses un pronostic d'évolution vers une démocratisation graduelle. La DGSE pronostique aussi que l'armée soviétique n'interviendra pas.

En Union soviétique, la mise en place du dispositif est plus longue. La DGSE n'en réussit pas moins à apporter au gouvernement des informations notables. C'est d'abord fin 1981 l'analyse des mouvements au sommet du Parti communiste et la prévision, avec plus d'un an d'avance, de l'accession du chef du KGB, Youri Andropov, au poste de secrétaire général; en mars 1982, nous confirmons ce pronostic à l'occasion des scandales touchant la famille Brejnev, dont nous attribuons l'exploitation au KGB. Puis c'est, en novembre 1982, l'analyse de la crise économique et alimentaire qui frappe l'Union soviétique du fait de la stagnation de la production économique et du recul de la production agricole. La DGSE prévoit son aggravation dans les années suivantes, et pronostique l'incapacité de la direction soviétique à modifier les équilibres internes en faveur des productions civiles par amputation des ressources affectées au complexe militaro-industriel; sa conclusion souligne : « Un choix draconien entre une baisse de niveau de vie de la population et une réduction des dépenses de défense ne se posera qu'au-delà de 1985, et probablement à une équipe nouvelle. » Ce pronostic, effectué en 1982, ne retient pas l'attention des responsables destinataires de cette évaluation. Pourtant, 1985 sera l'année de l'accession au pouvoir de Gorbatchev et du lancement de la perestroïka.

La DGSE transmet également des analyses sur les satellites soviétiques. A deux reprises, en février et en octobre 1982, elle diagnostique les faiblesses du système communiste roumain et prévoit les difficultés que rencontrera la dictature du clan Ceausescu. C'est aussi d'octobre 1982 que date l'analyse d'un affaiblissement de la fédération yougoslave et des menaces de sécession du Kosovo.

Nous nous intéressons aussi à l'Amérique latine. Ainsi, lorsque la question se pose d'intensifier les livraisons d'armes au régime sandiniste du Nicaragua commencées en 1981, nous convainquons l'Élysée, particulièrement Régis Debray, conseiller à la Présidence, de l'intérêt à effectuer d'abord sur place une enquête en profondeur sur la situation intérieure de ce pays. Deux de nos agents, introduits sous de fausses identités, réussissent à accéder à des zones sensibles et même au sein de certaines administrations. Leur compte rendu est sans ambiguïté : une large marxisation est en cours, les administrations sont truffées de Cubains, la population est soumise à un régime violemment répressif, des déportations massives de groupes, en particulier d'Indiens, ont été réalisées; si l'action des Contras contribue à la désorganisation de l'économie, elle est principalement due aux mesures prises par les sandinistes et à la résistance de la population. Il résulte de notre rapport une remise en cause de son aide par le gouvernement français. A aucun moment la CIA n'est informée, et notre évaluation est entièrement autonome.

Les renseignements obtenus par la DGSE permettent également, en août 1982, de faire le point sur les livraisons de Mig-23 par l'URSS à Cuba, sur la rétrocession de Mig-21 par Cuba au Nicaragua, et sur l'aménagement de trois aéroports dans ce dernier pays pour les rendre compatibles avec l'exploitation des Mig-21. La DGSE rapporte également les contacts secrets entre Cuba d'un côté, l'Irak et l'Iran de l'autre, au cours desquels certaines assistances en équipement militaire sont discutées. La DGSE produit aussi plusieurs évaluations sur les difficultés de relations entre les États-Unis et le Mexique.

La recherche de renseignements économiques, technologiques et industriels commence à fournir des indications exploitables à partir du dernier trimestre 1981. La DGSE peut ainsi se procurer un dossier détaillé et secret de propositions concurrentes pour l'acquisition de matériel aéronautique ; leur connaissance facilite la tâche des négociateurs de la firme française qui obtient finalement le contrat. Nous obtenons également des informations précieuses pour l'industrie sur des avancées technologiques dans certains secteurs de pointe. A plusieurs reprises, nous adressons des documents confidentiels sur des projets de firmes multinationales et sur leurs plans de recherche et de commercialisation. Il ne s'agit là que de quelques exemples qui se multiplient à partir de l'été 1982.

Ces quelques exemples donnent une idée des activités de la DGSE qui combinent recherche de renseignements, évaluations, actions et contacts secrets. Elle montre le niveau d'efficacité déjà atteint par la nouvelle organisation en un peu plus d'un an.

Pendant ces dix-sept mois, de 1981 à 1982, la DGSE a voulu s'affirmer dans ses domaines de compétence. Mais elle s'est trouvée handicapée par l'absence d'intégration réelle à l'appareil d'État. Elle n'a été ni soutenue, ni utilisée par le président ; elle n'a bénéficié d'aucune coopération des ministères concernés. Elle n'a disposé ni d'indications sur les buts politiques ou économiques, ni d'orientations sur les renseignements souhaités ; ses analyses n'ont jamais été discutées ou critiquées. Les contacts créés n'ont jamais été employés comme canal de communication, d'influence ou de négociation. Sauf à de très rares exceptions, ses actions ont procédé de sa propre initiative.

Mais c'est dans le domaine de la lutte contre le terrorisme que la DGSE concentre son attention à partir du printemps 1982.

CHAPITRE 9

LE TERRORISME FRAPPE A NOUVEAU

22 avril 1982. Une bombe placée dans une voiture explose rue Marbeuf à Paris. Il y a des blessés et d'importants dégâts matériels. L'attentat vise un journal de langue arabe, *Al Watan al Arabi,* connu pour ses positions pro-irakiennes et ses attaques contre la Syrie. Il survient après l'explosion d'une bombe, le 29 mars, dans le train Capitole qui relie Paris à Toulouse, et le mitraillage d'un établissement français à Vienne.

Cet attentat fait suite à l'assassinat, à Paris, de l'attaché militaire américain, Charles R. Ray, le 18 janvier, et à celui du diplomate israélien Jacov Barsimentov, le 3 avril. Tous deux étaient revendiqués par les Factions armées révolutionnaires libanaises (FARL), appellation de couverture employée par certains groupes extrémistes palestiniens.

Devant ce réveil de la menace terroriste, les responsables politiques réagissent. Je suis reçu à deux reprises par le président dans les jours suivants. Je lui fais le point sur nos efforts de recherche de renseignements, et sur l'intensification de notre coopération avec d'autres Services Secrets. J'insiste à nouveau sur la nécessité d'une meilleure coordination entre les organes concernés par le contre-terrorisme. J'évoque l'intérêt d'une stratégie cohérente, à laquelle ils concouraient. Je lui rends compte en particulier de la mission que je viens d'effectuer en Israël, des discussions avec le Mossad, des rencontres avec le Premier ministre Begin et le ministre de la Défense Sharon.

Sans nous permettre encore d'agir, les actions que nous

avons engagées commencent en effet à porter leurs fruits. Elles s'appuient sur les renseignements obtenus par nos postes et sur les échanges avec des services étrangers, en particulier ceux du Proche-Orient et du Maghreb. Le dispositif que nous avons mis en place à Beyrouth donne ses premiers résultats. Nous pouvons améliorer notre analyse de la structure des mouvements terroristes, de leurs méthodes et de leurs implantations. Nous sommes sur le point d'obtenir des indications opérationnelles sur leurs dirigeants et leurs exécutants.

Le terrorisme international qui affecte la France intéresse trois mouvances différentes : palestinienne, iranienne et arménienne. Leurs motivations diffèrent : la mouvance palestienne procède directement de l'affrontement israélo-arabe, du conflit concernant les territoires contestés et des menaces sur la sécurité d'Israël ; la mouvance iranienne est liée au messianisme chiite et à la guerre entre l'Iran et l'Irak ; la mouvance arménienne a ses racines dans la quête d'identité nationale des Arméniens et se réfère au génocide perpétré par les Turcs en 1915.

Toutefois, les choses sont loin de se passer aussi simplement que le suggère un tel schéma. Il existe des relations variables dans le temps entre les trois mouvances et les organisations qui s'y rattachent. D'autres motivations interviennent et s'entrecroisent, principalement la lutte pour le contrôle du Liban, les ambitions régionales de la Syrie et de l'Irak, leur rivalité dans la conquête du leadership arabe.

Pourquoi la France est-elle la cible du terrorisme ? Notre territoire constitue un endroit privilégié du fait de notre tradition de terre d'accueil, de la présence d'opposants aux régimes en place et d'importantes communautés d'émigrés, ainsi que – il faut bien le reconnaître – de notre réputation de permissivité voire de faiblesse dans la répression. Les attentats récents en France avaient pour objectif de rappeler à l'opinion publique la revendication palestinienne ; ils visaient aussi des opposants aux régimes en place, notamment iraniens (Chapour Baktiar en 1980) ou irakiens (c'est le cas de la rue Marbeuf). Ce terrorisme n'est pas dirigé contre nous ; il nous affecte dans la mesure où il touche à des vies et des biens français, et où il affecte la paix civile sur notre territoire.

Mais on assiste à l'émergence d'une nouvelle forme d'intimidation sanglante qui peut devenir pour certains États un instrument politico-psychologique, permettant d'obtenir la modification et l'inflexion des desseins de plus puissants qu'eux. Ces États ont eu la divine surprise d'en découvrir l'efficacité dans les années soixante-dix; à la fin de la décade, l'affaire des otages de l'ambassade américaine à Téhéran a montré le parti que pouvait en tirer une puissance secondaire; l'Iran n'avait-il pas réussi, en jouant sur les nerfs de l'opinion publique, à faire reculer les États-Unis et à empêcher la réélection du président Carter?

Dès lors, le terrorisme pouvait constituer, entre les mains de certains États, un levier de pression et d'influence qui, en compensant leur infériorité, leur permettait d'envisager des affrontements inimaginables auparavant. Cette découverte s'était accompagnée de l'invention concomitante de véritables entreprises de terrorisme, fortement structurées et commandées.

Nous pressentons, à la DGSE, que cette nouvelle forme de terrorisme connaîtra d'importants développements dans les années quatre-vingt. Et nous pensons qu'étant donné sa nature, elle exigera un traitement politique. Il faudra désormais intégrer le terrorisme comme un élément des rapports entre États, comme un instrument d'influence sur la scène internationale. Il faudra peut-être en tenir compte dans les choix de politique étrangère. Mais surtout, il faudra fonder les répliques plutôt sur des actions de relations extérieures et de services secrets que sur des interventions de police.

Il n'est pas douteux pour nous que l'assassinat de l'ambassadeur Delamarre représentait la première manifestation contre la France de ce nouveau terrorisme, qu'on peut qualifier de terrorisme d'État, même s'il emploie des groupes indépendants. Et tout porte à penser que nous y sommes exposés du fait de notre politique au Proche-Orient, en particulier de notre implication au Liban, de notre participation à la recherche d'une solution au conflit israélo-palestinien, et de notre soutien militaire à l'Irak dans sa guerre contre l'Iran. Il est donc très important que nous nous intéressions aux relations qu'entretiennent certains États avec le terrorisme, au soutien qu'ils lui apportent et à l'usage qu'ils peuvent en faire.

L'Irak et la Syrie pratiquent depuis longtemps le terrorisme sur la scène internationale, comme d'ailleurs sur leur propre terrain. Ils donnent asile à certains mouvements, à qui ils fournissent du matériel et des installations pour le stationnement et l'entraînement de leurs membres. Ils les font également bénéficier du soutien en Europe, surtout en France, de diplomates ou de nationaux, surtout étudiants, y séjournant. Ils utilisent leurs valises diplomatiques pour acheminer armes et finances. Ils participent à la fixation des objectifs lorsqu'ils ne les déterminent pas eux-mêmes, notamment pour répondre aux menaces contre leur régime ou pour intimider leurs opposants émigrés.

Il semble qu'à la suite de ses difficultés dans la guerre avec l'Iran, l'Irak ait décidé au début de 1982 de réduire son soutien au terrorisme, pour améliorer son image et obtenir en particulier d'être retiré de la liste des États terroristes établie par le gouvernement américain. Toutefois, son degré de désengagement est encore douteux.

La Libye a une politique singulière. Elle pratique bien en direct l'assassinat de personnalités spécifiques, en priorité d'opposants à son régime réfugiés à l'étranger. Mais elle ne semble pas, malgré les déclarations « va-t-en-guerre » du colonel Kadhafi, directement engagée dans la conduite d'opérations terroristes. L'important, c'est le large soutien logistique et financier que Tripoli apporte à tous les mouvements violents et qui comprend l'hébergement, la formation et l'entraînement, l'approvisionnement en armes, la distribution d'argent liquide. La Libye joue en particulier un rôle important dans la préparation des hommes. Elle accueille en effet sur son sol au moins quatre camps où les instructeurs – parmi eux une forte proportion d'Allemands de l'Est – dispensent aux terroristes de tous les groupes formation de base, entraînement à l'emploi des différentes armes et explosifs, ainsi que tactiques et techniques d'action.

Le Yémen du Sud a hébergé dans les années soixante-dix l'état-major et les camps de l'organisation terroriste, très dangereuse de Waddi Addad. Les groupes terroristes ont encore toutes facilités sur son sol et utilisent ses valises diplomatiques pour acheminer les armes. Le Yémen du Sud n'est toutefois pas impliqué dans la conduite directe d'opérations.

L'Iran mérite une mention à part. Il pratique le terrorisme par groupes interposés comme l'a montré la prise en otage à Téhéran en 1979 des diplomates de l'ambassade américaine, et agit également contre ses opposants en exil. Il entretient des rapports épisodiques avec le terrorisme palestinien, mais ses objectifs sont clairement liés à ses propres intérêts nationaux et à sa volonté messianique.

Tous ces États utilisent leurs Services Secrets comme courroies de transmission. Ce sont eux en particulier qui commanditent les interventions et coordonnent les actions de soutien. Ce sont leurs agents en Europe qui assurent la manipulation des sources et des réseaux de support.

Il faut mentionner enfin l'attitude des pays de l'Est vis-à-vis du terrorisme. L'Union soviétique a une position ambiguë ; elle le condamne doctrinalement mais elle affiche son soutien aux mouvements de libération nationale. Elle ne semble pas engagée directement, en particulier le KGB, dans des actions. Par contre, tous ses satellites – notamment la République démocratique allemande, la Roumanie et la Bulgarie, sous des formes contrastées et complémentaires – donnent asile, contribuent à l'entraînement, fournissent armes et explosifs ; dans ces cas, ce sont également leurs Services Secrets qui sont responsables des contacts et des actions.

Le Liban constitue un cas à part. L'absence de fait d'un pouvoir centralisé ne permet pas de parler d'un État soutenant le terrorisme. Mais l'émiettement de l'autorité en groupes qui s'affrontent militairement, l'implantation de fortes colonies palestiniennes dans des camps de misère, la présence sur son sol de l'état-major de l'OLP, en font un terrain fertile au développement de groupes violents qui peuvent y séjourner, y implanter des organes opérationnels ou des centres d'entraînement et s'y procurer sans difficulté armes, munitions, ou explosifs. L'atmosphère générale de violence qui règne dans l'ensemble du pays, surtout à Beyrouth, est particulièrement propice à la création de vocations terroristes.

Il faut signaler en outre le développement dans la plaine centrale de la Bekaa de deux importantes exploitations de plantes à drogue dont le trafic permet de générer des ressources importantes qui contribuent au financement de mouvements terroristes. On peut aussi penser que l'existence au Liban d'un fort contingent de musulmans chiites peut pour l'avenir alimenter les groupes violents, directement liés à l'État iranien dont ils partagent le credo religieux. Le cas du Liban doit amener les États occidentaux à une grande vigilance quant au maintien d'une autorité étatique dans les pays du bassin méditerranéen et du Proche-Orient ; sans doute cette observation s'applique-t-elle aussi à l'Union soviétique et à l'Amérique latine. Des démarches qui auraient pour conséquence de créer des vides d'autorité porteraient en germe la création d'autres Libans.

Parmi les organisations non gouvernementales, l'OLP figure évidemment en première place. Elle essaie de donner l'image d'une organisation modérée et responsable, mais elle comprend de nombreuses tendances ; les plus extrémistes ont recours à l'action terroriste, principalement contre Israël ou ses intérêts à l'étranger, mais aussi contre des pays s'opposant à sa politique. Les groupes palestiniens agissent de manière coordonnée ou de manière isolée ; ils sont quelquefois commandités par les États déjà cités, en particulier l'Irak et la Syrie. Il existe aussi des mouvements, comme celui d'Abou Nidal, qui sont en opposition ouverte avec la ligne politique de l'OLP et qui mènent des actions de liquidation contre certains de ses membres, en particulier modérés.

Enfin, trois mouvances apportent un soutien au terrorisme ethnique correspondant : la diaspora arménienne à l'ASALA [1] les mouvances basque, espagnole et française à l'ETA ; les catholiques irlandais à l'IRA. Dans ces trois cas, le soutien comporte finances et armes, mais non l'asile des états-majors et des camps d'entraînement.

Quant aux mouvements terroristes eux-mêmes, la DGSE dispose maintenant d'une meilleure connaissance de leur organisation et de leurs moyens. Les Palestiniens sont soit des branches radicales, soit des dissidences de l'OLP. Nous avons également progressé dans la connaissance du mouvement nationaliste arménien, l'ASALA, qui, s'il n'est pas immédiatement actif, peut engager des actions en France où réside une partie importante de la diaspora ; nous avons dès novembre 1981 attiré l'attention du gouvernement français sur ses

1. Armée secrète de libération de l'Arménie.

menaces latentes, ainsi que sur ses liens avec les groupes terroristes palestiniens.

Nos moyens à Beyrouth ont également détecté les FARL – communistes et liées aux syriens – ainsi que les premiers signes de mouvements d'obédience iranienne, qui semblent pour l'instant en train de s'organiser et de recruter. La DGSE alerte le gouvernement dès le début mars 1982 sur l'existence de menaces terroristes de la part de ces groupes. S'ils ne se manifestent pas encore, ils peuvent devenir menaçants à terme en fonction de l'évolution de la guerre Iran/Irak et de l'appui en armement que nous apportons à cette dernière.

Ce qui paraît également avéré, c'est que les divers groupes terroristes entretiennent entre eux des relations épisodiques, à la demande, qui sont nouées en particulier à l'occasion de leur séjour commun dans les camps d'entraînement. Il leur arrive de pratiquer des sous-traitances croisées, ou de fournir des « prestations » pour n'importe quelle cause et contre n'importe quel objectif. Abou Nidal, bien que fermement guidé par son radicalisme palestinien, ne répugne pas à rendre des services à des intérêts tiers.

Nous concentrons nos recherches de renseignements et nos analyses sur les trois organisations dissidentes de l'OLP (FPLP-CG, Fatah CR et FLP) qui constituent les plus sérieuses menaces contre les intérêts occidentaux. Elles sont organisées sur le modèle du FPLP-COSE (commandement des opérations spéciales à l'étranger), constitué dans les années soixante-dix à partir du Yémen du Sud par Waddi Addad. Ce Palestinien a été l'inventeur de la forme moderne du terrorisme; c'est lui qui en a imaginé les structures; c'est lui qui en a formé les principaux responsables; c'est lui qui en a perfectionné les méthodes de recrutement et de formation; c'est lui qui en a raffiné les tactiques et les techniques. Mort d'un cancer en 1978, il a été enterré en grande pompe à Bagdad dans un grand concours de foule surchauffée en présence de tout le « Gotha » palestinien et terroriste.

Les organisations palestiniennes dissidentes sont animées par de fortes personnalités (Georges Habbache, Abou Nidal, Abou Abbas), en général formées à l'école de Waddi Addad. Elles sont conduites par un organe central comprenant direction politique, direction militaire et service de renseignements ; elles disposent de camps d'entraînement et d'exécutants le plus souvent recrutés parmi les Palestiniens vivant au Liban. Elles regroupent deux cents à trois cents personnes fanatisées.

Les trois organisations ont leurs organes centraux installés à Bagdad, mais aussi en Syrie. Elles y disposent de camps retranchés où sont stationnés les exécutants et où sont confectionnées les bombes. C'est là qu'est dispensée la formation des commandos – comme d'autres se préparent au Liban dans des immeubles de Beyrouth ou dans des fermes isolées de la Bekaa. C'est dans ces camps que se rencontrent de nombreuses nationalités, y compris sporadiquement des Européens, Français, Allemands et Irlandais compris. C'est là que se nouent des relations et que se constitue une sorte de communauté terroriste de base.

Et puis nous avons analysé un élément important pour l'organisation de l'action contre-terroriste. Il s'agit de larges réseaux occultes de soutien dans les pays du Proche-Orient, d'Afrique du Nord et d'Europe, où paraissent figurer en bonne place Paris, Rome, Genève, Francfort, Madrid, Bruxelles et Athènes. Cette infrastructure dormante de support et de recueil est composée de diplomates ou de paradiplomates irakiens, syriens et libyens couverts par l'immunité, d'étudiants plus ou moins authentiques – l'Association des étudiants palestiniens dont le siège est à Londres paraît particulièrement active –, mais aussi de personnes recrutées dans des mouvances d'immigrés arabes en provenance du Proche-Orient et du Maghreb, en particulier d'Algérie et de Libye. Le réseau s'appuyant sur les Syriens paraît le mieux organisé et le plus dangereux.

Le rôle de l'infrastructure est d'assurer, dans le pays cible, la distribution des armes reçues grâce aux valises diplomatiques. Le respect de l'immunité interdit leur interception. L'infrastructure fournit aussi aux opérationnels la logistique, le financement local, les moyens de transport, l'hébergement et le recueil dans des cas limités. Enfin, elle leur retransmet les dernières instructions.

Le processus d'action en France paraît bien établi. Deux terroristes partis du Proche-Orient, presque toujours de Beyrouth, arrivent dans l'un des pays européens limitrophes avec de faux papiers et les mains dans les poches. Ils y sont pris en charge par l'infrastructure de soutien, puis passent la frontière française de la même façon. Là, un membre du réseau leur remet l'arme de poing ou la bombe, prélève leurs papiers et leur transmet, le cas échéant, les dernières instructions. Une fois l'attentat commis, les deux terroristes récupèrent leurs papiers dans une boîte dormante et s'évanouissent dans la nature.

Ce processus explique les difficultés rencontrées par les enquêtes policières et judiciaires. Les contacts entre l'infrastructure et les exécutants sont fugitifs et protégés. L'interception de ces derniers, à la suite d'un renseignement ou d'une filature, est malaisée compte tenu des complicités dont ils disposent. On risque d'agir trop tard pour prévenir, ou de ne pas être au bon endroit. Il se peut que des témoins puissent aider à l'identification, non d'un membre de l'infrastructure qui ne participe pas à l'attentat, mais d'un exécutant. Si on réussit à l'arrêter (il faut agir vite car il reste peu de temps sur le territoire français), on aura un seul terroriste qui ne sera sans doute plus jamais opérationnel et qui ne parlera pas.

Les mouvements bien organisés comme celui d'Abou Nidal dépensent beaucoup de temps et d'imagination pour préparer leurs commandos à ne pas être interceptés et à laisser le moins de traces possibles; on connaît aussi la discipline et la technique de leurs agents qui réussissent, face à des interrogatoires de police ou de juge d'instruction, à se taire ou même à retourner la situation en leur faveur.

Parmi ces organisations palestiniennes dissidentes, le Fatah CR, qui paraît responsable de l'attentat de la rue Marbeuf et de ceux qui l'ont précédé en Europe, est la mieux organisée et la plus dangereuse. C'est de lui qu'on peut craindre les prochaines actions. Il est dirigé par Abou Nidal (de son vrai nom : Sabbri al-Banna), qui a fait dissidence de l'OLP – dont il était le représentant à Bagdad –, en 1974, en s'appropriant les fonds dont elle disposait en Irak. Il conduit son mouvement d'une main ferme et le soumet à une discipline très rigoureuse, en particulier en matière de secret et de sécurité; il réussit à entretenir des relations avec les deux frères ennemis, Saddam Hussein et Hafez al-Assad, sans compromettre sa sécurité.

Les trois organisations dissidentes palestiniennes agissent quelquefois pour leur propre compte, mais le plus souvent sur commandite de l'Irak ou de la Syrie. Elles sont financées par ces deux États, mais aussi par la Libye, ainsi que par des prises de guerre (qui se chiffrent en dizaine de millions de dollars), et par des tributs qu'elles prélèvent, surtout au Liban. Les armes proviennent des États commanditaires, mais aussi de la Libye et de certains pays de l'Est, en particulier de Tchécoslovaquie, ainsi que de raids sur les dépôts de l'armée libanaise. L'attitude de l'OLP à leur égard est ambiguë : il existe certes une opposition déclarée entre Yasser Arafat et les deux dirigeants dissidents, surtout Abou Nidal, mais nous avons certaines indications contradictoires sur les soutiens qu'il peut leur donner.

Pour intervenir, la DGSE doit s'appuyer sur des renseignements relatifs aux différentes composantes de chaque mouvement : les états-majors, les camps d'entraînement, les lieux de séjour, l'identité des responsables et si possible des exécutants; mais aussi les infrastructures de soutien en France et dans les autres pays européens, puisque aucune campagne de terrorisme ne peut se développer sans leur assistance. L'objectif doit être de les démanteler. On pourrait par exemple envisager de procéder par arrestations, expulsions ou neutralisations des uns ou des autres, soit pour prévenir la menace à sa racine, soit pour couper le circuit aboutissant en France, soit pour donner un avertissement et une preuve de notre détermination.

Dans le cas où la décision politique n'autoriserait pas une action violente, la connaissance des coordonnées précises des états-majors, des écoles de formation et des infrastructures de soutien, pourrait être employée, vis-à-vis de l'État commanditaire, soit pour exercer une pression, soit pour appuyer une négociation.

Notre plan contre-terroriste est arrêté en conséquence. La division Contre-espionnage et la subdivision Contre-terrorisme devront rechercher très activement les cibles ainsi retenues, en particulier par des retournements d'agents et des pénétrations. Des équipes de la division Action devront ensuite faire la préparation des interventions en acquérant une connaissance précise des lieux, des intéressés, de leurs habitudes de vie et de travail, de manière à pouvoir exécuter des neutralisations dans un délai très court, de l'ordre de vingt-quatre heures après la décision.

Ces éléments sont consignés dans une note Secret Défense qui souligne que les actions propres à la DGSE devraient s'inscrire dans une stratégie plus globale, faisant l'objet d'une coopération entre les administrations concernées, et d'une coordination par une instance politique interministérielle.

François Mitterrand réunit le 23 avril Defferre, De Grossouvre, Saulnier, Chalet et moi-même pour examiner la situation. De Grossouvre, qui est chargé de suivre l'affaire, semble pressentir l'importance d'une stratégie et d'une coordination mais il ne dispose d'aucune délégation, ni d'aucun poids politique significatif pour assurer une coordination. Finalement, l'Élysée décide que le ministre de l'Intérieur réunira une fois par semaine les organismes intéressés à la lutte contre le terrorisme.

Bien qu'il ne s'agisse pas de la meilleure solution, on peut espérer que cette procédure permettra d'amorcer, sinon de réaliser, la concentration et la coordination qui ont fait jusqu'ici si cruellement défaut. Au cours d'un entretien en tête à tête avec Gaston Defferre peu de temps après l'attentat de la rue Marbeuf, j'expose les progrès que nous avons faits; je mentionne la nécessité de coopération entre la DGSE et les directions de police, en particulier la DST; le ministre pense qu'elle découlera de la réunion mensuelle. Je lui soumets l'idée d'une stratégie globale contre-terroriste dans laquelle la DGSE jouerait le rôle dont j'esquisse les principaux éléments.

Defferre refuse de prendre en compte les spécificités de la nouvelle forme de terrorisme; il en reste aux actions traditionnelles. Il est absolument imperméable à la notion de stratégie. Il raisonne en termes de coup par coup. De plus, il est manifestement entré dans une nouvelle phase de sa politique vis-à-vis des polices : il veut donner des gages à la hiérarchie; il préfère la privilégier, plutôt que de l'intégrer à l'intérieur d'un dispositif plus large.

Defferre fait une véritable fixation sur le personnage de Carlos, qui lui avait envoyé – avant l'attentat du Capitole – une lettre personnelle manuscrite, véritable ultimatum exigeant, sous menace de nouveaux attentats, la libération de terroristes emprisonnés. Cette lettre, dont la DGSE n'avait pas eu connaissance, a été très malencontreusement rendue publique par un des responsables gouvernementaux auxquels Defferre en avait transmis copie.

Furieux et ulcéré, le ministre parle même de trahison. Il s'est mis dans la tête de rencontrer personnellement Carlos et demande à la DGSE et à la DST de tenter de le localiser, ce qu'elles sont bien dans l'incapacité de faire; De Grossouvre tente de le dissuader d'une telle démarche. Carlos va d'ailleurs disparaître de la scène terroriste où il n'a jamais joué que le rôle de chef doué de commando et de symbole, et non celui de responsable d'un mouvement comme Abou Nidal ou Georges Habbache.

Mais Defferre se réfère à son expérience dans la Résistance en 1943-44 pour analyser le terrorisme international; il va même jusqu'à comparer de façon très intempestive l'ETA basque aux résistants français sous l'occupation allemande. Nous serons fréquemment soumis, au cours des mois qui vont suivre, au refrain de sa compétence en matière de terrorisme, du fait de son expérience personnelle pendant la guerre.

Tout ceci est particulièrement malencontreux. Cet homme courageux, volontaire et déterminé, responsable de la coordination, aurait pu jouer un rôle décisif dans la crise qui se prépare. Mais sa crispation sur des idées préconçues l'empêchera de comprendre les réalités du terrorisme international. Son refus de raisonner en termes de stratégie, sa précipitation à agir, sa volonté de privilégier ses propres services vont constituer de redoutables obstacles. Tout cela, François Mitterrand le comprendra trop tard.

La réaction de Defferre devant l'attentat de la rue Marbeuf est une première manifestation de sa méthode. Le rapprochant de certains indices, d'ailleurs douteux, qui auraient impliqué deux diplomates syriens dans une précédente tentative en décembre 1981 contre le même journal, il exige sans délai du Quai d'Orsay qu'ils soient déclarés *persona non grata,* et qu'ils soient expulsés immédiatement. Le ministère des Relations extérieures obtempère.

Cette mesure théâtrale prive la justice, la police et la DGSE des possibilités d'exploitation de cette piste. Defferre accompagne la mesure d'une déclaration mettant en cause le gouvernement syrien. C'est la première fois qu'un haut responsable français fait publiquement référence à un soutien d'État au terrorisme. Cette déclaration est à ce stade insuffisamment documentée. Elle ne semble avoir fait l'objet d'aucune concertation avec le Quai d'Orsay, et n'a en tout cas été précédée d'aucun contact avec la DGSE, qui, tout en notant les réactions hostiles de la Syrie, pressent la possibilité d'un dialogue secret. Cette réaction, dont les conséquences ont été mal appréciées, relève plus de la politique intérieure – spectacle, dont nous aurons plus tard d'autres manifestations, que d'une recherche d'effets au plan de démantèlement d'un réseau ou de pression sur un État.

Et nous voilà réunis chaque mercredi soir dans le bureau du ministre de l'Intérieur. Il y a là des directeurs de la police (DST, PJ, RG), le directeur de cabinet de Claude Cheysson, un représentant du ministre de la Justice; je suis accompagné du directeur de la division Contre-espionnage. Ces réunions ne produisent pas de résultats intéressants. Defferre est trop préoccupé par le coup par coup et la discussion s'enlise sur des détails.

On ne discute jamais l'élaboration d'une véritable stratégie, ni celle d'une répartition judicieuse des tâches et des actions. Les représentants de la police prétextent de l'existence de ces rencontres pour mettre un terme aux maigres échanges qui existaient au niveau des organes d'exécution entre la DST et la DGSE. Il n'est pas possible d'aborder des renseignements très sensibles devant un aussi large aréopage; les polices ne donnent jamais aucune indication précise sur leur dispositif et leurs activités; les préparatifs de la DGSE pour réaliser des pénétrations ne peuvent y être mentionnés.

Les représentants des Relations extérieures et de la Justice font mine de s'ennuyer et ne sont que très lâchement partie prenante; je me souviens d'une discussion qui n'en finissait pas entre eux sur les précautions à prendre et les formes à donner aux cartes de séjour des étrangers!

Fin juillet, la procédure s'étiole, malgré les vives objurgations de Gaston Defferre, dans l'indifférence des participants.

Pour sa part la DGSE, à partir de l'analyse du terrorisme et de ses soutiens, poursuit son action pour obtenir des renseignements opérationnels et se préparer à les exploiter. Notre triple dispositif à Beyrouth constitue la pièce maîtresse, mais la direction Recherche et ses postes en France et au Proche-Orient sont également productifs. Ils ont instruction de donner priorité au recueil de renseignements sur le terrorisme et sur ses relations avec des États, en particulier la Syrie, l'Irak et la Libye, ainsi qu'avec l'OLP.

Dès mars, la subdivision Contre-terrorisme réussit plusieurs retournements de terroristes qu'elle prépare à travailler pour nous. Ce sont des hommes avec qui nos agents à Beyrouth ont pu établir le contact; ils sont soit fatigués de la vie dangereuse qu'ils mènent, soit menacés à l'intérieur de leur mouvement, soit sensibles aux arguments financiers. Certains nous donnent des renseignements précis; d'autres sont réintroduits, quelquefois après chirurgie esthétique, dans les groupes qui nous intéressent. L'ensemble ne sera pas opérationnel avant juin, mais nous n'avons pas le choix.

D'autre part, les contacts que nous entretenons avec d'autres Services Secrets, en particulier ceux du Maroc, de la Tunisie, de l'Égypte et de l'Arabie Saoudite, nous apportent des éléments d'environnement. La CIA est également coopérative. Je rencontre à Paris son directeur général, Casey, quelques jours après l'attentat de la rue Marbeuf; l'essentiel de la discussion porte sur le terrorisme; il est assisté d'un de ses experts qui nous apporte des réponses sur des points que nous avions précédemment soulevés.

Mais surtout, nous recevons secrètement début mai, en accord avec l'Élysée, la délégation du Mossad – comme convenu lors de mon passage en Israël un mois plus tôt. La Centrale israélienne prend cette fois très au sérieux notre demande de coopération; l'équipe qu'elle nous envoie est étoffée : elle comprend leurs meilleurs spécialistes. Nous tenons avec cette équipe quatre longues séances de travail. Les informations qu'elle apporte, sans être encore hautement opérationnelles, se révèlent très instructives. Le processus est mis en place pour une accentuation des échanges de renseignements qui va se poursuivre sans discontinuité par l'intermédiaire de l'efficace chef de poste du Mossad à Paris.

Un autre canal de renseignements se trouve ouvert à l'initiative de l'Élysée. Jacques Attali me demande de passer le voir. Il pense que je pourrais utilement rencontrer le docteur Issam Sartaoui ; ce leader de la frange modérée de l'OLP, favorable à une solution politique avec Israël, vit à Paris. Attali a avec lui des relations confiantes et m'assure qu'il est bien disposé ; le conseiller spécial me propulse littéralement dans le bureau de François Mitterrand, qui me confirme qu'il souhaite que j'établisse ce contact. Je rencontrerai rapidement cet homme sympathique, ouvert, courageux, de conviction, avec qui va s'échafauder une coopération qui aura les prolongements que j'évoquerai plus loin.

Notre capacité d'intervention se précise donc, mais nous ne pensons pas être prêts avant septembre. Bien entendu, il faudrait que la DGSE s'intègre, tant au plan du renseignement que de l'action, dans un dispositif plus cohérent que François Mitterrand finira peut-être par décider.

Car la situation au Proche-Orient fait en juin l'objet de développements graves. Dans la guerre Iran-Irak, l'affrontement militaire se durcit, les Iraniens lançant de violentes offensives où sont mis en œuvre des moyens humains importants.

Mais c'est au Liban que la situation connaît brusquement de nouveaux développements susceptibles d'aggraver la tension dans la zone, d'accélérer la désintégration de l'État et de provoquer de nouvelles flambées de terrorisme. Le 24 mai, l'explosion d'une voiture piégée dans la cour de l'ambassade de France provoque la mort de onze personnes ; Pierre Mauroy se rend d'urgence à Beyrouth. Dans le même temps, comme nous en avions averti le gouvernement à plusieurs reprises depuis le début mars, et contrairement aux indications données par les autorités de Jérusalem, l'imminence d'une intervention militaire israélienne semble se préciser.

Le Mossad, que nous pressons à chaque occasion, en particulier lors de la venue à Paris de sa mission début mai, est de moins en moins convaincant dans ses dénégations. Nous tenons informés les responsables gouvernementaux à la fois par les bulletins d'évaluation hebdomadaire, et par des notes spécifiques de renseignement et d'analyse.

De fait, à la suite de l'assassinat de l'ambassadeur israélien à Londres le 4 juin, Tsahal entre en force au Liban le 6 juin. Le chef de poste du Mossad à Paris est venu m'en informer la veille. Tsahal conduit une guerre éclair, bien dans la manière d'Ariel Sharon, qui semble être l'initiateur de l'opération et avoir forcé la main d'une partie du gouvernement israélien. L'avancée rapide atteint la banlieue de Beyrouth mi-juillet.

Il nous est difficile de connaître les intentions israéliennes, le Mossad donnant lui-même l'impression d'être pris de vitesse; dans nos contacts avec lui, je suggère une tentative de négociation avec les Palestiniens. Nous sommes tenus informés par nos agents au Liban, dont les correspondants sont bien placés pour suivre le déroulement. Ils sont aussi en liaison étroite avec des agents du Mossad sur place. Nous savons que si les Israéliens et les Syriens s'affrontent dans des duels aériens et blindés, ils n'en sont pas moins d'accord sur le respect réciproque de leur zone d'intervention et partagent la même hostilité vis-à-vis de l'OLP. Tous les jours un point de situation est communiqué à l'Élysée, à la Défense et aux Relations extérieures.

Ces développements devraient induire une aggravation de la menace terroriste visant la France. L'évolution dramatique au Liban, le rôle que nous risquons d'être entraînés à y jouer, le heurt des ambitions de la Syrie et d'Israël sur ce pays, constituent un contexte très dangereux. En outre, le durcissement de la guerre Iran-Irak peut nous impliquer de plus en plus, du fait du soutien militaire que nous fournissons à ce dernier. On peut craindre désormais que la politique française au Moyen-Orient soit visée, et que des actions terroristes soient engagées dans le but de l'influencer et de l'infléchir.

Je demande à la division Contre-espionnage d'accélérer ses opérations de renseignement, en particulier ses pénétrations; mais elle ne pense pas avoir d'éléments nouveaux sur ce plan avant la fin août. Nous renforçons encore nos moyens au Liban; nous aurons au total plus de vingt personnes; certains officiers seront blessés dans des opérations de contact et d'observation. Notre dispositif devra aussi contribuer à la sécurité du détachement français qui sera mis en place en août au Liban dans le cadre d'une force d'interposition.

Surtout, il paraît plus que jamais nécessaire et urgent de déterminer une véritable stratégie de lutte contre le terrorisme international; on ne peut en rester à la réaction au coup par coup, comme on l'a toujours fait jusque-là. Cette stratégie devrait mettre en œuvre les différents moyens de renseignement et d'action des polices et de la DGSE, ainsi que les canaux du Quai d'Orsay. Elle devrait être menée sous une coordination ferme et permanente, par une instance politique interministérielle.

Courant juin, j'adresse à l'Élysée une note Secret Défense intitulée : « Le terrorisme appliqué à la France : analyse du phénomène et esquisse d'une stratégie de réponse. » Après un rappel historique et une analyse, elle propose un certain nombre de mesures concrètes en matière de coordination, de renseignement, de législation, d'action diplomatique, de types de riposte, de règlement des cas de prise d'otages, d'action de préemption ou de réponse, de sensibilisation des médias. Elle demande l'organisation d'une coordination interadministrations. Elle propose une stratégie s'appuyant sur :

- des actions légales rigoureuses dans le cadre d'une législation plus répressive;
- des actions diplomatiques très fermes, accompagnées de sanctions progressivement aggravées contre les États soutiens ou commanditaires, avec des interventions parallèles de la DGSE sur leurs Services Secrets;
- la préparation d'actions menées par la DGSE pour démanteler les réseaux et délivrer des messages fermes de dissuasion, l'emploi de la force militaire ne devant être envisagé qu'en tout dernier recours.

Nous sommes bien conscients qu'il s'agit là d'une première approche. Des discussions secrètes au niveau gouvernemental devraient arrêter une gradation de mesures préventives plutôt que réactives aux divers niveaux de la chaîne terroriste : États commanditaires, organes centraux, états-majors opérationnels, camps d'entraînement, infrastructures de soutien, exécutants.

On devrait notamment préparer des actions préemptives de

neutralisation visant les organes opérationnels et d'entraînement, les infrastructures de soutien ou les exécutants. Nous sommes certains en particulier de l'efficacité qu'aurait une action de démantèlement, par une action concertée de la DGSE et des polices, des réseaux en Europe et en France sans l'aide desquels l'action terroriste serait paralysée.

Sur le plan du renseignement, la DGSE a fait des progrès importants. Par contre, la coordination avec les directions de police reste aussi fragmentaire, aussi peu structurée et cohérente qu'au milieu de 1981. Ces dernières disposent pourtant de renseignements, soit par leurs moyens propres, soit par les échanges avec les polices étrangères. Mais elles les conservent largement pour elles, ne les faisant circuler que parcimonieusement, même au sein du ministère de l'Intérieur. Elles veulent mener des interventions autonomes de répression policière, au mieux des anticipations courtes. Mais elles sont incapables de conduire seules des actions préventives ou préemptives d'importance.

Nos propositions ne seront jamais discutées. Je ne verrai le président ni en mai, ni en juin, pendant toute cette période de développements critiques au Proche-Orient. Lorsqu'il me recevra début juillet, je ne pourrai retenir son attention sur les décisions à prendre concernant la stratégie et l'organisation de la lutte contre le terrorisme. Les deux audiences courtes qu'il m'accordera alors seront les dernières avant la crise d'août.

CHAPITRE 10

LA CRISE D'AOÛT 1982

Lundi 9 août, 17 h 20. Le poste spécial de radio qui me relie à la Centrale enregistre un message urgent. Je suis à la barre de mon voilier et un des officiers mariniers qui m'accompagnent monte du carré pour m'en avertir. Nous naviguons entre la Sardaigne et la péninsule italienne. J'ai en effet, avec l'accord de l'Élysée et d'Hernu, décidé de prendre quelques jours de vacances; le régime de travail que je mène depuis plus d'un an le justifie : quatorze heures par jour, week-end compris, utilisées pratiquement chaque semaine pour me rendre en visite dans un pays du pourtour de la Méditerranée ou d'Afrique. Le président est à Latché; Paris somnole.

Mon bateau, qui est basé pour des raisons de sécurité à Aspretto, a été emmené à Cannes d'où nous sommes partis le 1er août. A bord, mon épouse, trois officiers mariniers de la division Action chargés de notre sécurité et un opérateur radio qui utilise une installation sophistiquée pour rester en contact en graphie chiffrée avec la Centrale. Nous avons systématiquement une communication toutes les trois heures, à laquelle s'ajoutent des appels exceptionnels comme celui qui nous arrive.

Nous avons traversé de nuit le golfe de Gênes et fait escale à Portofino, où ma femme et moi avons passé la nuit à l'hôtel. J'ai laissé l'équipage à bord avec consigne d'assurer la garde du bateau et de l'installation. Le skipper et les deux sous-officiers sont d'excellents marins que j'avais vus à l'œuvre dans une traversée Cannes-Ajaccio; nous avions essuyé un temps épouvantable pendant quatorze heures de nuit, et j'avais apprécié leur professionnalisme et leur calme. Ce sont les trois malheureux à qui l'on confiera en 1985 l'*Ouvéa*, qui transportera les bombes de Nouvelle-Calédonie à la Nouvelle-Zélande pour l'attentat contre le *Rainbow Warrior*; ils réussiront le tour de force d'arriver à bon port malgré des conditions météorologiques catastrophiques, et d'atterrir en plein hiver dans un port du sud de l'île, pratiquement inaccessible en cette saison, attirant l'attention de toute la population par un exploit sans précédent.

J'ai déjà à Portofino un avant-goût des aventures qui défraieront la chronique en 1985. Lorsque je rejoins le bateau le lendemain matin, ils sont bien là tous les quatre, mais j'entends leur conversation sur la chasse aux Italiennes qu'ils ont pratiquée deux par deux durant la nuit, comme ils le feront trois ans plus tard dans les pizzerias et les restaurants de Nouvelle-Zélande. Ils étaient certes d'excellents marins, mais pas du tout préparés à participer à une mission aussi délicate que *Greenpeace*. Tout ceci ne justifiera évidemment pas que leur identité soit jetée en pâture à l'opinion publique. Le rapport Tricot brisera à la fois leur carrière, leur vie et leur honorabilité.

Après Portofino, nous avons relâché dans la très napoléonienne île d'Elbe, avant de longer la côte orientale de la Corse et de faire route vers le port de Porto Cervo en Sardaigne où ma fille aînée possède un appartement.

Le « ti-ti ta-ta » du message se prolonge et le radio m'indique qu'il lui faudra une trentaine de minutes pour le déchiffrer. Lorsqu'il a terminé, je laisse la barre à un des sous-officiers, et descends le lire. Je suis atterré. Un attentat a eu lieu en début d'après-midi rue des Rosiers, dans l'un des quartiers juifs de la capitale. Il semble qu'il y ait eu à la fois bombe et mitraillage dans un restaurant, et qu'on ait à déplorer de nombreuses victimes. Aucune indication encore sur les auteurs; je serai tenu informé par radio au fur et à mesure des nouvelles informations.

Je me borne à confirmer que je souhaite recevoir sans délai tout nouvel élément que le service pourra se procurer, ainsi qu'une première analyse avec les premières hypothèses de la subdivision Contre-terrorisme; je demande aussi que l'on s'assure de la disponibilité le lendemain d'un avion gouvernemental pour me ramener à Paris. Je remonte sur le pont, le soleil qui descend sur l'horizon est couleur de sang.

Je savais en quittant la capitale que la situation restait tendue sur le front du terrorisme; mais d'un commun accord avec les responsables de l'Élysée et de la place Beauveau, nous pensions qu'il n'y avait rien à entreprendre dans l'immédiat. A la DGSE, nos opérations de recherche de renseignements opérationnels se poursuivaient, mais les services impliqués – en particulier la division Contre-espionnage, la division Action et la subdivision Contre-terrorisme – ne pensaient pas que nous puissions être prêts avant la fin du mois d'août.

J'avais bien été avisé par radio de trois incidents dans les jours précédents, dont un attentat arménien à Lyon et une attaque de commando signée de l'ASALA à l'aéroport d'Ankara contre des passagers. Mais la Centrale qui me transmettait les informations ne les interprétait pas comme des signes immédiatement menaçants.

Les indications que je reçois pendant toute la première partie de la nuit confirment la gravité et la sauvagerie de l'attentat. Quatre ou cinq terroristes ont jeté des grenades dans le restaurant Goldenberg, puis ont mitraillé les clients attablés; il y aurait plus de trente victimes. L'émotion est considérable dans le quartier, où l'atmosphère est très tendue; des cris hostiles à Mitterrand et à Mauroy – qui s'est rendu sur les lieux – sont proférés. Les conditions d'exécution semblent indiquer qu'il s'agit bien d'un commando terroriste et non, comme certains l'avaient avancé en début d'après-midi, d'un règlement de comptes.

Nous sommes bien face à un acte terroriste d'une gravité exceptionnelle. Il pourrait préluder à une offensive que nous redoutions depuis le mois d'avril. Il risque aussi de provoquer une crise grave en France. Je décide de rentrer immédiatement à Paris.

Dès que je puis débarquer, j'appelle l'Élysée et je joins François De Grossouvre. Je souhaite obtenir de lui quelques informations supplémentaires et connaître la réaction du gouvernement. Il m'indique que le président considère l'affaire comme grave et nécessitant des actions rapides. Je sens aussi qu'il est ennuyé de ne pas trouver à Paris suffisamment de responsables. Je l'informe de mon retour dans les plus brefs délais.

Lorsque je débarque à Villacoublay quelques heures plus tard, les informations que me donnent les responsables intéressés de la DGSE sont encore partielles. Ils désignent en tout cas nettement le groupe Abou Nidal comme l'organisateur de l'attentat. La première enquête a permis d'identifier le type d'armes utilisé, le même employé par ce groupe dans l'attentat perpétré contre la synagogue de Vienne en 1981, et contre l'ambassadeur d'Israël à Londres en juin 1982.

Je rencontre sans délai le représentant du Mossad à Paris; ses renseignements désignent bien Abou Nidal. Je rencontre aussi à deux reprises Issam Sartaoui, représentant à Paris de Yasser Arafat. Sans qu'il puisse apporter de confirmations précises, il penche également pour cette hypothèse. Il me donne une information importante : depuis mai, la cassure entre Abou Nidal et l'Irak semble consommée; le groupe terroriste est maintenant exclusivement sous le contrôle de Damas.

Les renseignements qu'ont pu obtenir de leur côté la division Contre-espionnage et la subdivision Contre-terrorisme confirment ces indications. Nos informateurs ont récemment décelé des déplacements insolites; certaines présences en Italie et en Suisse ont pu être relevées. Nos services à Beyrouth font également état d'une agitation dans les milieux qui lui sont proches; ils disposent aussi d'indices confirmant la présence en Syrie de l'état-major d'Abou Nidal.

Mais le plus important pour nous, c'est que nous avons progressé vers l'obtention de renseignements opérationnels, en particulier grâce à notre dispositif de Beyrouth et aux agents infiltrés. Les responsables du contre-terrorisme espèrent que nous pourrons disposer rapidement d'indications fiables.

Mais je ne puis avoir d'audience du président. Il a prolongé son séjour à Latché et doit rentrer en fin de semaine. Il a convoqué une réunion interministérielle à l'Élysée le 17 août après-midi. Je n'y ferai pas état de nos derniers progrès mais tâcherai de le voir rapidement après.

Je participe d'abord à une réunion supposée préparer cette conférence du 17 août. Elle se tient à l'Élysée le 12 août. J'ai la surprise en arrivant de constater qu'elle est présidée par Michel Charasse, que j'ai rencontré dans les couloirs mais que je ne connais pas. De Grossouvre y participe, ainsi que les différents directeurs de police.

La scène est proprement surréaliste : Charasse, cigare à la bouche et en bras de chemise, patauge ; il ne connaît rien au terrorisme, rien aux derniers événements, rien aux actions engagées. Il amuse le tapis pendant une heure à la surprise des participants et en face d'un De Grossouvre qui ne desserre pas les lèvres. Je lui trouve, en le regardant s'agiter et se tortiller, une ressemblance, et je me laisse aller à griffonner un pastiche des vers du poème « La musique » de Baudelaire :

Le cigare en avant et les bretelles tendues
comme un élastique
Je fais l'âne, comme Coluche l'eut dû
pour paraître comique.

Car avec son faux air de l'amuseur vulgaire en salopette, il joue au bouffon. On dit même au château qu'il doit sa fortune politique au fait qu'il réussit à faire rire François Mitterrand ; on en aura la confirmation quelque temps plus tard lorsqu'il sera seul à accompagner à Chypre, pour une rencontre avec Kadhafi, un président qui doit avoir alors grand besoin qu'on lui change les idées.

Pour l'heure, il s'en tire par la dérision, et n'arrête pas de faire les plaisanteries du plus mauvais goût sur l'attentat et ses victimes. Étant donné les circonstances dramatiques que nous vivons, je trouve cela intolérable, et je le fais sentir sans aménité. De Grossouvre me dira plus tard que ce fut rapporté avec acrimonie au président.

En tout cas, les autres participants sont dans le même état que moi. Ils se referment, ne lâchent rien de leurs informations et se bornent à meubler la réunion par des remarques fumeuses. On se sépare dans la plus grande confusion. Je me demande bien quel rapport Charasse va pouvoir faire au président.

Cependant la vague terroriste se poursuit. Deux nouveaux

attentats se produisent, dont un à la voiture piégée devant l'ambassade d'Irak, à Paris, qui provoque d'importants dégâts matériels.

Le 17 août, à 16 heures, nous nous retrouvons dans le salon Murat. Il y a là Defferre et Hernu – que je n'ai pas pu rencontrer avant la réunion du fait de leur absence de Paris –, Jean-Louis Bianco et Saulnier, de la Présidence, le directeur de cabinet Grimaud, les trois directeurs de police (RG, PJ et DST) et moi-même. Après quelques minutes, François Mitterrand entre; il a sa tête des mauvais jours, il salue chacun de nous le visage figé, et s'assied.

Il fait un court exposé introductif pour déclarer son émotion devant l'attentat de la rue des Rosiers; il juge intolérable la prolongation de ces actes sur le sol français; le terrorisme est désormais l'ennemi public numéro un et il y a lieu de lui déclarer la guerre.

Defferre, qui parle après lui, confirme ses propos. Il constate que les procédures utilisées jusque-là ont été inopérantes pour prévenir. Il affirme qu'il faut renforcer les actions préventives. Hernu, qui s'exprime ensuite, se montre aussi ferme et indique que la Défense est prête à intervenir si nécessaire.

Puis le président donne la parole successivement aux trois directeurs de police. Ils font le point de l'enquête effectuée par les trois organismes. Il en ressort que c'est bien une organisation terroriste du Moyen-Orient, probablement celle d'Abou Nidal, qui est l'auteur de l'attentat. Ils soulèvent quelques questions techniques sur la durée de la garde à vue et sur les actions du juge d'instruction. Le président me donne la parole en dernier : je me borne à déclarer que la DGSE peut apporter une contribution par ses renseignements et ses actions, qu'il ne faut pas écarter la voie de contacts avec les États qui pourraient soutenir le groupe Abou Nidal, et qu'il faudrait resserrer la coordination antiterroriste.

Le président n'ouvre pas de discussion. La réunion se termine de manière abrupte. Il déclare qu'il a pris bonne note des différentes observations et qu'il fera connaître sa décision rapidement.

Nous nous retrouvons dans l'antichambre, puis à la suite d'une erreur d'aiguillage, dans le hall d'entrée, contrairement à la précaution qui voulait que nous utilisions des sorties dérobées. A la faveur de ce court instant de flottement, de l'autre côté des vitres, une meute de cameramen en profite pour nous mitrailler [1]. J'ai ensuite successivement les trois entretiens traditionnels du mardi : De Grossouvre, Saulnier et Bianco; les affaires de terrorisme ne sont que très succinctement évoquées.

Le soir même, le président s'exprime à la télévision et le lendemain matin, un communiqué de l'Élysée rend publiques ses décisions.

J'avais eu le sentiment après cette réunion que nous allions pouvoir nous attaquer vigoureusement au terrorisme. La déclaration très ferme du président, soutenu par Defferre et Hernu, avait été extrêmement encourageante. Les formules employées, en particulier la déclaration de guerre, me paraissaient cadrer avec les actions que la DGSE avait préparées. Il semblait aussi ressortir une volonté d'organiser une coordination effective entre les services justement représentés dans le salon Murat.

Mais cela ne cadre plus du tout avec les décisions du président : création d'un poste de secrétaire d'État chargé des questions de sécurité auprès du ministre de l'Intérieur, confié à Joseph Franceschi; constitution à l'Élysée d'une cellule antiterroriste sous l'autorité du commandant de gendarmerie Prouteau, jusque-là chargé des questions de sécurité de la Présidence.

Je suis très surpris. Pourquoi le président prend-il le risque de modifier l'attelage au milieu du gué, de changer de dispositif – et d'hommes – alors que nous sommes en pleine crise? Ne va-t-il pas provoquer une paralysie du système contreterroriste?

Je n'ai pas d'avis sur la création du secrétariat d'État. Les renseignements dont nous disposons à la DGSE indiquent que Franceschi est député maire d'Alfortville, et qu'il était chargé

1. Les photos feront la Une des journaux du lendemain : de manière allégorique, nous y ressemblons à des poissons coincés dans un bocal manquant d'eau.

au cours de la campagne électorale présidentielle du service d'ordre des réunions et de la sécurité rapprochée de François Mitterrand. Je me dis seulement qu'étant donné les tendances très autoritaires de Defferre qui a fait de la lutte contre le terrorisme sa chose, la dyarchie ainsi créée à la tête du ministère de l'Intérieur dans le domaine de la sécurité risque fort d'entraîner des tensions dont on se passerait bien dans la situation critique actuelle.

Mais ce qui est totalement inexplicable, c'est la création à l'Élysée d'une cellule antiterroriste. Ses missions ne ressortent pas clairement du communiqué. Ou bien il s'agit d'assurer la coordination des différents services agissant contre le terrorisme, mais alors il ne fallait pas désigner un officier de gendarmerie, dont la principale qualité est de tirer plus vite que son ombre ; il fallait un haut fonctionnaire doté de l'intelligence et de l'autorité lui permettant de remplir cette mission particulièrement difficile entre organismes jaloux de leur autonomie et faisant de la rétention d'informations. Ou bien il s'agit d'un organe opérationnel engageant lui-même des actions contre-terroristes ; mais alors, c'est suicidaire de la part de l'Élysée qui se trouvera en première ligne et sera directement responsable des échecs ou des bavures ; et l'introduction d'un acteur supplémentaire ne pourra qu'aggraver la confusion.

Le chargé de mission et le chef de la division Contre-espionnage, que je consulte tout de suite, sont entièrement de mon avis et expriment la plus grande surprise. Ils y ajoutent un jugement très réservé sur la personnalité de Prouteau, qui ne dispose ni de la personnalité ni des qualités nécessaires. Ils soulignent aussi un aspect qui n'avait pas d'abord retenu mon attention : il existe entre la police et la gendarmerie une lutte sourde et persistante ; les responsables du ministère de l'Intérieur ont toutes chances de prendre cette nomination comme un camouflet ; il est vraisemblable qu'ils vont multiplier à l'encontre de la cellule élyséenne obstacles et chausse-trapes. Il est un autre aspect difficile à comprendre : les deux mesures semblent dirigées contre Gaston Defferre qui se voit flanqué d'un secrétaire d'État dans le même temps où son action *de facto* de coordinateur semble remise en cause. Si c'était le cas, cela constituerait un facteur d'affaiblissement du dispositif de lutte.

Je suis de plus en plus perplexe. La conduite de la DGSE, qui était déjà malaisée, va se trouver compliquée. J'ai déjà de grandes difficultés à voir le président et à recevoir de lui les impulsions nécessaires. Qu'adviendra-t-il désormais, puisque je vais devoir travailler dans un domaine qui restera crucial, avec un nouvel organe de la Présidence où j'ai déjà au moins quatre interlocuteurs ? Ne va-t-on pas assister à une dérive qui amènerait le GIGN, dont Prouteau est resté le chef nominal, à exécuter lui-même certaines interventions ? Avec qui devrai-je traiter de nos opérations ? Toutes ces interrogations font revenir à la surface mes doutes sur l'intérêt que j'ai à poursuivre une mission qui m'apparaît de plus en plus impossible.

Quelques jours après le 21 août, un nouvel attentat se produit avenue de la Bourdonnais, à Paris ; une bombe tue deux policiers. Cette succession d'actes terroristes confirme bien la nécessité et l'urgence d'une action vigoureuse. Et la DGSE va pouvoir y contribuer plus efficacement.

Car nous entrevoyons l'aboutissement de nos recherches concernant l'infrastructure de soutien en Europe. Grâce à nos sources dans deux organisations terroristes à Beyrouth, nous venons de détecter, plus rapidement que nous ne le pensions, plusieurs membres de cette infrastructure ; les filatures et les observations nous ont permis de conforter ces hypothèses. Il s'agit de sept personnes au total, réparties en Europe, à Rome, Genève, Francfort, Madrid et Bruxelles ; et de cinq personnes à Paris. La plupart sont attachés d'ambassade, quelques-uns étudiants comme nous le pressentions.

Nous procédons à un examen minutieux des éléments qui permettent de conclure à leur engagement. Pour dix d'entre eux, il n'y a aucun doute : leur profil de personnalité, ce que nous avons pu reconstituer de leurs activités passées, les fonctions qu'ils exercent, certains des contacts ou des relations qu'ils entretiennent le confirment sans ambiguïté. Pour les deux autres, il existe un léger doute, mais nous avons l'intime conviction qu'ils jouent également ce rôle de soutien.

Il est évidemment difficile de déterminer encore comment nous pourrions agir. J'ai personnellement le plus grand respect de la personne humaine, mes convictions sont de ce point de vue très exigeantes ; la fraternité y est une vertu cardinale. Je ne suis pas favorable à la peine de mort sauf dans certains cas extrêmes comme les meurtres d'enfants ou de policiers. Je suis croyant mais non-pratiquant, ce qui m'empêche de pouvoir m'en ouvrir à un prêtre.

Mais j'en parle séparément à trois hauts responsables de la DGSE en qui j'ai plus particulièrement confiance ; ce sont des officiers supérieurs qui ont directement combattu dans des conditions difficiles en Indochine ou en Algérie. Tous trois sont catholiques pratiquants ; l'un d'entre eux a même en permanence dans son bureau un prie-Dieu en face d'une croix accrochée à l'une des cloisons. Les trois entretiens me confortent dans la conviction que nous pouvons avoir à procéder à des neutralisations, voire à en utiliser la menace à titre dissuasif vis-à-vis des commanditaires du terrorisme.

Nous sommes confrontés à des fanatiques qui ne reculent devant aucune action pour faire aboutir leur cause, pour exécuter un ordre ou toucher une prime. Ils sont prêts à tuer des citoyens français, prêts à pratiquer l'attentat aveugle contre des femmes et des enfants sans défense pour un objectif qui est de détruire le type de société pour lequel de nombreux Français se sont battus et sont morts. Il est en définitive plus moralement légitime de les supprimer que de donner dans une guerre à des soldats l'ordre de tirer sur d'autres soldats qui peuvent n'être engagés dans un affrontement que par discipline patriotique.

Et puis il y a le fait que de telles actions de neutralisation seraient exécutées en dehors de la loi. J'ai sur ce point moins de scrupules. C'est bien pour de telles actions qu'existent les Services Secrets qui doivent, dans des cas exceptionnels, agir en dehors des normes de la loi. Je me suis en fait déjà posé le problème lorsque j'ai été nommé à la tête du SDECE ; j'ai accepté que les actions dont j'assumerai la responsabilité puissent répondre à une logique spécifique, à une logique qui sorte du cadre légal.

Il ne peut, bien entendu, être question que de cas extrêmes. Mais nous sommes justement devant une situation qui exige des réponses exceptionnelles. Lorsque le terrorisme frappe, lorsque des citoyens français, femmes et enfants, sont tués dans la rue sans autre raison que de se trouver là, nous nous trouvons dans la position d'un père dont la petite fille serait menacée de mort par un assassin déterminé sans l'ombre d'un doute à agir. Peut-il s'en remettre pour la sécurité de son enfant à un membre des services d'ordre qui n'est pas alors sur la scène? La loi elle-même ne prévoit-elle pas, dans ce cas précis, la réaction de légitime défense qui autorise à tuer et à tuer en premier, par anticipation? Il n'est même pas besoin de disposer alors de la preuve, car il serait trop tard. L'intime conviction suffit.

Et puis l'action terroriste vise à mettre en cause l'état de droit qui constitue la trame même de notre société. Peut-on accepter, sans réagir par des actes limites, que tout notre système social et légal soit détruit?

Il est un autre aspect qui arrête ma réflexion. C'est celui de la place des Services Secrets dans l'appareil de l'État, de ses relations avec les autres organes de la machine gouvernementale avec lesquels leur action doit être articulée; il n'est pas question que nous nous considérions comme seuls investis de la mission d'agir. Les services du maintien de l'ordre, les polices, l'appareil judiciaire doivent rester en état de jouer le rôle qui leur est confié par la loi et l'organisation des services publics. Et Dieu sait si j'ai ardemment souhaité, pratiquement dès ma prise de fonctions, pouvoir m'insérer dans une action globale, dans une logique de coopération avec les autres services de sécurité. Si je n'y ai pas réussi, ce n'est pas faute d'avoir longuement essayé, en particulier avec les responsables de police; c'est d'eux qu'est venu le refus. Je suis convaincu que la plupart de leurs raisons ne sont pas légitimes et procèdent de la volonté de défendre ou d'élargir leur pré carré.

Contrairement à ce que l'on croit généralement, il peut pourtant exister entre les Services Secrets et l'appareil judiciaire, à côté de coins d'ombre qui excluent le dialogue, une large plage de possibilités de coopération. J'ai été à ce sujet très frappé par l'expérience que j'ai faite en participant aux travaux d'une commission créée par Pierre Mauroy fin 1981 pour élaborer des règles concernant les écoutes téléphoniques. Elle était présidée par un très haut magistrat, M. Schmelk, vice-président de la Cour de cassation. Elle était constituée de personnalités fort diverses : des responsables de police, en particulier le directeur de la Police judiciaire, des hauts fonctionnaires de la Justice, des responsables d'organismes techniques, en particulier le directeur général des Télécommunications au ministère des PTT, enfin des parlementaires, parmi lesquels un futur secrétaire général du RPR et un communiste.

Tout semblait devoir opposer ces différentes personnalités; j'avais vu d'abord dans cette commission une entreprise un peu folle, lancée dans la période de générosité socialiste du gouvernement, mais condamnée à finir « en eau de boudin ». Eh bien, cela ne s'était pas produit. On avait vu au fil des séances, sous l'autorité ferme et souriante de M. Schmelk, se dégager un consensus sur la légitimité des écoutes téléphoniques, dans certains cas bien déterminés : atteintes à la sécurité nationale, espionnage, grand banditisme, trafic de drogue en particulier. Chacun s'était exprimé sans contrainte, à l'exception du communiste qui avait été presque constamment absent (quelle illustration de l'auto-exclusion de la communauté nationale !). De longues séances de discussion avaient effacé les principales différences. J'avais été surpris de constater que j'étais loin d'être le seul, ni même le principal demandeur. Je n'étais pas étonné des positions de la police, mais je ne m'attendais pas à l'insistance des représentants de la Justice qui souhaitaient même disposer d'un système de délégation régionale auquel ne prétendaient ni les directions du ministère de l'Intérieur, ni la DGSE.

Pour ces derniers, nos conclusions proposaient que les demandes soient signées du directeur général et les autorisations accordées par le Premier ministre, dont le cabinet devait effectuer de plus un contrôle individuel, avant envoi au service demandeur, du contenu des communications, transcrites par un service qui lui est directement rattaché. Je découvrais aussi l'étendue des écoutes sauvages pratiquées sans autorisation, dont le directeur général des Télécommunications nous faisait découvrir la facilité d'installation dans un central téléphonique de Paris; bien évidemment la DGSE ne pratiquait pas ce genre d'exercice sur des citoyens français.

En définitive, la commission avait arrêté un projet de réglementation, retenu à l'unanimité en l'absence du communiste. La DGSE pouvait parfaitement s'accommoder des contraintes qu'il contenait (elle les appliquait déjà de fait) à l'exception d'une modalité qui faisait l'objet d'une réserve écrite de ma part jointe au rapport. Celui-ci fut remis en grande pompe au Premier ministre, et on n'en entendit plus jamais parler.

Curieux mystère de la démocratie qui ne met pas en œuvre un texte sur un sujet délicat, touchant aux libertés individuelles. Et alors qu'il pouvait avoir un caractère exemplaire, tant par son contenu que par le caractère collégial et contradictoire de son élaboration par des personnes représentant des « cultures » et des intérêts en apparence si divergents.

En tout cas, cette expérience m'avait confirmé qu'il existait de larges plages où la DGSE pouvait collaborer avec d'autres organes gouvernementaux, y compris avec la Justice comme je devais le déclarer au juge Bruguière que je recevais sur sa demande quelques jours après l'attentat de la rue des Rosiers.

La DGSE ne peut certes partager tous ses renseignements ou faire état de toutes ses actions. Et l'affaire qui m'occupe alors est de celles-là. Ceci dit, mes convictions républicaines m'interdisent de prendre seul la décision. Elle ne peut être le fait que d'une instance disposant d'une légitimité démocratique. Et seul le président de la République est en état de le faire. Je suis sur ce point tout à fait déterminé et je tiens à le redire ici puisque certains ont laissé entendre que j'aurai dû décider seul sur ce sujet. Je considère qu'on ne peut accepter l'idée qu'un responsable de Services Secrets puisse s'arroger le droit de faire exécuter une telle action sans l'accord d'une autorité légitime. A quels dévoiements une autre position ne pourrait-elle conduire? Ne pourrait-on assister à de véritables détournements d'objectifs? J'en parlerai donc à François Mitterrand. J'essaierai de partager avec lui les interrogations morales et légales. Et je m'en remettrai à sa décision.

Reste le problème de la désignation des hommes qui seraient chargés, en cas d'accord, d'exécuter la mission de neutralisation. Il faut que je les nomme dès maintenant, car c'est eux-mêmes qui doivent « faire l'environnement », c'est-à-dire observer et étudier les lieux fréquentés, les habitudes de vie, les protections éventuelles, les relations des cibles. Je décide d'abord de limiter notre première approche à l'infrastructure en France. Pour l'opération, je souhaite des officiers remplissant quatre conditions; ils doivent être volontaires, parfaitement disciplinés, bons observateurs, exécutants précis. Je demande au commandement de la division Action d'effectuer un premier choix sur la base de ces critères et de la connaissance qu'il a de ses officiers. Je demande l'avis de mon chargé de mission qui a exercé des responsabilités au service Action. Puis je rencontre un à un les officiers retenus. L'équipe étant constituée, je donne le feu vert pour l'exécution de l'environnement.

Je fais renforcer les consignes de secret concernant ces opérations et prescris même au chef de la subdivision Sécurité un contrôle permanent des officiers de la subdivision Contre-terrorisme et de la division Action qui y sont engagés. Le nombre de personnes informées au sein de la DGSE est réduit au strict minimum.

Nous pouvons être prêts rapidement à agir. Je suis décidé à n'en parler qu'au président, lui seul peut décider, et il doit le faire dans le plus grand secret. Je n'en dirai rien aux autres responsables, ni à l'Élysée, ni au ministère de l'Intérieur. Il s'agit d'un type d'opération qu'il faut absolument éviter d'ébruiter. Elles doivent aussi – si elles sont exécutées – pouvoir être ignorées voire dénoncées par les responsables politiques français. Elles ne peuvent donc procéder que d'un tête-à-tête avec François Mitterrand.

Je n'en parle pas à Hernu, qui m'a invité à déjeuner en tête à tête à l'hôtel de Brienne. Mais je lui fais part de mes interrogations sur la nouvelle organisation contre-terroriste, et je cherche à obtenir quelques éclaircissements. Il ne partage manifestement pas nos doutes. Il pense que tout se passera bien avec Franceschi qu'il connaît de longue date, et avec qui il a d'excellentes relations; il ne croit pas que sa coexistence avec Defferre créera problème. Il plaide l'efficacité de Prouteau, membre de la gendarmerie pour laquelle il a une faiblesse particulière; manifestement, il n'a pas réfléchi à la question des réactions de la police. Je ne puis obtenir de lui d'indications ni sur le rôle exact de la cellule, ni sur la manière dont sera réalisée cette indispensable coordination dont il ne semble décidément pas mesurer l'importance capitale et la difficulté. Je ne puis m'empêcher de penser à la fin du déjeuner qu'il a peut-être été un des principaux inspirateurs de la décision du président.

Il me demande, pour terminer, de coopéer étroitement avec Franceschi. Et il m'annonce une visite surprenante : lui-même et le nouveau secrétaire d'État se rendront la semaine prochaine à Cercottes [1]; il souhaite que ce dernier puisse prendre conscience des capacités de la division Action et des actions qu'elle serait capable d'effectuer. Cela veut-il dire qu'on va nous demander d'intervenir?

La visite a effectivement lieu quelques jours plus tard. La prestation du commandement et des hommes de Cercottes est bien accueillie. Dans l'hélicoptère qui nous ramène à Paris, Hernu est très satisfait; Franceschi semble impressionné. Je l'avais rencontré pour la première fois la veille au soir, dans le bureau de De Grossouvre; j'en avais retiré un jugement réservé sur sa capacité à remplir son poste; il paraît à première vue dénué de l'habileté et de la sophistication qui lui permettraient d'éviter un « clash » avec Defferre.

Nous n'allons pas tarder à prendre la mesure de la nouvelle donne.

1. Base de la division Action.

CHAPITRE 11

LA GUÉRILLA DES SERVICES

Dès la semaine suivante, les difficultés commencent. La réunion sur le terrorisme dans le bureau de Defferre se tient comme si rien n'avait changé. Seuls deux nouveaux membres y participent : Franceschi et Prouteau. Le premier a l'air pincé et observe sans mot dire chaque participant; il ne semble pas apprécier la poursuite de l'intervention directe du ministre dans un domaine dont la responsabilité semblait lui avoir été confiée.

J'aurai quelques jours plus tard, au cours d'un entretien en tête à tête, confirmation de cette impression : sa préoccupation principale sera de s'affirmer face à l'autorité envahissante de Defferre; s'il veut bien envisager une certaine coopération avec la DGSE, ce sera pour conforter sa position. Il apparaît en outre, encore plus que son ministre, dénué de toute idée de stratégie contre le terrorisme; il n'y voit que des actions, coup par coup. Il n'a aucune « culture » internationale lui permettant de comprendre le phénomène et d'en prendre la mesure. Son expérience est exclusivement limitée à la cuisine de la politique intérieure au niveau municipal. Il donne l'impression d'aborder sa tâche par référence à la police locale ou au service d'ordre de meetings électoraux. Il n'a manifestement pas les capacités intellectuelles lui permettant de surmonter ces handicaps, ni l'habileté psychologique pour cohabiter avec Defferre.

Quant à Prouteau, il n'ouvre pas la bouche de toute la réunion. Lorsque je lui propose à la sortie une rencontre pour examiner les modalités de notre coopération, il élude. Il conservera cette attitude tout au long des semaines suivantes, ne répondant à aucune des tentatives de contact qu'effectueront pour mon compte le chargé de mission et le directeur de la division Contre-espionnage. Tout ce que nous savons, par la rumeur publique, c'est qu'il est assisté du capitaine Barril et de l'inspecteur de police Pellegrini ; ce dernier, « paraît-il » chargé des liaisons de la cellule élyséenne avec la DGSE, ne se manifestera jamais pendant tout le temps où je la dirigerai.

Ces deux derniers seront en revanche à l'origine d'un affrontement très vif. Prouteau demande par téléphone au directeur de la division Contre-espionnage l'établissement de faux papiers DGSE au nom de Barril et de Pellegrini. Lorsque la question m'est soumise, je refuse catégoriquement. Ces faux papiers sont délivrés sous ma responsabilité à des agents du service pour la durée d'une mission dont moi-même ou mes délégataires déterminons la nature ou la durée. Il s'agit de personnes dont nous connaissons bien les tenants et aboutissants ; ils font l'objet d'une surveillance permanente de la subdivision Sécurité, renforcée lorsque nécessaire pour s'assurer qu'il n'est fait aucun usage des faux papiers pour d'autres motifs que l'exécution de la mission ; et les papiers leur sont retirés aussitôt que celle-ci est terminée.

De plus, les renseignements dont dispose la DGSE sur Barril et Pellegrini nous incitent à la plus grande réserve. Je n'ai moi-même jamais rencontré le second ; quant au premier, le seul contact que j'ai eu avec lui fut bref et édifiant : invité par Jean-François Dubos à passer dans son bureau un jour où j'étais avec Hernu, je m'étais vu présenter le capitaine Barril, alors en civil ; il m'avait proposé de passer à la DGSE une affaire d'espionnage à Haïti, liée à un trafic de drogue, qu'il avait commencé à démêler. Il avait paru tout déconfit lorsque je lui avais répondu : « Capitaine, réglez d'abord la question du trafic de drogue, et revenez me voir ensuite pour m'expliquer l'affaire d'espionnage. » Je n'en avais plus jamais entendu parler.

Cette question des faux papiers va presque devenir une affaire d'État. Je suis appelé quelques jours plus tard dans le bureau de De Grossouvre où je me trouve confronté à Prouteau. C'est la première et la seule fois que je discuterai avec lui ;

il n'est pas plus expressif de près que de loin. Il n'a manifestement aucune des qualités nécessaires pour assumer la coordination contre-terroriste. Il souffre de plus d'une irrépressible outrecuidance depuis qu'il a été projeté dans les hautes sphères gouvernementales avec la bénédiction présidentielle.

De Grossouvre insiste, le ton monte. Je maintiens ma position et j'explique pourquoi je ne peux délivrer de faux papiers qu'à des gens de la Maison que je puisse faire surveiller et dont j'assume la responsabilité de la mission. De Grossouvre n'insiste pas. Prouteau est furieux. L'avenir montrera que mes précautions étaient fondées, en particulier pour ce qui concerne Barril.

Car le dévoiement de la cellule élyséenne commence dès le 28 août, c'est-à-dire onze jours après l'annonce de sa création par le président. Ce jour-là Barril, assisté de quelques gendarmes, procède à Vincennes à l'arrestation de trois Irlandais soupçonnés de terrorisme. Dès le lendemain, qui est un dimanche, l'affaire apparaît déjà passablement tordue. Le responsable qui me représente à une réunion place Beauveau doit nier toute participation de la DGSE alors que Prouteau commence à déclarer – avant de se rétracter – que l'opération s'est faite sur renseignements provenant de chez nous.

Les policiers sont manifestement furieux et décidés à faire capoter l'affaire; ils se font transférer la poursuite de l'enquête. Prouteau a très malencontreusement obtenu du président, par un appel téléphonique à Latché, l'émission d'un communiqué de l'Élysée saluant l'opération comme une prise très significative de dangereux terroristes.

L'affaire tournera très mal; l'enquête révélera que la première perquisition effectuée par les gendarmes était entachée de graves irrégularités. Les Irlandais seront finalement relâchés, et Prouteau sera inculpé de subordination de témoin.

Il aura suffi de onze jours pour que le doute soit levé sur la mission exacte de la cellule élyséenne, de onze jours seulement pour que son rôle soit anéanti! Il s'agissait bien de conduire de l'Élysée des opérations contre-terroristes. Le communiqué, autorisé de Latché, dramatise l'implication de la Présidence. La guerre entre la gendarmerie et la police en ressort exacerbée; les ambitions de Prouteau dans la lutte contre le terrorisme sont annihilées dans l'instant. Mais François Mitterrand le conservera encore six ans à l'Élysée et en fera un préfet!

Nous ne pouvons, en ce début septembre, que constater le gâchis créé par la décision du 17 août. Quelle dérision que la menace si dangereuse du terrorisme donne matière à des affrontements bureaucratiques sur des faux papiers ou à des opérations d'opérette dont le seul but est de crédibiliser une organisation vouée dès l'origine à l'échec. Je me pose de plus en plus de questions.

Au même moment, du côté de la DGSE, les choses progressent vite. Les opérations contre les cinq membres de l'infrastructure de soutien à Paris sont prêtes. Les hommes sont connus, leurs résidences et leurs lieux de travail aussi. Nos équipes ont minutieusement noté leur routine, leurs liaisons fréquentes, leurs déplacements.

Le commandement de la division Action s'est assuré une par une de la qualité des préparations. Les interventions pourront être exécutées avec un maximum de vingt-quatre heures de préavis. Elles auront lieu de préférence pendant les déplacements, en dernier ressort au domicile.

Il est prévu pour chaque neutralisation un commando de quatre personnes : en principe deux pour l'action, deux pour la couverture et la récupération après exécution. Les instructions sont précises et nettes : en cas d'intervention de la police et de tiers, ne pas se laisser intercepter, mais ne pas tirer non plus. Toute marque DGSE doit être effacée. Les exécutants, pour éviter toute remontée vers le service, devront se garder de tout contact et de tout appel téléphonique.

Un système est mis en place pour que nous puissions au contraire prendre contact avec le responsable de façon à recevoir un rapport circonstancié; les exécutants devront quitter Paris dans les plus brefs délais vers des positions de repli préparées en province; ils ne reviendront que sur ordre. Ils font leur affaire des réactions de leur famille. Au cas extrême où la police arrêterait certains exécutants, ils devront refuser de faire toute déclaration et attendre les interventions du commandement, qui tâchera de se faire informer par des sources sûres et bien placées.

En fait, nous adoptons le même dispositif et la même préparation que des réseaux de résistance, mais c'est tout de même beaucoup plus facile que sous une occupation étrangère. J'estime que les précautions prises dans le choix des agents, dans leur entraînement, dans la préparation de l'opération, nous assurent une très forte chance de succès sans anicroches. Il est toutefois bien clair dans mon esprit que si cela devait mal se passer, je serai seul responsable et le gouvernement pourrait m'en faire supporter toutes les conséquences.

J'ai déclenché aussi les opérations de préparation dans les cinq villes des pays limitrophes. Il faut évidemment prendre plus de précautions et de temps. La mise en place de nos agents sous fausse identité doit être faite progressivement ainsi que l'acheminement des armes. La couverture a besoin d'être plus importante. L'exfiltration vers la France après l'opération doit être minutieusement préparée et exécutée. Et les agents sont seuls, à découvert. S'ils venaient à être interceptés par la police du pays, ils devraient adopter la même attitude que celle qu'aurait dans la même situation un groupe résistant : se refuser à toute déclaration, ne jamais prononcer ou reconnaître leur appartenance, et attendre la réaction du commandement.

Dans chacune des cinq villes est mis en place un superviseur de la division Action qui observera sans avoir aucun contact avec les exécutants. Il sera seulement informé par une voie anonyme de l'heure et du lieu de l'intervention. Il tiendra informé le commandement de la division Action dans les plus brefs délais et rejoindra Paris aussi rapidement que possible.

Des précautions particulières sont prises pour que les neutralisations puissent être imputées à un groupe terroriste étranger. Les armes utilisées sont choisies en conséquence. Certaines particularités des interventions ont également été préparées dans le même esprit. Je me réserve seulement de faire savoir à l'organisation terroriste intéressée, au moment et sous la forme que je choisirai, l'implication de la DGSE.

Nos équipes à Beyrouth ont également bien progressé ; malheureusement, un des officiers supérieurs a été grièvement blessé et nous avons eu quelques difficultés à le rapatrier. Elles ont réussi à identifier un état-major opérationnel terroriste qui est installé dans un immeuble de Beyrouth ouest ; il est manifestement lié à un mouvement palestinien et ne semble pas en contact avec la direction de l'OLP. Tout laisse à penser qu'il appartient au groupe Abou Nidal; c'est en tout cas la conclusion à laquelle ont abouti nos gens sur place grâce à leurs informateurs et à leurs observations. Et cette conclusion est recoupée par certains indices obtenus grâce à nos indicateurs. A notre surprise, une des équipes pense aussi avoir détecté un camp d'entraînement terroriste dans un immeuble de Beyrouth. Là aussi, il semble ne pas avoir de contacts avec la centrale de l'OLP.

Dans les deux cas, leur existence semble avoir échappé aux Israéliens, ce qui nous surprend beaucoup. Mais après tout, tout est possible aujourd'hui à Beyrouth et les agents sur place sont mieux à même d'apprécier. Je dépêche là-bas, évidemment sous fausse identité, un des principaux responsables de la division Action avec mission d'observer, d'étudier à tout hasard la possibilité d'une action punitive contre l'un et l'autre, et de déterminer les modalités de leur exécution éventuelle.

Et puis, dans les tout derniers jours d'août, un renseignement important est confirmé par la subdivision Contre-terrorisme grâce à un de ses indicateurs. La rupture est consommée entre l'Irak et Abou Nidal qui est bien passé complètement au service de la Syrie. Quelle maestria pour un homme qui, il n'y a pas si longtemps, menait des actions contre la Syrie pour le compte de Saddam Hussein! Quelle maîtrise elle suppose sur son mouvement! Quelle organisation elle sous-entend! Et quelle sécurité doit entourer Abou Nidal pour qu'il prenne le risque de s'installer en Syrie!

Je ne réussis pas, malgré beaucoup d'insistance, à obtenir d'indication du Mossad sur ce point. Il se retranche derrière l'énorme travail qu'il a à faire au Liban, en particulier dans le dépouillement d'archives ou de documents de l'OLP qui lui sont tombés entre les mains. J'observe même une légère réticence; je devine une rétention d'informations que je n'avais pas relevée jusque-là. Est-elle consécutive à l'attitude française au moment du départ des Palestiniens de Beyrouth? Je pense qu'il faut laisser passer un peu de temps, on verra plus tard.

En sens inverse mes contacts avec le représentant de l'OLP à Paris, Issam Sartaoui, sont productifs. Il confirme que leurs renseignements localisent maintenant Abou Nidal en Syrie. Il manifeste aussi une certaine inquiétude devant les actions des groupes extrémistes palestiniens contre les modérés de l'OLP. Il me suggère de me rendre à Tunis pour rencontrer Yasser Arafat. D'après lui, le chef de l'OLP accepterait de parler de ce sujet, et peut-être même du principe d'échanges de renseignements sur des groupes terroristes susceptibles de menacer à la fois la France et son organisation. Je prends note sans répondre, une telle démarche ne pouvant être décidée que par le président. Je lui demande de continuer quant à lui à me faire savoir ce qu'il apprendrait, et il accepte de le faire.

Je suis soudain préoccupé pour la sécurité de cet homme sympathique qui s'est montré si ouvert et si coopérant, et dont nos renseignements confirment bien les menaces qui pèsent sur lui. En le raccompagnant à la porte de mon bureau, je lui offre de mettre à sa disposition une protection rapprochée de la DGSE, qui pourrait agir de façon très discrète. Il refuse en me disant qu'il sait bien les menaces qui pèsent sur lui, mais il a fait son choix; il a accepté les risques de sa position de recherche d'une voie pacifique avec Israël; il en assume depuis longtemps les risques et continuera à agir de la même façon. Je me souviendrai longtemps avec émotion de cette conversation après qu'Issam Sartaoui eut été assassiné en 1983 au Portugal par un commando d'Abou Nidal.

J'obtiens enfin la première audience du président depuis l'attentat de la rue des Rosiers. J'ai l'intention d'insister pour qu'il nous autorise à l'exécution d'au moins une, mais si possible les cinq, neutralisations d'agents d'infrastructure que nous envisageons en France. S'il n'acceptait pas, je lui proposerai celles des pays limitrophes : la division Action indique que sans être aussi prêts que pour la France, nous devrions être à même de les réaliser sous un délai maximum de huit jours.

Je prépare minutieusement ma présentation au président. J'en discute longuement avec mes trois principaux collaborateurs. Il s'agit d'opérations exceptionnelles. Nous n'aurions pas eu besoin de nous y disposer si d'autres voies avaient réussi à écarter une menace aussi lourde; nous sommes à la merci d'une répétition du drame de la rue des Rosiers.

Nous aurions préféré que notre action s'inscrive dans le cadre d'une coopération avec les autres organismes concernés;

ce n'est pas faute d'avoir insisté sur cette nécessité depuis maintenant un an. Mais il faut bien se rendre à l'évidence. Une telle méthode est exclue de l'esprit tant de François Mitterrand que de Gaston Defferre et de Charles Hernu. Et il paraît de plus en plus clair que les nouvelles instances créées par le président ne nous rapprocheront pas d'une solution; au contraire, elles ont toutes chances de créer plus de difficultés et d'ambiguïtés. Certainement pour le court terme, vraisemblablement aussi pour le moyen terme.

Les opérations de neutralisation nous paraissent pouvoir avoir trois effets. Le premier et le plus immédiat est d'éliminer certaines des courroies de transmission en France ou dans les pays limitrophes. On peut espérer nos renseignements suffisamment pertinents pour toucher certains des éléments sensibles et donc perturber sérieusement et durablement le dispositif d'action ennemi qui a besoin, pour fonctionner, de l'infrastructure dormante de soutien.

Le deuxième effet est de délivrer un message ferme aux organisations terroristes, et en particulier à Abou Nidal. Nous exprimerons par là que nous sommes capables de frapper à notre tour, et de le faire par anticipation. Nous manifesterons notre capacité à prendre l'initiative, à nous montrer offensifs. Nous créerons dans les organisations terroristes un réflexe d'incertitude et de crainte. Elles vivront désormais sous la menace permanente et invisible d'une action brutale. L'inquiétude peut changer de camp. Nous nous débrouillerons évidemment pour leur faire comprendre en temps utile que c'est nous qui avons frappé et pour leur faire savoir que nous sommes prêts à recommencer.

Le troisième effet est plus général, plus profond. Nous sommes frappés par le fait que durant les années précédentes, les démocraties occidentales ont accumulé les gestes de faiblesse malgré la multiplication des actes terroristes. Pendant cette période, sur l'ensemble des pays de l'Ouest, plus de trois mille attentats ont entraîné près de dix mille victimes, tuées ou blessées. En 1981, une nouvelle vague a déferlé touchant plus de quatre-vingts pays. La France, un temps épargnée, est devenue un des points focaux avec l'attentat de la rue Copernic en 1980, puis la série de 1981 et 1982 culminant avec l'attentat de la rue des Rosiers. Et tout laisse supposer que nous allons rester un des points d'application préférés, à cause de notre implication au Liban, de notre soutien à l'Irak, de l'importance des communautés étrangères en France, notamment musulmanes, de notre réputation de terre d'accueil, de pays phare des droits de l'homme, dont la tradition d'hospitalité ouvre la porte à bien des abus.

Face à ces actes barbares, les gouvernements occidentaux ont fait preuve de faiblesse et de laxisme. La France a libéré et expulsé le terroriste Abou Daoud, pourtant recherché en RFA, en Israël. L'Autriche et la Grèce, pour ne citer que les principaux pays, ont fait de même. Si Israël est venu à bout des incursions palestiniennes qui avaient été très meurtrières dans les années soixante-dix c'est, comme le directeur général du Mossad me l'avait expliqué, grâce aux vigoureuses actions préventives qui avaient réussi à les éradiquer.

Il paraît indispensable de sortir de cette situation, de casser le cercle vicieux qu'elle constitue. Il faut que la France reprenne l'initiative, qu'elle inverse le sens de la dynamique. Seule une action dure le permettra. Seule elle provoquera un sursaut des dirigeants et de l'opinion publique.

Le risque est de provoquer un raidissement de l'adversaire, une radicalisation de son action. Mais on semble déjà partis pour une accentuation du terrorisme, même si nous ne faisons rien. Et nous pensons qu'il nous appartiendra de poursuivre l'offensive et, si nécessaire, de prendre de nouvelles initiatives pour contrôler les incursions de groupes terroristes, leur porter des coups et démanteler leurs infrastructures.

De plus, même si l'on ne retient pas d'aller jusqu'au bout dans la riposte violente, même si l'on envisage de dialoguer, il nous paraît indispensable qu'un tel processus soit engagé à partir d'une position de force et n'apparaisse pas comme la poursuite d'actes de faiblesse et d'abandon. L'exécution d'actions violentes ou même la menace de ces actions devrait conforter notre main. Nous ne pensons pas encore explicitement à une négociation mais l'idée germe.

Au cours de la réunion du 17 août, François Mitterrand a été très explicite. Il a déclaré que le terrorisme était l'ennemi numéro un, que nous devions engager contre lui une guerre. Si les mots ont un sens, c'est bien qu'il désire une réaction de force, qu'il ne recule pas devant l'affrontement. Ce que nous avons préparé est dans le droit fil de son discours. Certes, je n'ai pas oublié sa réponse en juillet 1981, lorsque j'étais venu le questionner sur les dossiers en cours que j'avais trouvés au SDECE, et en particulier sur un projet d'attentat contre Kadhafi. Mais on est clairement dans un tout autre cas de figure. Il ne s'agit pas d'un chef d'État, mais d'exécutants terroristes. Et d'ailleurs, je suis encouragé par ses réactions aux allusions que j'avais faites à des opérations offensives.

Je suis décidé à développer tous ces arguments devant François Mitterrand, en tête à tête. Je lui dirai la forme générale des opérations projetées et les précautions prises. Je me garderai par contre de lui donner des détails précis – nom des personnes visées, lieux des opérations, dates et heures prévues – car ils engageraient trop précisément le président. Il faut qu'il puisse ignorer les modalités, qu'il puisse ne pas faire le lien si l'action devenait publique; il serait temps alors que je lui en explicite les détails. S'il me les demande maintenant, je lui déconseillerai de les obtenir. Je lui dirai aussi que bien évidemment, si une difficulté se présentait dans l'exécution, si une bavure se produisait, il pourrait et même devrait m'en faire porter seul la responsabilité et s'en désolidariser complètement.

Je suis prêt à le rencontrer.

CHAPITRE 12

LES REFUS DE FRANÇOIS MITTERRAND

C'est avec ces considérations à l'esprit que j'entre dans le bureau du président que je n'ai pas revu depuis la réunion du 17 août. Il n'est manifestement pas de bonne humeur, le visage est tendu, la poignée de main froide, l'œil particulièrement distant. Je l'avertis que je ne souhaite lui parler que du terrorisme et des actions que j'ai à lui proposer.

Il me coupe avant que j'aille plus loin. Il a quelques phrases où il fustige l'absence de coopération et de résultats; il a été contraint de mettre en place de nouvelles instances en qui il a confiance pour progresser. Il me demande d'être bref.

Je suis pris de court. Je ne puis développer l'argumentation que j'avais préparée et espérais discuter avec lui. Je dois me borner à énumérer les progrès que nous avons faits, dans nos renseignements sur les organisations terroristes, en particulier sur Abou Nidal, et sur leurs réseaux de soutien en France et dans les pays limitrophes.

Son visage et le mouvement de ses mains trahissent une irritation mal contenue. Lorsque je lui propose la neutralisation des cinq agents de soutien en France, il refuse sans explication. Je suggère alors une intervention dans les pays limitrophes en soulignant qu'elle éviterait d'impliquer les autorités légales françaises. Il refuse de nouveau. L'entretien est terminé.

Je lui demande de me recevoir à nouveau sous quelques jours car j'aurai d'autres propositions à lui soumettre. Il en accepte le principe et me renvoie vers son secrétariat.

Je ne comprends pas complètement son attitude, mais il est

clair qu'il est très tendu sur cette question, peut-être même vis-à-vis de moi. Regrette-t-il que la DGSE prenne l'initiative alors qu'il vient de mettre en place un nouveau dispositif?

Lorsque je rapporte la réaction de Mitterrand aux hauts responsables de la DGSE qui m'assistent dans la conduite de l'opération anti-Abou Nidal, la stupéfaction le dispute à l'indignation. J'avoue que je partage ces sentiments. Que voulait dire le président le 17 août lorsqu'il jouait le va-t-en guerre contre le terrorisme? Si les mots ont un sens, les actions que je viens de lui proposer, et qu'il a refusées, participent bien de cette intention.

A quoi bon se perdre en conjectures? Avec ce qui vient de se passer au Liban, compte tenu du rôle qu'a joué à Beyrouth le détachement français au moment de l'évacuation de l'OLP, toutes les conditions sont réunies pour que la vague de terrorisme s'enfle et déferle à nouveau sur notre pays et ses citoyens. J'exclus de pouvoir faire revenir Mitterrand sur sa décision négative; le temps presse et je me dois d'imaginer d'urgence une autre proposition.

L'idée germe alors d'une opération à Beyrouth même. Justement, un de nos envoyés d'un niveau élevé vient de rentrer à Paris. Il peut nous décrire plus exactement les conditions sur place et les possibilités d'action. Il confirme la détection dans deux immeubles de Beyrouth d'un état-major et d'une école de formation terroristes.

Nous ne sommes pas certains que le premier soit lié au groupe Abou Nidal, mais il semble actuellement opérationnel. Quant au second, il a fonctionné dans la préparation et l'entraînement de terroristes de diverses obédiences; nos indicateurs pensent que des agents du groupe Abou Nidal y sont passés récemment; mais son activité n'est pas permanente et il existe des temps morts entre les stages.

Les responsables de la division Action sont partagés. Certains estiment qu'une opération contre l'un, l'autre ou les deux est possible par destruction à l'explosif du bâtiment; mais dans l'état d'anarchie où se trouve Beyrouth, il n'est pas certain que la DGSE soit directement créditée de son exécution. Une opération type commando punitif est difficile à monter et très risquée. D'ailleurs toute intervention à Beyrouth comporte de très sérieux risques, soit directs pendant l'exécution, soit indirects car nous ne sommes pas sûrs que certains de nos agents n'aient pas été détectés par nos adversaires. Il faut encore envisager des représailles contre les intérêts français, contre l'ambassade et son personnel, contre nos concitoyens sur place qui peuvent être agressés ou pris en otages. Nous risquons de mettre le doigt dans un engrenage dont nous ne serons pas maîtres, et nous ne sommes pas certains de disposer des moyens pour faire face à une escalade.

Malgré ces difficultés et ces risques, les responsables Action se déclarent prêts à exécuter les interventions contre l'une ou l'autre cible sous les deux formes envisagées. Les autres responsables DGSE qui m'assistent sont plus réservés, mais n'émettent pas d'objection catégorique. Il est décidé de dépêcher sans délai à Beyrouth deux membres de l'état-major de la division, pour confirmer la faisabilité et étudier minutieusement les modalités. Nous n'aurons toutefois pas la possibilité ni le temps de prendre les mêmes précautions que pour les actions envisagées en Europe. Si la décision est prise, l'équipe d'intervention sera renforcée. Elle limitera au maximum son séjour sur place, de manière à réduire les risques de détection.

Les opérations à Beyrouth n'auraient pas du tout la même signification que celles en Europe. Elles ne contribueraient pas à la désorganisation de l'infrastructure de soutien, ni à la coupure espérée des filières. Elles ne délivreraient un avertissement ferme que si l'implication de la DGSE était sans ambiguïté, avec les risques d'escalade à Beyrouth que cela comporterait. Elles manifesteraient alors notre détermination et traduiraient notre volonté de passer désormais à une dynamique d'affrontement et d'initiative.

Plus encore que dans la stratégie précédente, il faut disposer d'un deuxième volet à proposer au président dans le cas où il refuserait aussi les actions à Beyrouth. Et ce volet ne peut désormais être qu'une négociation, non avec l'organisation terroriste, ce que j'ai exclu d'emblée, mais avec le pouvoir d'État qui soutient Abou Nidal, c'est-à-dire le pouvoir syrien. Cette voie me paraît être un dernier ressort, bien qu'elle existât déjà en filigrane dans notre approche d'origine.

Mais ce qui diffère radicalement des approches précédemment employées dans les années soixante-dix – et également de celles que nous verrons se développer dans les années ultérieures – c'est que nous aborderons la négociation en position de force. Ce qui est aberrant dans les négociations engagées par ailleurs, c'est que nous nous présentons en demandeurs avec des contreparties soit honteuses, soit dangereuses, comme l'engagement de libérer des hommes condamnés par la justice française, le paiement de rançons ou, pire, la livraison d'armes.

Pour la négociation que j'envisage, il n'y a aucun doute sur la façon de la mener. Il faut faire comprendre tranquillement mais fermement que nous sommes déterminés à l'affrontement si nécessaire, et que nous disposons des renseignements et des moyens pour en prendre l'initiative. Si nous savons que telle n'est pas la volonté du président, notre interlocuteur lui ne le saura pas. Et nous pouvons nous débrouiller pour le convaincre sans ambiguïté de notre fermeté et de notre détermination par l'attitude que nous adopterons et par l'affirmation que nous savons où et comment frapper.

De plus, certains renseignements suggèrent qu'une partie de la direction politique syrienne souhaiterait reprendre contact avec des responsables français. Et puis, un dernier élément paraît important : même lorsque Abou Nidal était commandité par l'Irak, il s'appuyait, pour la logistique de ses interventions en Europe, sur l'infrastructure de soutien manipulée par les Services Secrets syriens, considérée comme plus fiable et plus efficace que les autres.

Reste à déterminer quels seraient dans cette hypothèse les interlocuteurs. La négociation doit avoir un caractère totalement secret; elle doit être entourée dans sa préparation et son déroulement de précautions telles qu'aucune fuite ne soit possible. Ces conditions désignent clairement la personne de l'autre côté – ce ne peut être que le chef des Services Secrets syriens qui est de plus, selon toute vraisemblance, le manipulateur des organisations terroristes soutenues par son pays. Et de notre côté, dans ces conditions, la négociation ne peut être menée que par moi-même.

Le chef des Services Secrets syriens est Rifaat al-Assad, frère du président Hafez al-Assad; il est un interlocuteur valable. Il compte parmi les hommes forts du régime alaouite de Damas.

D'après nos renseignements, il dispose d'une large marge d'autonomie et est donc en position, sinon de prendre la décision lui-même, du moins de peser d'un grand poids. Nous savons que c'est un homme dur, brutal. Il a brisé le soulèvement de la ville de Hamma, en Syrie, au prix de plus de dix mille victimes, tuées à bout portant ou sous les chenilles de ses chars. Il a certainement été à l'origine d'actions terroristes cruelles. C'est véritablement un dur des durs.

Mais il a des points faibles. Il a une maladie des yeux et est suivi par un médecin ophtalmo de Bordeaux. Il aime aussi que sa famille séjourne en France, en particulier sur la Côte d'Azur. Il est, semble-t-il, sensible à l'existence de liens historiques entre Damas et Paris, dont il se prévaut auprès de relations qu'il a en France. Il a des intérêts financiers chez nous. Certains renseignements nous font penser qu'il participe à, et profite, des trafics de drogues. Un de ses beaux-pères – car il a plusieurs femmes – s'occupe de ses intérêts en France ; d'après nos informations, il parlerait un excellent français et serait même attaché à notre culture. Et puis certains renseignements nous inclinent à penser qu'il est, parmi les dirigeants syriens, un de ceux favorables à la recherche d'un rapprochement avec notre pays.

Comment, toutefois, organiser une rencontre ? Nous n'avons aucune relation avec les Services Secrets syriens. Il est hors de question que nous puissions confier à un tiers, même responsable d'un Service Secret, la responsabilité du premier contact : nous courrions un risque trop important de fuite qui pourrait tuer dans l'œuf l'initiative. Si cette solution est retenue, il faudra trouver une approche directe, ce qui est particulièrement difficile. Je n'ai *a priori* pas d'idée précise ; mais au cours de la réunion où nous en discutons, mon regard s'arrête un moment sur mon chargé de mission...

Resterait à arrêter les termes de la négociation. Pour moi, ils ne font pas de doute : l'engagement de Rifaat al-Assad de mettre terme aux actions terroristes de ses protégés contre des citoyens ou des intérêts français, et en France. Faute de quoi la DGSE frappera les cibles qu'elle a déterminées. Je sais qu'en agissant ainsi, je m'écarte d'un credo que je considère comme très important : la solidarité indispensable entre Occidentaux face au terrorisme. Mais il faut se rendre ici à l'évidence : nous n'avons ni le choix, ni le temps. Et malheureusement nous avons eu, au cours des dernières années, un certain nombre d'exemples de pays tirant leur épingle du jeu tout seuls. De plus, il n'est pas douteux que la France est en première ligne, qu'elle est actuellement visée après Israël.

Ma décision est prise. Je dois proposer à Mitterrand une solution à deux volets : l'intervention de force à Beyrouth et la négociation avec Rifaat. Il ne pourra pas se dérober; il devra accepter l'une ou l'autre.

Je fais du forcing sur De Grossouvre pour obtenir d'urgence une audience. La réponse arrive rapidement. Ce sera mon deuxième entretien en tête à tête avec le président depuis l'attentat de la rue des Rosiers.

J'attends quelque temps dans l'antichambre au premier étage de l'Élysée. Curieusement, c'est aussi un lieu de passage vers d'autres bureaux, y compris les secrétariats. Jacques Attali, qui passe par là, vient s'asseoir à côté de moi et engage la conversation; j'aurais préféré rester seul pour me concentrer. Mais il veut manifestement savoir ce qui se trame. Il me demande où en sont mes discussions avec Issam Sartaoui. J'ai du mal à éviter qu'il ne m'interroge plus profondément sur les actions en cours. Enfin l'huissier à chaîne vient me chercher et m'introduit dans le cabinet présidentiel.

Au premier coup d'œil, je me rends compte que la pression n'a pas baissé depuis le dernier entretien. Le visage est toujours fermé, l'œil peu amène, les paupières battent plus rapidement qu'à l'ordinaire. Il me demande d'un air brusque pourquoi j'ai sollicité une audience urgente.

Je lui réponds que la situation me paraît exiger plus que jamais une action sans délai contre les menaces terroristes. Son visage se raidit. Lorsque je lui dis que nous avons réexaminé les possibilités d'action de la DGSE à la suite de son refus d'opérations de neutralisation en France et dans les pays limitrophes, la tension monte d'un cran.

Mais c'est lorsque j'articule la proposition d'une intervention punitive d'avertissement sur les deux objectifs à Beyrouth que l'énervement atteint son paroxysme. Pendant un long silence, la main droite tapote le bureau de façon saccadée.

Puis : « Non, je ne vous autorise à tuer que Carlos et Abou Nidal. »

C'est à mon tour d'être surpris. Tiens, il n'est plus contre les éliminations physiques ! Mais est-il réellement sérieux ou ne s'agit-il pas plutôt d'une dérobade ? Je penche plutôt pour la seconde explication, malgré la fixation sur Carlos, inspirée par Defferre. Je réponds après un court silence :

« Monsieur le Président, vous lancez le bouchon trop loin. Carlos est dans une forteresse en Tchécoslovaquie. Quant à Abou Nidal, il était encore récemment dans un camp retranché en Irak ; d'après nos renseignements, il vient de passer avec armes et bagages en Syrie où il doit bénéficier d'une protection au moins aussi efficace. Nous ne pouvons les atteindre. »

J'ai l'ouverture pour introduire le second volet de mon plan :

« Puisque vous ne souhaitez pas d'action de force contre les organisations terroristes, je vous propose de m'autoriser à négocier avec l'État qui commandite Abou Nidal, c'est-à-dire la Syrie. Je le ferai par l'intermédiaire du chef des Services Secrets syriens Rifaat al-Assad ; c'est le frère du président. Il est certainement celui qui manipule les terroristes. Et il semble bénéficier d'une position d'autorité et d'une grande autonomie de décision dans l'appareil d'État alaouite. Si vous m'y autorisez, je puis essayer de le rencontrer rapidement et je tenterai d'obtenir qu'il empêche Abou Nidal d'intervenir contre des personnes ou des biens français, ainsi que sur notre territoire. »

Un long silence. L'énervement fait place à la surprise. Il ne s'attendait pas à cette proposition, bien que je l'aie déjà mentionnée au moins deux fois devant lui, notamment au cours de la grande réunion du 17 août qui faisait suite à l'attentat de la rue des Rosiers. A mon étonnement, il ne me demande pas comment je compte m'y prendre, avec quels arguments ou avec quelles contreparties j'envisage de mener la négociation. Et la réponse tombe en même temps que la tension : « Bien, monsieur Marion. Je vous autorise à négocier avec les Syriens. Mais faites vite. »

Le président me raccompagne à la porte de son bureau. J'ai le temps de lui parler du projet de rencontre avec Arafat. Il me donne son accord. Il est devenu subitement aimable. Est-ce parce que la voie que je lui suggère lui paraît de nature à désamorcer la crise et les menaces? Est-ce au contraire parce qu'il pense m'avoir piégé en autorisant ce qu'il considère peut-être comme une mission impossible puisqu'il ne m'a donné aucun « biscuit », que je ne lui ai rien réclamé? Avec lui, on ne sait jamais à quoi s'en tenir.

Enfin, j'ai obtenu ce que je désirais. Nous allons enfin pouvoir tenter quelque chose. Toute la préparation que nous menons depuis presque un an va pouvoir servir. Je ne puis m'empêcher d'esquisser un sourire pendant que je traverse le bureau d'Attali qui observe du coin de l'œil d'un air interrogateur.

Dans la voiture qui m'amène à la DGSE, ma satisfaction s'estompe. Il faut d'abord que nous réussissions à entrer en contact avec Rifaat. Et puis j'aborde cette opération avec le minimum de munitions. Enfin, nous verrons bien. En tout cas, au fur et à mesure que la voiture se rapproche du boulevard Mortier, la réponse à la première question se précise. Je vais envoyer en mission secrète à Damas sous une fausse identité civile mon chargé de mission. Il m'a dit qu'il connaissait le pays, qu'il y avait même quelques relations nouées dans une de ses campagnes, je ne sais plus si c'est en Indochine ou en Algérie.

J'ai la plus grande confiance dans cet officier supérieur fait prisonnier à Diên Biên Phu et qui a subi les camps de lavage de cerveau viêt-minh. Il est habile et persévérant. Il a une bonne dialectique et une certaine puissance de persuasion. Je l'ai immergé dès le début dans l'opération contre-terrorisme à laquelle il était préparé puisqu'en juin 1981 il supervisait à la fois le contre-espionnage et la sécurité, avant que je ne les sépare et que je le nomme chargé de mission à l'état-major. Tout au long de nos discussions, il s'est montré vivement déterminé et m'a constamment appuyé pour la recherche de solutions, même difficiles et dangereuses.

Je le convoque dans mon bureau sitôt arrivé. Je lui annonce l'autorisation du président pour la négociation après qu'il eut refusé l'opération à Beyrouth. Je lui dis que maintenant la clef est dans la prise de contacts directe avec Rifaat. Je lui demande d'accepter à cet effet de se rendre à Damas sans délai sous une fausse identité. Je souhaite que l'affaire soit entourée du niveau le plus élevé de secret : il ne pourra donc s'appuyer sur aucun organe officiel, ambassade ou autre. Il devra s'arranger pour entrer en contact avec Rifaat et lui proposer une rencontre avec moi dans les plus brefs délais.

Après quelques instants de réflexion, il accepte. Je lui demande de prendre ses dispositions pour partir le plus rapidement possible ; il devra le faire de telle manière que personne ne connaisse sa destination et l'objet de sa mission ; je me réserve de n'en informer que le directeur de la division Contre-espionnage.

De mon côté, je ne veux rien changer à mon emploi du temps qui prévoit dans l'après-midi deux réunions internes sur d'autres sujets et des audiences à des chefs de poste de passage à Paris. Je dois aussi me rendre dans la soirée à Bonn, où je vais dîner avec l'ambassadeur chez qui je séjournerai la nuit ; le lendemain, nous devons nous rendre ensemble à Berlin pour régler un différend avec la DST.

Mes rendez-vous à la Centrale terminés, je prends au fort de Noisy notre hélicoptère. Il rallie Villacoublay, où j'embarque légèrement en retard sur le Mystère 20 qui m'amène à Bonn. Tout au long de la soirée, l'ambassadeur a dû me trouver un air distrait.

Le lendemain, il m'aide à régler le différend avec la DST au cours d'une réunion désagréable et tendue, tenue au quartier Napoléon où siège l'état-major du détachement français. Quel pitoyable spectacle que celui des empoignades entre deux organismes français de sécurité, alors que la situation internationale exigerait entre eux une collaboration totale et confiante !

CHAPITRE 13

NÉGOCIATION AVEC LES SYRIENS

La semaine suivante s'écoule dans l'attente. Je n'ai rien modifié au programme prévu. Je rencontre De Grossouvre à trois reprises, mais il ne me parle de rien. Les rendez-vous du mardi soir à l'Élysée se tiennent comme à l'ordinaire; il y est notamment question de terrorisme, sans plus.

La réunion dans le bureau de Defferre ronronne autour des thèmes connus; Franceschi dit quelques mots pour montrer qu'il est présent; Prouteau est l'objet de nombreux regards en coin et de quelques allusions à l'affaire des Irlandais; il raidit encore un petit peu son buste tendu surmonté d'un visage curieusement immobile, ce qu'accentue encore la cicatrice autour de l'œil; on n'entend jamais le son de sa voix.

Je reçois l'ambassadeur d'Irak qui m'avait demandé rendez-vous il y a quelque temps; cela fait partie des tentatives qu'il fait périodiquement auprès de moi pour m'attirer dans le camp des pro-irakiens. Il n'a pas beaucoup de succès, d'autant qu'il est particulièrement « brut de fonderie » et qu'il ne s'embarrasse pas de circonlocutions; comment peut-il avoir autant de succès dans certains milieux parisiens? Comment le régime de Saddam Hussein a-t-il pu s'attirer autant de sympathies même à des niveaux élevés du gouvernement et des administrations?

Sans nouvelles de mon chargé de mission comme l'exigeait la nature secrète de son déplacement à Damas, je commence toutefois à m'impatienter, d'autant que je dois me rendre à Rome jeudi soir. Je n'ai pas voulu annuler une visite à mes homologues des services italiens qui était prévue de longue date ; j'y aurai droit à un grand cirque sécuritaire avec déploiement d'une nuée de carabinieri chaque fois que je descendrai de voiture. Au moins je ne passerai pas inaperçu !

Et puis, jeudi matin on m'annonce, curieusement juste au moment de recevoir l'ambassadeur d'Irak, que le chargé de mission est de retour. Je le vois immédiatement après que j'ai terminé. La moisson est excellente. Il a réussi au bout de trois jours d'approches difficiles à voir Rifaat al-Assad en personne, qui a accepté de me rencontrer sans délai ; l'entretien a été bref, mais l'impression qu'il en a retirée est plutôt positive ; l'homme n'a pas essayé de se dérober ; il avait l'air désireux de renouer avec un responsable français. Il a proposé un délai particulièrement court puisque la rencontre a été prévue la semaine prochaine, et de plus en France. Nous ne pouvons déterminer si c'est dans le cadre d'un voyage qu'il avait déjà prévu de faire – c'est ce qu'il a déclaré – ou s'il vient expressément pour me rencontrer. Il a été convenu d'un contact à Paris avec l'ambassadeur de Syrie, dont Riffat se dit sûr à cent pour cent, pour arrêter les modalités du rendez-vous ; je donne carte blanche au chargé de mission pour qu'il les discute avec lui.

A mon retour de Rome et de Venise le dimanche soir, je trouve le chargé de mission à Villacoublay. Le rendez-vous est fixé le lendemain à 19 heures dans une propriété en bordure du golf de Saint-Nom-la-Bretèche appartenant au prince Abdallah d'Arabie Saoudite. Rifaat y réside pendant son bref séjour dans la région parisienne. Il y a un petit hic : il met comme condition que je vienne sans protection ! Nous avons dû accepter, sur son insistance, que je reçoive l'ambassadeur de Syrie le lendemain matin pour arrêter les derniers détails ; je n'aime pas trop qu'il se montre à la DGSE, mais je n'ai pas le choix.

Dès potron-minet le lundi, je tiens une courte réunion préparatoire à la DGSE pour convenir des éléments dont j'aurai besoin pour la rencontre et que j'examinerai à une deuxième réunion à 16 heures ; le cercle des personnes informées s'en trouve légèrement agrandi avec l'inclusion du directeur du Renseignement et du chef de secteur arabe. Il ressort de la discussion que certains indices dont nous disposons confortent bien l'impression que la direction syrienne, du moins une partie, souhaite renouer avec des responsables français ; elle aurait été piquée au vif par l'expulsion des deux diplomates et les déclarations de Defferre après l'attentat de la rue Marbeuf; mais certains de ses membres souhaiteraient clarifier ce qu'ils pensent être un malentendu, et rechercher le dialogue.

Je discute rapidement avec le chargé de mission et le chef de la subdivision Sécurité la question de ma protection. Il m'est désagréable d'avoir à accepter la condition posée par Rifaat, alors que nous nous trouvons en territoire français; mais je ne veux pas faire échouer l'opération sur une question de préséance. En ce qui concerne ma sécurité, le seul risque très peu vraisemblable serait une tentative d'enlèvement; il est finalement décidé que la propriété sera sous la garde à distance d'agents DGSE postés à des endroits permettant l'observation des accès et, si possible, de l'intérieur du domaine. Puis à 10 heures, on introduit l'ambassadeur de Syrie, que je n'avais jamais rencontré auparavant. C'est un homme un peu fort, au visage ouvert; il parle un français parfait, contrairement à l'Irakien avec qui je n'ai pu converser qu'en anglais; il s'exprime avec aisance et de manière châtiée. Je suis amusé par les yeux effrayés qu'il roule en me regardant et en jetant un regard tout autour de mon bureau tandis que je le prie de s'asseoir sur le grand canapé d'angle de la partie salon; il est manifestement impressionné, et lorsqu'il parle de Rifaat – qu'il qualifie constamment de « Son Excellence » – il exsude une crainte révérentielle qui confirme bien la puissance et la place de ce dernier dans la machine gouvernementale syrienne.

L'entretien est court; il n'est venu que pour régler quelques détails matériels. Lorsque je lui dis que je viendrai sans ma protection rapprochée, il ne peut s'empêcher de montrer un grand soulagement; il donne l'impression que le ciel lui serait tombé sur la tête si j'avais refusé.

Le soir, me voilà donc parti dans la verte campagne d'Ile-de-France pour le rendez-vous de 19 heures; il fait très beau mais les jours raccourcissent vite. A un passage à niveau, à deux kilomètres environ de la propriété, nous nous arrêtons; la voiture d'escorte qui ne me quitte jamais restera là avec son chauffeur et ses trois gardes du corps, auxquels se joint le quatrième qui est toujours dans ma voiture devant. Je repars seul avec mon chauffeur.

Nous ralentissons près de l'entrée de la propriété; nous nous arrêtons même, et quelle n'est pas ma surprise de constater qu'elle est étroitement gardée par un rideau d'hommes mitraillettes au poing dont l'un jette un coup d'œil dans la voiture. Puis nous entrons lentement dans une grande cour pavée, entourée de trois luxueux batiments.

Deux hommes se tiennent au centre; nous nous arrêtons auprès d'eux; je reconnais Rifaat qui s'avance vers moi avec un sourire un peu contraint; je le croyais plus grand. Le deuxième homme qui s'exprime dans un excellent français se présente comme le beau-père, celui sur lequel on m'a « briefé ».

Ils m'entraînent dans le bâtiment de droite et nous pénétrons dans l'entrée, dans un salon, meublé sans goût et de manière hétéroclite. Nous nous asseyons dans trois fauteuils en triangle curieusement inconfortables.

Je remercie Rifaat d'avoir accepté de me rencontrer. J'ai souhaité le voir personnellement pour discuter du terrorisme qui a encore frappé la France récemment. Je pense qu'il est susceptible de nous aider à y trouver une solution. J'attends de lui qu'il accepte d'en discuter en toute franchise.

Pendant que le beau-père traduit, j'observe le visage de Rifaat. Il n'est pas beau, mais il n'est pas laid non plus; il donne curieusement l'impression d'être... dissymétrique ou inachevé. Le profil est nettement celui d'un prédateur. Les yeux sont vifs et constamment en mouvement; ils expriment la cruauté sans remords de conscience. J'observe aussi ses mains qui s'agitent pendant qu'il écoute la traduction: elles seront nerveuses et meurtrières quand il parlera.

Sitôt la traduction terminée, le rapace se déchaîne. Je ne sais pas encore ce qu'il dit, mais il le dit avec une grande véhémence; je dois attendre la traduction pour savoir ce qu'il exprime. Quant au beau-père, il ressemble à ce que l'on appelle en Provence *lou ravi*; plus petit que Rifaat, il tient son menton très relevé et a sur le visage une expression constamment étonnée. Il parle un français remarquable, traduit sans hésitation; il donne même par moments une explication de texte en français pour expliciter la pensée du bon maître. Son gendre est manifestement le bon Dieu pour lui.

Je commence alors à subir un discours étonnant. D'abord,

Rifaat relève mon allusion au parallélisme de nos situations à la tête des Services Secrets; non, lui il est homme d'État. Il me précise qu'il faut l'appeler « Excellence » (s'il n'y a que cela pour lui faire plaisir!). Il a une place éminente dans l'appareil gouvernemental syrien; à l'entendre, il est le numéro deux du régime après son frère. Ensuite, il n'a rien à faire avec le terrorisme; ceux qui le pensent ou qui le disent se trompent. Il s'occupe des affaires de l'État, des questions de sécurité certes, mais aussi d'autres très importantes. Un ange passe... je pense aux onze mille sacrifiés d'Hamma broyés sous les chenilles de ses tanks. D'ailleurs la Syrie ne soutient pas, contrairement à ce que l'on dit, de mouvements terroristes; elle n'en héberge pas, elle n'appuie pas leurs actions dans d'autres pays.

Puis la France intervient au Liban contre les intérêts des Syriens et de leurs protégés. Pourquoi nous intéressons-nous tant à ce pays qui fait partie du monde arabe, et de la zone d'influence de Damas? La France soutient aussi par de nombreuses livraisons d'armes le régime de Saddam Hussein, certes engagé dans une guerre avec l'Iran chiite, mais qui est aussi ennemi de la Syrie; nous entretenons avec lui des relations intimes dont nous risquons un jour d'avoir à nous repentir. En tout cas, il n'existe à aucun degré d'équilibre dans nos relations avec la Syrie dont on sait l'antagonisme sourd qui l'oppose à l'Irak.

Enfin, et c'est là qu'il est le plus véhément, il ressent vivement les attaques menées contre lui dans la presse française; on le vilipende, on le traite de chef terroriste, ce qu'il dénie avec la dernière énergie. Pourquoi le gouvernement français laisse-t-il dire? Pourquoi n'intervient-il pas pour faire cesser cette campagne mensongère?

Le beau-père suit de son mieux la lave brûlante du discours; parfois il se laisse emporter par la passion et reprend les accents d'indignation outragée du gendre. Chaque fois que j'interviens, le flot reprend de plus belle, s'amplifie, rebondit. J'ai droit ainsi aux mêmes arguments, aux mêmes véhémences pendant trois heures d'horloge, avec quelques rares variations. Rifaat n'a rien de l'intellectuel. Il conceptualise mal et se répète. Mais il est malin et essaie au fil du discours de trouver les meilleures expressions pour m'impressionner.

Je m'installe pour l'instant dans cette position de voyeur; le spectacle a même des côtés fascinants. Je dois me nourrir des zakouskis et des amandes accompagnant un whisky, qu'un serviteur tremblant vient renouveler. J'interviens de temps en temps, mais c'est pour faire repartir la machine. Je me rends compte toutefois que le discours se délite, que la véhémence s'émousse; l'homme se fatigue à se répéter; j'ai même l'impression qu'il croit de moins en moins à ce qu'il profère. Il cherche à déterminer l'effet que le discours a sur moi; mais je reste d'un marbre vaguement souriant; j'ai le sentiment par moments que cela l'énerve et le décontenance.

J'en profite alors pour inverser lentement le sens du flot. Je subis au début quelques interruptions, mais petit à petit le taureau s'apaise, les banderilles pénètrent de plus en plus profondément.

Je commence par lui expliquer – ce qu'il devrait savoir lui dis-je – que la France est un pays démocratique où, contrairement à d'autres, la presse est libre d'imprimer ce qu'elle pense vrai. Le gouvernement n'a rien à y dire et ne pourra rien y faire. S'il veut que les attaques cessent, il faut agir à la racine, c'est-à-dire sur les faits mêmes qui provoquent ces commentaires. J'essuie quelques grognements mais le message passe.

Ensuite, la France a des relations historiques avec la région, au Liban principalement, mais aussi en Syrie où elle a exercé un mandat et laissé une influence directe en particulier au plan culturel – clin d'œil au beau-père – même si cela ne s'est pas toujours bien terminé. En Irak, la France soutient un pays qui endigue la montée dangereuse de l'intégrisme chiite iranien; il devrait comprendre mieux que tout autre l'intérêt qu'aucun des deux belligérants ne sorte renforcé du conflit sous peine de menacer le régime minoritaire alaouite en Syrie. Il me lance un regard vengeur, mais ne réagit pas.

J'évoque la possibilité de certains malentendus qui ont pu altérer les relations entre la France et la Syrie. Un geste de bonne volonté, notamment sur le terrorisme, pourrait être de nature à faciliter une reprise de dialogue; sa réaction manifeste l'intérêt.

Il serait naturellement fort regrettable que certaines actions, terroristes en particulier, provoquent une tension entre la France et la Syrie – il ne réagit pas trop. Nous devrions par exemple prendre des mesures restreignant les voyages et les séjours en France, soumettre certains de nos hôtes, et leurs intérêts, à des contrôles plus stricts – il s'agite un peu mais il comprend ce que je veux lui faire entendre.

J'en viens enfin à la partie la plus délicate, celle qui nous amène aujourd'hui face à face : ses relations avec le terrorisme qu'il ne veut pas reconnaître. Je commence avec précaution, avant de développer petit à petit ma démonstration. Nous disposons d'un bon réseau de renseignements avec des gens placés même près des niveaux de décision. Notre religion est fermement établie sur les relations existant entre les mouvements terroristes et les États qui les supportent. Je puis lui révéler que nous avons des informations assez précises sur les réseaux de soutien dont ils bénéficient en France et en Europe; certains impliquent même des organes étroitements liés aux États commanditaires.

Je ne cite à aucun moment la Syrie; ce n'est pas la peine de provoquer un nouveau flot de récriminations; il sera temps que j'y vienne plus tard car, vu l'heure avancée, nous ne terminerons pas aujourd'hui. A son agitation sur le siège, je devine qu'il voit où je veux en venir.

Je lâche enfin ma dernière salve. Si la vague d'attentats se prolongeait, nous n'aurions pas d'autre alternative que de réagir en frappant les organisations et les personnes que nous avons détectées. Et nous devrions le faire par anticipation sans attendre de subir de nouvelles atteintes à nos citoyens ou à nos intérêts. Je lis sur son visage la surprise; il ne s'attendait pas à cela; tous ces gens n'ont pas suffisamment entendu de la part d'une démocratie un langage musclé. Quant au beau-père, sa traduction se fait petit à petit plus saccadée et le visage trahit de plus en plus la consternation.

Je termine en lui disant que nous ne pourrons conclure ce soir. Je lui propose donc que nous nous revoyons très rapidement. Il se fait apporter son agenda. Pourquoi ne reviendrai-je pas trois jours plus tard? Nous pourrions prendre tous les trois ensemble un bon dîner damasquin. J'accepte le rendez-vous qui est fixé à 20 heures.

Je me lève pour prendre congé. Il est minuit passé. Je tends la main à Rifaat. A ma vive surprise, il s'avance vers moi et me donne l'accolade arabe! Puis les deux hommes me raccompagnent jusqu'à ma voiture; avant que je n'y monte, Rifaat me donne une deuxième accolade!

Je me retrouve seul dans la nuit avec mon chauffeur et mes pensées. Nous repassons la haie des hommes armés, puis rejoignons la voiture d'escorte, toujours stationnée à deux kilomètres. Les instructions sont données par radio de débander le dispositif de protection lointaine. J'ai le sentiment que le plus dur est fait.

La nuit sera courte. Je dois être demain à 8 heures à Villacoublay pour y prendre un Mystère 20 qui m'amènera à Tunis où j'ai rendez-vous avec Yasser Arafat.

Car à la suite de l'accord de François Mitterrand, j'avais convenu, *via* Issam Sartaoui, d'un rendez-vous avec le chef de l'OLP avant que ne soit retenu celui avec Rifaat. Et le sort a voulu que cette rencontre soit fixée exactement entre les deux entretiens avec le Syrien. Cette coïncidence va me servir, car je vais pouvoir vérifier certains points auprès du chef palestinien.

A l'arrivée à l'aéroport de Tunis, je suis pris en charge par Issam Sartaoui qui m'attend au pied de l'avion. Il m'amène directement, par une route qui évite de traverser la capitale, jusqu'au camp de l'OLP, situé à une vingtaine de kilomètres. Je suis accompagné du colonel chef du secteur arabe; nous n'avons pas de protection. La voiture est un peu brinquebalante, et Sartaoui conduit sans ménagement.

Arrivés au camp solidement gardé, nous entrons dans un complexe de bâtiments assez délabrés; la cour où nous laissons la voiture est bourrée de matériel en désordre. Nous ne voyons presque personne, même dans l'escalier et les couloirs que nous traversons; juste quelques hommes en armes de loin en loin; on ne nous arrête qu'une seule fois pour vérifier notre identité : ou bien Issam Sartaoui est très connu ou bien, ce qui paraît plus vraisemblable, c'est la pagaille.

Nous sommes introduits au bout du couloir dans une pièce

meublée à la diable, avec un bureau et quelques fauteuils type Ronéo ainsi qu'un vieux canapé tout déchiré sur lequel je m'assieds. Au bout de quelques minutes, la porte du fond s'ouvre et Yasser Arafat paraît; il porte sa tenue coutumière, sans le keffieh, le pistolet au côté. Il est accompagné d'un homme également armé qui restera silencieux.

Issam Sartaoui parle le premier: il rappelle nos contacts à Paris et souligne que nous pouvons avoir certains objectifs de sécurité convergents qui justifient l'analyse des possibilités de coopération en matière de renseignements. Arafat parle après lui dans un excellent anglais que nous utiliserons pendant tout l'entretien. Il veut se montrer chaleureux. Il a des mots sympathiques pour Mitterrand et Cheysson, et exprime sa gratitude à la France pour son action au moment de l'évacuation de Beyrouth par l'OLP.

Je l'observe pendant qu'il parle, ses traits sont bien ceux qu'ont popularisés les médias, avec la barbe non rasée. Mais ce qui frappe le plus, ce sont les yeux mouillés, tendres, presque implorants; à les regarder sans savoir qui il est et ce qu'il a fait, on se sentirait ému devant tellement de détresse...! Mais la dureté de la parole trahit la commisération des yeux. Et le rapprochement des deux souligne bien l'ambivalence du personnage, capable de faire pratiquer le terrorisme aveugle, et en même temps de tenir des discours pacifiques et apaisants. On comprend presque physiquement comment il a pu déjouer depuis si longtemps tous les complots dirigés contre lui, comment il peut évoluer sans arrêt entre des modérés, type Sartaoui, et des radicaux, type Hawatmé.

Ce qui surprend aussi c'est le calme et la maîtrise qu'il affiche. Quand on pense que cet homme n'a échappé que quelques semaines plus tôt à l'étau israélien qui se refermait sur lui! Quand on pense aussi quels trésors d'habileté, de cynisme et d'énergie il a dû dépenser pour rester à la tête d'une organisation déchirée et divisée! Quand on pense aux nombreux attentats auxquels il a échappé, mais aussi à ceux qu'il a ordonnés ou couverts!

Arafat déclare qu'effectivement, le Fatah est soumis à des menaces émanant de groupes qui s'en prennent aussi aux intérêts français. Il est donc prêt à faire analyser quelle coopération serait possible.

Je me suis préparé à lui répondre de manière très prudente. Il ne peut être question que les Services Secrets français s'engagent dans une collaboration poussée. Trop de choses nous séparent de l'OLP dans les objectifs et les méthodes. De plus, l'OLP a certainement bon nombre de ses relations ou de ses actions qui ne coïncident pas avec les intérêts français, et il en est de même pour nous. La DGSE entretient avec un certain nombre de Services Secrets des relations de coopération qu'il n'est pas question d'hypothéquer; j'ai le sentiment qu'il comprend bien que je fais allusion à Israël et au Mossad, mais aussi aux pays arabes modérés.

Ceci dit, on peut penser qu'il existe quelques domaines, en particulier concernant le terrorisme, où des échanges de renseignements pourraient être *mutually beneficial*. Ces domaines doivent être soigneusement déterminés et des échanges *ad hoc* peuvent être envisagés. Je lui demande de m'éclairer sur ce qu'il a à l'esprit pour que je puisse mieux réfléchir à la faisabilité; cette question constitue aujourd'hui mon objectif principal : j'estime vérifier auprès de lui certains points, en particulier sur Abou Nidal.

Arafat commence à se découvrir un peu. Ses confidences n'iront pas loin. Mais il lâche les noms d'Abou Nidal et de la Syrie, pour laquelle il a quelques mots sévères; c'est l'essentiel de ce que je voulais entendre aujourd'hui. Et il reconnaît qu'il existe de part et d'autre des contraintes qui limitent le champ de la coopération. Il souhaite que je rencontre Abou Iyad qui est directement chargé auprès de lui des questions de sécurité et de renseignement; celui-ci, qui est à Tunis, a été prévenu et nous attend. Je lui réponds que je suis prêt à faire le détour pour lui serrer la main, mais je ne pourrai pas – compte tenu de mon emploi du temps – engager aujourd'hui une discussion avec lui.

L'entretien est terminé. Arafat toujours souriant s'éclipse par la porte du fond comme il est arrivé. Nous repartons par le même chemin qui nous a amenés; toujours quelques hommes en armes de loin en loin.

Dans la voiture qui nous ramène à Tunis, Sartaoui, tout en conduisant, se dit satisfait de l'entretien. Il espère voir s'établir rapidement cette coopération. Il en a manifestement une conception plus ouverte que son chef. Je l'interroge à nouveau sur la Syrie ; il estime qu'elle constitue la menace la plus importante, et qu'elle dispose de moyens occultes et dangereux d'intervention.

Puis Sartaoui me décrit les dernières semaines d'Arafat à Beyrouth. L'aviation israélienne a tenté à de nombreuses reprises de l'éliminer physiquement ; plusieurs fois l'immeuble où il se trouvait quelques instants plus tôt a été complètement détruit par une bombe soufflante, ce qui supposait des renseignements communiqués en temps réel, à la minute près; je songe alors aux confidences du directeur du Mossad sur la pénétration des états-majors palestiniens. Dans les quinze derniers jours, le dirigeant palestinien vivait et dormait dans des voitures en constant déplacement.

Nous nous arrêtons devant une villa banale de la banlieue de Tunis. Je n'aperçois pas de dispositif de sécurité apparent. Nous sommes introduits dans un salon style Galeries Barbès. Un homme nous y attend : c'est Abou Iyad. Corpulent, massif, le visage intelligent mais brutal, il est en tenue de combat, revolver au côté ; il se montre chaleureux dans son accueil. Je m'assieds quelques minutes sur un canapé auprès de lui. Sartaoui lui résume en arabe l'entretien avec Arafat ; il semble déjà au courant et confirme qu'il est prêt à engager la discussion. Je lui répète ce que j'ai dit à Arafat : je ne puis m'y livrer aujourd'hui à cause de mes obligations à Paris, mais je suis bien d'accord pour procéder rapidement et je lui proposerai une prochaine rencontre *via* Issam Sartaoui. L'entrevue terminée, Sartaoui me ramène à l'aéroport où je reprends le Mystère 20. Il n'est pas 15 heures et je déjeunerai à bord.

J'arrive à Villacoublay à temps pour mes rendez-vous du mardi à l'Élysée; mon aide de camp m'attend pour me remettre l'évaluation hebdomadaire des événements internationaux et celle, spéciale, qui a été établie sur la situation au Proche-Orient; il me remet également un certain nombre de notes de renseignements spécifiques que je lis dans la voiture.

A l'Élysée, je rencontre successivement De Grossouvre, Saulnier et Bianco. Je perçois une ambiance réservée, différente de celle des entretiens précédents. Seul le premier est à son habitude affable et accueillant. Je me décide à le mettre succinctement au courant de mes entretiens avec Rifaat et Arafat ; il écoute et enregistre, en me posant quelques questions. Je lui demande d'obtenir du président une audience pour moi dès après ma prochaine rencontre avec Rifaat, prévue le surlendemain.

Le lendemain, j'assiste à la réunion hebdomadaire chez Defferre contre le terrorisme. L'ambiance est lugubre. La police ne dispose d'aucun élément nouveau. Franceschi et Prouteau se taisent. Defferre est d'une humeur de chien. Brusquement, vers la fin de la réunion, il se tourne vers moi et me demande où en sont mes négociations. Je suis stupéfait et pris de court ; il ne devrait pas le savoir, encore moins l'évoquer devant une douzaine de personnes. Je réponds de manière évasive et lui promets de lui en dire tout à l'heure quelques mots en tête à tête : je ne puis faire moins que le mettre au courant succinctement de mon entretien avec Rifaat, et l'informer de l'entrevue prévue le lendemain ; il ne réagit pas mais l'attitude n'est pas sympathique.

Ce jeudi a vu se succéder toute la journée des réunions sur le Proche-Orient et le terrorisme, désormais sujets de préoccupation constante. Enfin, l'heure est venue de prendre ma voiture pour me rendre à Saint-Nom-la-Bretèche. J'ai mis aussi au courant de mes entretiens avec Rifaat – et Arafat – les hauts responsables de la DGSE qui sont dans le coup : ils sont unanimes à considérer que les augures sont bons ; ceux qui connaissent bien le monde arabe sont très frappés de l'accolade de Rifaat qu'ils considèrent comme un signe important.

Après les mêmes exercices que la première fois, je me présente seul avec mon chauffeur à la propriété et je traverse le même rideau d'hommes en armes. Le binôme gendre-beau-père ne m'attend pas dans la cour, seul le second est là qui m'introduit dans le salon. Rifaat m'attend debout. Il est très tendu ; je vais m'apercevoir très vite qu'il est même hors de lui. Et pendant deux heures, je vais subir la même scène qu'au début du premier entretien. C'est intolérable ; il a été attaqué à nouveau par les journaux et la télévision française qui le traitent de chef terroriste. Il y a même eu une manifestation devant la propriété avec des porteurs de pancartes le mettant en cause et l'insultant. Il n'a rien à faire avec les attentats ; il faut qu'on fasse cesser ces attaques contre lui.

J'adopte la même tactique que la première fois : je le laisse se fatiguer et s'agiter. Comme disait Escartefigue dans *Marius*, « Il va bouffer toute sa vapeur ». Je me borne à quelques interventions qui ne font que relancer la mécanique.

Ayant supporté ces deux heures de gesticulation et d'éructation, j'élève enfin la voix : je ne suis pas venu ici pour me faire bousculer; je suis prêt à rester et à poursuivre l'entretien s'il se calme. Si quelqu'un devrait être indigné, c'est moi plutôt que lui car le sang français a encore coulé. La douche froide fait son effet : il m'invite à passer à table dans la pièce à côté; nous nous trouvons tous trois installés en triangle devant une débauche de plats orientaux. Il y a aussi, contrairement à mon attente, des bouteilles d'alcool syrien. Rifaat, calmé, me présente les différents plats et le beau-père traduit de manière gourmande. Cela dure près d'une demi-heure.

Puis je reprends mon discours du premier entretien mais, cette fois-ci, je suis plus précis. Nos renseignements désignent sans ambiguïté Abou Nidal comme responsable des derniers attentats à Paris – il ne dit rien. Ils localisent maintenant le chef terroriste en Syrie et sous la coupe de mon interlocuteur d'aujourd'hui : lui, Rifaat – il s'agite, il dénie, mais je poursuis. Nous avons également détecté les réseaux de soutien en France et dans plusieurs pays qui comprennent essentiellement des agents syriens – il se démène sur son siège. Je lui répète ce que j'ai déjà dit à notre dernière rencontre : nous ne resterons pas inactifs devant ces menaces. Si les attentats continuent, nous frapperons, même par anticipation. Et nous prendrons des mesures de contrôle strictes vis-à-vis d'hommes et d'intérêts syriens en France – Rifaat cille, il proteste encore mais mollement. Le taureau commence à être prêt pour la muletta.

Il change alors de ton et m'engage dans une discussion tout à fait surréaliste :

« Pouvez-vous m'obtenir les dimensions du bureau du président Mitterrand?

– Que voulez-vous en faire?

– Je voudrais lui offrir une cloison damasquée qu'il pourrait y faire monter.

– Je ne pense pas pouvoir vous donner ces dimensions. D'ailleurs le président n'acceptera pas un tel cadeau.

– Et un bureau damasqué?

– Je ne pense pas qu'il l'accepte non plus.

– Et vous, accepteriez-vous un bureau?

– Je suis déjà bien équipé, tant chez moi qu'à la DGSE.

– Et prendriez-vous deux chevaux arabes?

– Que voulez-vous que je fasse de deux chevaux? Où voulez-vous que je les mette? J'habite un appartement à Paris.

– Ce n'est pas un problème, on vous les gardera dans le haras d'Abdallah à Chantilly. »

Le beau-père a l'air aux anges pendant qu'il traduit; son petit visage dressé vers le plafond est fendu d'un large sourire. Rifaat me repasse un plat.

Mais nous approchons de la fin du dîner et il faut conclure; je pense que le moment est mûr et que le soudain changement de conversation est de très bon augure. Je m'arrête quelque temps de parler puis, dans un silence lourd, en fixant les petits yeux cruels :

« Excellence, vous allez maintenant prendre l'engagement solennel de faire mettre un terme aux attentats d'Abou Nidal en France, ou contre des personnes ou des intérêts français. »

Je ne le quitte pas des yeux; je ne sais pas comment il va réagir. Il hésite quelques instants puis il s'exprime soudain d'une manière radoucie, tout en se levant et en me tendant la main à travers la table. La voix encore plus suave du beau-père traduit :

« Oui, je m'y engage. Vous pouvez compter sur ma parole. Abou Nidal n'agira plus contre vous. »

Je sens un grand vide m'envahir. J'ai réussi à lui arracher la promesse que nous voulions obtenir. Et dire que jusqu'à cet instant, il n'avait cessé de nier farouchement toutes relations avec le terrorisme.

Il était temps, le dîner est terminé, il est 1 heure du matin. Le binôme me raccompagne dans la cour. Rifaat souhaite que je vienne à Damas; je lui réponds positivement. Je les quitte devant ma voiture non sans avoir reçu à nouveau l'accolade.

Nous avons un répit qu'il faudra mettre à profit pour peaufiner notre dispositif. Le sang ne coulera plus de quelque temps dans les rues de Paris.

CHAPITRE 14

LE DIVORCE

En rentrant de Berne où, après ma négociation avec Rifaat, je suis allé rencontrer mon homologue suisse, j'apprends qu'un nouvel attentat a eu lieu rue Cardinet à Paris, le lendemain de mon second entretien avec Rifaat, contre une entreprise appartenant à des intérêts juifs; il y a des blessés; ce sera le dernier acte terroriste palestinien en France pendant près de trois ans. Mais un incident très grave vient de se produire aussi à Beyrouth. Des massacres ont eu lieu dans deux camps palestiniens, Sabra et Chatila; il y aurait de nombreuses victimes. Les détails manquent; un de nos agents qui observait la situation nous a fait parvenir un premier rapport télégraphique sommaire; il n'a pu pénétrer à l'intérieur des deux enceintes; il doit nous faire parvenir d'autres informations.

Je prie le chef de poste du Mossad à Paris de passer me voir. Je tiens beaucoup à ce que nos relations ne soient pas troublées par mes rencontres avec Rifaat et Arafat, qu'ils apprendront de toute façon par leurs propres canaux. Je le mets donc au courant des résultats, en particulier de l'engagement de Rifaat. Sur Sabra et Chatila, il est très peu prolixe.

Le président ne tarde pas à m'accorder une audience. Lorsque je le rencontre dans son bureau, je le trouve tendu. Son attitude quand je lui annonce l'engagement de Rifaat al-Assad me glace; il est tout, sauf satisfait. Il ne cherche pas à en apprendre davantage et met fin à l'entretien de manière brusque. Je ne sais pas encore que c'est la dernière fois que je le verrai en tête à tête.

J'observerai la même attitude le lendemain de la part du trio qui me fait face comme chaque mardi à l'Élysée, en particulier du général Saulnier. Quant à Defferre, que j'informe mercredi après la réunion hebdomadaire, il est franchement désagréable. Aucun d'entre eux ne met en doute la réalité de l'engagement du Syrien, tous réagissent suivant leurs tempéraments pour manifester que cette issue contrarie leurs plans!

Mais nous avons à la DGSE d'autres préoccupations. Les renseignements en provenance de Beyrouth sont très critiques. Plus de mille morts selon une enquête israélienne, plus de cinq mille selon les estimations palestiniennes, femmes et enfants compris, abattus dans les rues ou les maisons des camps de la manière la plus sauvage. Nos agents sont formels : c'est le fait des milices chrétiennes, l'armée israélienne qui était à proximité a laissé faire; la France est considérée par les Palestiniens comme coresponsable pour avoir, avec les États-Unis, retiré trop tôt son contingent d'interposition.

Nous pensons qu'il y a là un élément nouveau redoutable. Cette affaire d'une exceptionnelle gravité est de nature à servir au moins de prétexte à Abou Nidal pour faire revenir Rifaat sur son engagement. Je décide de revoir ce dernier sans délai. Il faut qu'il me confirme sa promesse. Si nécessaire, j'examinerai aussi avec lui s'il y a de nouvelles leçons à tirer de la situation.

Mais Rifaat a déjà quitté la France. Après quelques recherches, nous finissons par savoir qu'il se trouve à Rabat. Je donne immédiatement à notre chef de poste instruction de le trouver et de prendre rendez-vous pour moi avec lui; il peut se servir de ses contacts avec les Services Secrets marocains. Je lui demande de plus de me préciser si le roi Hassan II se trouve au Maroc; dans l'hypothèse où je m'y rendrais pour rencontrer Rifaat, je pourrais, si l'Élysée est d'accord, obtenir de lui une audience au cours de laquelle je lui demanderais d'appuyer personnellement mon intervention auprès de Rifaat.

J'ai rencontré plusieurs fois Hassan II depuis notre escapade d'Ifrane à Fez; il a toujours été très ouvert et attentif à mes propos. Nous savons d'autre part que les services marocains ont des relations suivies avec les services syriens et que le roi connaît personnellement Rifaat.

Le poste à Rabat se débrouille bien. Il peut localiser Rifaat en vingt-quatre heures et convenir avec lui d'un rendez-vous trois jours plus tard, sans avoir à fournir d'explications. Le roi est à Rabat et il semble que je devrais pouvoir obtenir une audience même sous un aussi court délai; c'est en tout cas l'avis qu'a exprimé le général Dlimi.

Je me précipite à l'Élysée pour voir De Grossouvre à qui j'explique nos appréhensions, le rendez-vous avec Rifaat, mon souhait de faire appuyer ma démarche par le roi Hassan II qui est à Rabat et de qui je semble pouvoir obtenir une audience rapidement. Je suis surpris par sa réaction : il se met les deux mains sur la tête et me déclare :

« Mais il faut que j'en parle au président!

– Bien entendu. C'est pour cela que je suis venu vous voir. Pouvez-vous lui poser la question et me rappeler le plus vite possible? »

Il a l'air affolé et ennuyé! Quand on ajoute sa réaction à la froideur qui a accueilli mon annonce de l'engagement de Rifaat, on ne peut pas ne pas se poser des questions.

Le lendemain matin à 9 heures, la réponse arrive, sèche, sur l'interministériel. Le président refuse; j'ai interdiction de me rendre au Maroc. Après un silence, je déclare à De Grossouvre que, dans ces conditions, je ne puis plus remplir ma mission à la tête de la DGSE, et qu'il ne me reste plus qu'à démissionner. Puis aux hauts responsables du Service qui sont dans la confidence, je dis mon émotion et mon trouble; je leur parle aussi de démission dans un silence gêné.

Il se trouve que le lendemain, je dîne avec Charles Hernu; c'est un rendez-vous convenu depuis quelques jours. Je le rejoins rue Saint-Dominique dans son bureau que nous quittons quelques instants plus tard pour monter à sa salle à manger privée. Il est affable à son habitude; je dois endurer le traditionnel apéritif au champagne, au cours duquel nous échangeons quelques propos sur les derniers événements au Liban; je lui dis ce que nous savons des massacres de Sabra et Chatila; il écoute avec intérêt.

Passés à table où nous sommes seuls, je le mets au courant – du moins me semble-t-il – de ma conversation avec De Grossouvre et de l'interdiction qui m'a été faite de me rendre au Maroc. Je reviens en détail sur la négociation avec Rifaat, son engagement, l'entrevue avec Arafat dont il n'avait été informé que sommairement. Je lui explique nos appréhensions après Sabra et Chatila, mon nouveau rendez-vous avec Rifaat au Maroc, l'éventualité d'un appui d'Hassan II. J'insiste sur l'importance d'obtenir confirmation de l'engagement; il peut en aller de la reprise du terrorisme en France, de nouveaux attentats qui ensanglanteraient Paris.

Il m'écoute attentivement mais ne veut pas intervenir auprès du président; il m'a toujours dit que je devais traiter directement avec l'Élysée. La conversation se tend : je sais que mon prédécesseur qui fait fréquemment des déplacements au Maroc où il maintient des relations que j'estime déplacées, est reçu à l'Élysée; des bruits courent sur un prétendu rôle occulte. Qu'est-ce que tout cela veut dire? Il est évident que je ne puis travailler efficacement dans des conditions pareilles. Si je considère que ma mission devient impossible, je n'aurai pas d'autre solution que de démissionner. Hernu ne réagit pas; nous nous quittons très fraîchement.

Les jours suivants sont sans histoires; l'activité se poursuit à la DGSE, mes rendez-vous ne sont pas modifiés, ni mes réunions à l'Élysée ou avec Defferre. Je reçois quelques visiteurs pittoresques comme le colonel Noriega du Panama ou le dirigeant cambodgien Son Sann. Je rencontre à dîner, chez François Missoffe, l'ambassadeur de Chine qui a demandé quelque temps plus tôt à faire ma connaissance.

Je continue à ruminer mes interrogations. Plus je réfléchis, plus je suis convaincu que je ne puis aller plus loin. L'accueil qui m'a été fait lorsque j'ai annoncé le résultat de la négociation, la froideur de Mitterrand et la gêne que je sens chez mes interlocuteurs de l'Élysée, l'ambiguïté qu'Hernu a manifestée, tout indique que le courant ne passe plus. Je me demande même si l'autorisation de négocier avec Rifaat n'était pas effectivement un piège dans lequel on espérait que je tomberais en échouant. Il semble bien qu'en définitive, le président tienne par-dessus tout à son organisation antiterroriste aberrante, sans coordination effective, avec une cellule élyséenne déjà paralysée, une dyarchie conflictuelle à l'Intérieur qui commence à s'affronter, Defferre qui assouvit ses fantasmes de résistant, une DST qui refuse catégoriquement de coopérer.

Effectivement, la mise en œuvre par la DGSE de voies nouvelles de lutte dérange toute cette construction.

Peut-être la fracture est-elle plus profonde. De mon côté, je ressens l'attitude que Mitterrand a adoptée il y a juste un an sur l'affaire du Tchad, tellement à l'opposé des engagements qu'il avait pris le 10 juin 1981, et qui conditionnaient la réussite de ma mission. La méfiance s'est lentement installée chez moi devant son refus de fait de communiquer vraiment, devant ce que je ressens comme une ambiguïté persistante, involontaire ou volontaire. Je constate qu'à part le décret d'avril 1982, il n'a rien fait pour soutenir mes actions et asseoir le rôle de la DGSE. Il ne m'a jamais éclairé sur les orientations de sa politique internationale, jamais précisé ses souhaits en matière de renseignement, jamais donné aucune instruction d'action.

Il a refusé d'intervenir dans le différend avec Defferre sur nos relations avec la DST. Il n'a jamais réellement justifié ses bonnes intentions de départ à l'égard de la DGSE en lui confiant ou lui faisant confier ses objectifs précis. Ce qui fait qu'à part le contre-terrorisme, nous fonctionnons sur nous-mêmes; nous devons déterminer par nous-mêmes nos buts de renseignements, de contre-espionnage ou d'action; nos principales réalisations sont paradoxalement venues de nos contacts avec des États ou des services étrangers. Nous n'avons jamais pu obtenir des autres administrations ni réactions sur nos notes d'analyse ou d'évaluation, qui nous auraient aidés à éclairer notre démarche, ni concertation sur l'adéquation de notre activité à leurs politiques.

Du côté du président, malgré ses engagements de juin 1981, peut-être n'a-t-il jamais eu l'intention de faire de la DGSE un véritable Service Secret? Peut-être n'accepte-t-il pas mon « forcing » pour mettre en place la fonction secrète; peut-être en a-t-il une interprétation négative? Peut-être même l'inquiète-t-elle? Peut-être n'a-t-il pas apprécié, sans l'exprimer, que j'aie noué tellement de contacts avec d'autres Services Secrets qui m'amenaient à rencontrer des chefs d'État? Peut-être préfère-t-il, au fond de lui-même, des services inefficaces pourvu qu'ils ne soient pas embarrassants?

Il a certainement aussi fait l'objet d'influences détersives à mon endroit, issues soit directement de la haute hiérarchie militaire, soit surtout *via* Hernu ou Saulnier; de Defferre aussi après l'explication sur la DST, de Cheysson qui reste insaisissable pour moi depuis presque un an, de certains collaborateurs de l'Élysée encore : De Grossouvre ne m'avait-il pas parlé de remarques désagréables de Boublil – qu'est-ce qu'il connaît de la DGSE? – qu'il avait dû contrer devant le président?

Mais alors pourquoi n'a-t-il jamais voulu s'en expliquer? Sa propension au secret serait-elle plus qu'une deuxième nature, un impératif quasi catégorique qui éclipse toute autre considération? J'avais espéré à plusieurs reprises sentir le déclic de la confidence, de l'ouverture humaine; il n'y en eut qu'une seule esquisse fugitive lorsqu'à la fin d'un entretien, debout, il m'avait demandé si mon activité me plaisait; mais cela s'était arrêté là. Il lui aurait pourtant été facile de profiter du privilège du tête-à-tête. Et puis il aurait pu utiliser le canal de mes interlocuteurs pour mettre les points sur les i. Bérégovoy l'aurait certainement fait; mais en définitive n'apportait-il pas à Mitterrand la sécurité qui lui manque et même quelquefois ne se substituait-il pas à lui dans la prise de décision? Bianco est beaucoup trop pincé. Hernu s'est exclu dès l'origine. Seul De Grossouvre aurait pu faire passer des messages; peut-être les a-t-il brouillés ou déformés; peut-être aussi ne les ai-je pas décryptés.

Mais peut-être le divorce est-il encore plus profond. François Mitterrand analyse les questions internationales à travers le prisme de la politique politicienne; j'ai été frappé à plusieurs reprises de certains réflexes qui ne pouvaient s'expliquer que par cette approche. Il est clair qu'il a des problèmes internationaux une vision très hexagonale. Il y fait même montre d'une surprenante incapacité conceptuelle et opérationnelle.

Il est clair aussi qu'il a une propension marquée à l'atermoiement et au pourrissement. Mais ces méthodes ne s'appliquent que très rarement aux affaires internationales où elles sont souvent contre-productives et où il faut au contraire faire usage de dynamiques progressives. Et dans l'utilisation des Services Secrets ou la lutte contre le terrorisme, l'atermoiement est franchement catastrophique; il faut au contraire mettre en œuvre une stratégie d'initiative et de mouvement même si, comme dans le cas récent, elle débouche sur une négociation.

Je me demande même s'il ne cache pas sous le masque de l'impassibilité et de l'inscrutabilité, une certaine propension à l'indécision. Il est surprenant aussi de constater sa paralysie pour concevoir une organisation complexe, pour travailler en équipe, pour animer des réunions où se discuteraient et s'élaboreraient les décisions. Il n'est vraiment à l'aise que dans le contact d'homme à homme, et de préférence avec quelqu'un qu'il connaît bien et dont il a fait le tour.

Tout ceci conduit à une politique internationale qu'en tant que citoyen je réprouve. La fixation que François Mitterrand fait sur les bottes de Charles de Gaulle, jointe à l'influence écrasante de la haute hiérarchie militaire sur Hernu empêche la remise en cause de choix stratégiques dépassés ou inadaptés. La politique de défense ne tient aucun compte réaliste de nos contraintes et de nos limitations; elle reste basée sur l'illusion d'un niveau de puissance que nous n'avons plus. J'assiste en direct au jeu du complexe militaro-industriel qui impose des armements pour servir des intérêts particuliers; les exportations d'armes, surtout vers le Proche-Orient, engraissent les profits privés et infléchissent la diplomatie.

Quant à la diplomatie, elle est conduite par un ministre frappé d'incontinence verbale. Mais quelle est la consistance de ce qu'on appelle « la politique arabe » de la France ? J'ai compris que nous étions avec l'Irak et l'OLP contre l'Égypte et la Syrie ; et sommes-nous avec l'Algérie contre le Maroc, avec la Tunisie contre la Libye ? Et comment se concilie-t-elle avec la politique africaine ? L'influence des lobbys pro-irakiens, prolibyens, propalestiniens dicte les orientations de l'action extérieure et joint ses effets au complexe militaro-industriel pour amplifier les exportations d'armes.

L'attitude française en Afrique prolonge les errements de la période Foccart ; l'affairisme continue d'y prospérer. Et lorsque la DGSE amorce une tentative pour modifier certains circuits, de manière que le gouvernement français dispose de nouveaux canaux d'influence, c'est de l'Élysée que vient, sans prévenir, le croc-en-jambe qui la fait échouer.

Et puis, la politique extérieure accumule les faux-semblants et entretient les illusions sur nos capacités d'intervention, comme au Proche-Orient, notamment au Liban, et en Afrique. Elle reste largement inerte au plan européen, malgré des signes qui commencent à suggérer des possibilités de bouleversement à l'Est. Tout cela conduit à des démarches irréalistes et ambiguës, qui provoqueront des retours de bâton pour nous-mêmes et pour ceux que nous prétendons aider. Il ne peut en résulter qu'un affaiblissement de la position de la France, et une aggravation des menaces terroristes.

Comment des Services Secrets pourraient-ils fonctionner convenablement dans un tel flou artistique ? Comment la fonction secrète pourrait-elle remplir son rôle dans cette totale ambiguïté ? Comment pourrait-elle participer à la lutte contre le terrorisme dans le cadre d'un dispositif aberrant, sans stratégie et sans organisation ?

En définitive, pourquoi resterais-je lié à une entreprise à laquelle je n'adhère pas, et que je ne puis infléchir ? Pourquoi continuerais-je à « peigner la girafe » en dirigeant des Services Secrets croupions qui ne sont ni utilisés, ni soutenus par le pouvoir politique ? Pourquoi resterais-je associé à mon corps défendant à un dispositif de contre-terrorisme incapable de prévenir de nouveaux massacres ? Je pense que tout compte fait, nous sommes arrivés à une situation de divorce ; il faut que je m'écarte d'une responsabilité sans consistance.

Mais les quelques hauts responsables de la DGSE que je mets dans la confidence me pressent de ne pas quitter la direction générale. Ils me font valoir le chemin parcouru, les principales réformes maintenant digérées, la cohésion du Service complètement réalisée. Ils insistent sur le fait que, passées les difficultés actuelles, nous allons pouvoir capitaliser les progrès accomplis dans tous les domaines. La DGSE peut se hisser d'après eux au niveau des meilleurs Services Secrets.

Ils soulignent aussi que je ne puis me dérober à mes responsabilités dans la lutte contre le terrorisme ; j'ai maintenant acquis une maîtrise de ce domaine et une position d'interlocuteur avec les instances étrangères les plus délicates. Je suis frappé en particulier de l'insistance dans ce sens de l'officier supérieur, que j'ai intégré il y a quelques semaines, à la demande de De Grossouvre, à mon état-major pour me conseiller sur ce plan; il reste rattaché à son organisme d'affectation, mais vient participer à nos efforts contre le terrorisme; il y apporte non seulement une connaissance des mécanismes acquis dans un séjour précédent à la DGSE, mais aussi un certain nombre de relations étrangères délicates qu'il a nouées au fil du temps. Lui aussi, arrivé récemment au Service et dont je sais qu'il conserve des fils avec l'Élysée, insiste vigoureusement pour que je reste.

Toutes ces pressions amicales me font réfléchir. J'hésite à me décider. Je n'aurai pas longtemps à le faire. Dans les tout derniers jours d'octobre, Hernu me demande de passer d'urgence à son bureau; le ton est embarrassé. Son aide de camp n'arrête pas d'appeler le mien pour s'assurer que je vais bien venir, à telle heure, pour rappeler que le ministre compte sans faute sur moi...

L'ironie veut que la veille du rendez-vous, nous participions tous les deux au dîner mensuel du club Le Siècle. Comble de malheur, l'organisateur a cru bon de nous asseoir à la même table de six. Pendant tout le repas, Hernu et moi sommes largement absents de la conversation.

L'entretien du lendemain, fixé à 8 h 15, est sans aménité. Je déclare d'entrée que je ne puis continuer dans ces conditions. Hernu me demande si je souhaite toujours démissionner. Je réponds positivement. Nous convenons que je lui remettrai ma lettre le soir même; j'exige toutefois qu'on clarifie d'abord ma nouvelle affectation. Il s'engage à le faire dès le soir.

Je le retrouve à 19 h 45. J'ai dans ma serviette ma lettre de démission en blanc; je suis disposé à la signer sur-le-champ s'il a la réponse à la question que je lui ai posée. Il me répond en avoir parlé le matin à François Mitterrand. Le président lui aurait déclaré : « Marion n'a pas démérité; il faut lui donner un poste important. »

Hernu a ensuite négocié dans la journée avec le ministre des Transports la présidence pour moi d'Aéroports-de-Paris, qui sera libre début janvier. J'accepte, je signe et me retire. Hernu recevra dans les vingt-quatre heures la démission du général directeur de la division Renseignements, numéro deux de la DGSE, qu'on enverra croupir jusqu'à sa retraite à Lille, et à qui on refusera désormais toute promotion. J'aurai beaucoup de mal à convaincre certains autres hauts responsables de rester.

Quatre semaines plus tard, le 17 novembre, je quitte pour la dernière fois la caserne Mortier après une cérémonie de passation présidée, cette fois, par Hernu. Entre-temps, j'ai longuement, au cours des jours précédents, briefé mon successeur – l'amiral Lacoste –, avec qui j'ai effectué, en présence du responsable de chaque organisme, une revue détaillée des actions en cours.

CHAPITRE 15

LA CRUELLE SANCTION DES FAITS

Me voilà donc, comme président d'Aéroports-de-Paris, de retour à ma chère aéronautique où j'ai fait carrière pendant quarante ans, depuis qu'à la sortie de l'X j'ai rejoint Air France. Vais-je continuer à aider dans les affaires secrètes et dans la lutte contre le terrorisme? Je ne vais pas tarder à le savoir.

Je suis d'abord informé de bruits que l'on fait courir dans les couloirs sur le fait que l'engagement de Rifaat ne serait pas réel et que rien ne changerait dans l'action contre la France du terrorisme proche-oriental. Mais les faits confirment la réalité de l'engagement.

Quelques jours après mon départ de la DGSE, je suis invité par le gouvernement tunisien qui met à ma disposition voiture, chauffeur, aide de camp et garde du corps pour me faire visiter ce magnifique pays dont je connais seulement le Nord. Je découvre avec ravissement le Sud et je passe quelques jours à me reposer à Nefta, au seuil du désert. Quelles magnifiques nuits et quelle paix après les tumultes de ces derniers mois! De passage à Tunis au retour, je suis reçu avec chaleur par toutes les autorités politiques, président Bourguiba en tête. Le chef des Services Secrets a reçu des indications sur mes contacts avec Rifaat et sur leurs conséquences.

Puis, dans les derniers jours de novembre, je reçois la visite à mon domicile d'un émissaire du directeur général du Mossad. Le message est clair et sans ambiguïté :

« Nous ne croyions pas que vous aviez effectivement obtenu

des Syriens l'arrêt des actions contre la France. Nos renseignements confirment maintenant bien le fait et nous savons que les groupes terroristes qui sont sous leur contrôle redéfinissent leurs objectifs. Chapeau. »

Je suis touché par ce témoignage, d'autant que je connais la qualité du réseau de renseignements du Mossad en Syrie.

Et surtout, les attentats en France ont cessé comme par enchantement aussitôt après ma négociation avec Rifaat. Le dernier, celui de la rue Cardinet, date du 17 septembre, le lendemain de notre deuxième entretien. Cette situation va se prolonger pendant deux ans. On en aura même une confirmation éclatante lorsque, le 10 avril 1983, Issam Sartaoui sera assassiné au Portugal par un membre du groupe Abou Nidal, et non en France où le Palestinien réside en permanence sans sérieuse protection; il n'est pourtant pas facile d'improviser un attentat dans un pays où la cible est de passage, alors qu'en France les tueurs auraient pu disposer du temps nécessaire à la préparation de l'opération suivant la méthode Abou Nidal.

Mais voilà que je reçois mi-décembre de Rifaat al-Assad, par l'intermédiaire de l'ambassadeur de Syrie à Paris, l'invitation de me rendre à Damas, accompagnée de deux billets d'avion, pour ma femme et moi-même. Dans la lettre en arabe signée, à laquelle est jointe la tradution en français – probablement de la main du beau-père –, il insiste pour que j'accepte de venir visiter son pays et me laisse entendre que je pourrai rencontrer le président Hafez al-Assad.

Je me rends donc à l'Élysée pour demander à De Grossouvre s'il y a une contre-indication; il va interroger François Mitterrand. La réponse m'arrive par téléphone le lendemain matin : on ne souhaite pas que je poursuive mes contacts avec les Syriens. Je n'en reviens pas : pourquoi se priver d'un canal de communication secret de haut niveau auprès d'un État avec lequel nous aurons nécessairement à dialoguer dans des conditions de grande confidence? Pourquoi se couper d'un moyen d'agir auprès d'un des acteurs principaux sur la scène libanaise et sur celle du terrorisme? Je ne serai donc plus désormais sur ce plan qu'un spectateur.

Je ne m'attendais pas à être confronté à nouveau, si rapidement et si violemment au terrorisme. Le 15 juillet 1983, une bombe reliée à des bouteilles de gaz explose dans le hall d'embarquement de l'aérogare d'Orly-Sud, à côté de la banque d'enregistrement de Turkish Airlines. C'est un véritable carnage; on voit des gens mourir assis sur le trottoir, l'air hagard; du sang partout. Malgré une réaction rapide et beaucoup de dévouement de la part des services médicaux et de secours de l'aéroport, nous avons d'extrêmes difficultés à évacuer les victimes vers les hôpitaux; deux SAMU ont pourtant été déclenchés; certains transports se font même par hélicoptères décollant devant l'aérogare.

On dénombre finalement huit morts et cinquante-trois blessés, dont certains grièvement atteints; c'est l'attentat le plus sanglant que la France ait jamais connu. L'explosion des bouteilles de gaz reliées aux bombes a été exceptionnellement meurtrière.

L'enquête débouchera sur la piste arménienne: c'est l'ASALA d'Agop Hagopiap qui est responsable, et l'exécution a été le fait d'Arméniens résidant en France; il s'agissait donc de conditions très rares où la détection et la surveillance étaient possibles, ce qui n'est pas le cas lorsque les acteurs ne résident pas sur le territoire. Il semble même, fait aggravant, que la DST ait disposé de renseignements qu'elle n'aurait pas exploités ou transmis. Des fuites se produisent de la place Beauveau vers la presse : *Le Quotidien de Paris*, dès le 19 juillet, pose la question : « Pourquoi la police a-t-elle attendu l'attentat d'Orly pour s'attaquer aux terroristes ? »

D'autres journaux se font l'écho d'une grande colère de Mitterrand contre Gaston Defferre et Joseph Franceschi. Tous les médias, télévision en tête, font la une sur la constatation que la France n'a pas réussi à maîtriser la lutte contre le terrorisme!

Le dispositif mis en place par François Mitterrand en août 1982 s'avère effectivement catastrophique. La cellule de l'Élysée est totalement hors du coup, autant pour la coordination que pour l'intervention; l'affaire des Irlandais de Vincennes lui a porté un coup fatal, et les polices n'ont pas été longues à l'achever. La coexistence Defferre-Franceschi est devenue de plus en plus conflictuelle; les deux hommes s'affrontent presque ouvertement sur le commandement des organes de sécurité et les exécutants du ministère de l'Intérieur marquent des points.

Quant à la DGSE, on n'entend plus parler d'elle. Elle a totalement disparu de la scène antiterroriste. Et pourtant, c'est le moment où elle devrait s'affirmer. Car l'affaire d'Orly restera une exception, sans doute une aberration qui traduit, de manière sanglante certes, une lutte intestine qui va se terminer par la scission entre Arméniens d'Occident et Arméniens d'Orient. Par contre si, grâce en particulier à l'accord avec Rifaat, le terrorisme international, surtout d'obédience palestinienne, a disparu du sol français – ceci sera vrai jusqu'en janvier 1985 –, il frappe au Moyen-Orient. Et là, à l'étranger, la DGSE est irremplaçable.

C'est le Liban qui va en être la scène principale. Les objectifs sont surtout français et américains. Des formes non pas nouvelles mais qui avaient disparu depuis quelque temps réapparaissent : camions suicide et otages.

Après deux coups de semonce visant des militaires français et américains, la première opération par voiture kamikaze remplie d'explosifs vise le 18 avril l'ambassade américaine au Liban; elle fait soixante-trois morts; parmi eux sept agents de la CIA, en poste dans des pays de la région, qui tenaient conférence. La destruction de leurs archives porte un coup dur à la Centrale américaine.

Puis le 23 octobre 1983 à Beyrouth, deux sites militaires sont attaqués simultanément par des camions suicide bourrés d'explosifs : le quartier général des Marines américains : deux cent quarante et un morts et quatre-vingts blessés avec mille deux cents kilos de TNT; le camp Drakkar français : cinquante-huit morts et vingt-deux blessés avec trois cents kilos de TNT. Pour la première fois, les cibles sont militaires et relèvent de la force d'interposition. La méthode employée est extrêmement meurtrière. L'administration américaine mènera, sur les restes de l'immeuble et du camion, une enquête minutieuse qui permettra de déterminer certains circuits. Du côté français, aucune recherche efficace ne sera entreprise.

Tous ces attentats sont revendiqués par le Jihad islamique, (Parti de Dieu), une organisation sous contrôle de l'Iran, qu'on voit ainsi apparaître en plein jour comme commanditaire du terrorisme, ainsi que l'avait laissé prévoir la DGSE dès avril 1982.

La cause est limpide. L'Iran s'en prend à deux pays qu'il juge hostiles à ses intérêts et favorable à l'Irak. La France en particulier est visée pour le soutien qu'elle apporte à ce dernier en lui livrant massivement des armes de haute technologie ; elle a même quelques semaines plus tôt mis à sa disposition des avions Super Étendard appartenant à la marine dont elle assure le soutien logistique et même opérationnel, presque un acte de cobelligérance. C'est un peu le prix du sang payé pour les affaires que font les industriels français de l'armement !

La conséquence est tout aussi limpide. La France et les États-Unis décident de retirer du Liban leurs unités d'interposition. Le terrorisme vient de remporter une importante victoire en dictant à deux puissantes nations souveraines une décision significative de politique extérieure. C'est la mise en œuvre du terrorisme comme instrument d'influence internationale, comme la DGSE l'avait pronostiqué au printemps 1982.

Les insuffisances que révèlent ces deux derniers attentats sont frappantes. Aucun renseignement, même après les alertes d'avril, n'a permis de voir venir le coup ni du côté américain, ni du côté français. C'était pourtant une des missions confiées dès juin 1982 aux équipes DGSE en place au Liban. Plus inexplicable encore est l'insuffisance des protections physiques des camps américains et français : il s'agit pourtant d'une des mesures élémentaires de lutte contre le terrorisme, une mesure qui sera désormais appliquée aux installations sensibles, y compris en France et aux États-Unis.

La France s'engage dès lors dans un affrontement avec l'Iran, mais un affrontement mal préparé et improvisé, qui ne s'intègre dans aucun plan d'action cohérent, dans aucune stratégie. Le 17 novembre 1983, des avions partis du porte-avion *Clemenceau*, au large des côtes libanaises, bombardent un camp du Jihad islamique à Baalbeck ; l'opération est un fiasco : elle ne tue qu'un berger et quelques moutons ; les terroristes, prévenus grâce à une fuite dont on a dit qu'elle aurait pu venir du Quai d'Orsay, avaient eu le temps d'abandonner les lieux avant l'attaque.

Les renseignements de l'organisation iranienne sont plus efficaces que ceux des services français, même pour une opération militaire pourtant classée Secret Défense. Cette opération semble amorcer une modification radicale de l'attitude du gouvernement dans le sens de la fermeté et de l'action de force. Mais elle ne procède pas d'un plan délibéré ; elle n'est qu'une réponse dictée par l'émotion certes justifiée, mais sans impact persistant. Et elle restera unique.

Pourquoi avoir monté une action à grand spectacle aux yeux de toute la communauté internationale, en particulier des pays du Proche-Orient qui prennent dès lors la mesure de notre incapacité ? Pourquoi s'en remettre à une opération militaire qui frappe de manière aveugle et indéterminée ? Si l'on voulait exécuter une action de représailles, ne fallait-il pas, comme je l'avais proposé en août 1982, la confier à la division Action de la DGSE ? L'opération aurait été plus précise, moins visible, et compte tenu des modes d'intervention de la DGSE, ceux qui étaient visés n'auraient pas été informés.

On a ici une illustration frappante d'un point qui nous était apparu lorsque nous préparions une stratégie de contre-terrorisme : toujours donner priorité, lorsque c'est possible, à l'utilisation des moyens secrets de préférence aux moyens militaires ; ces derniers doivent rester un dernier recours ne pouvant, du fait de leur visibilité, se permettre d'échouer. La leçon nous sera rappelée par les Israéliens qui, un mois et demi plus tard, conduiront, sur un objectif analogue, un raid aérien faisant une centaine de morts et plusieurs centaines de blessés.

La riposte ne se fait pas attendre. Le 31 décembre, trois attentats sont menés contre la France : en gare de Marseille, dans le TGV Marseille-Paris, et contre le Centre culturel français à Tripoli, au Liban ; résultat : cinq morts, une quarantaine de blessés. De nouveau, le dispositif de sécurité est inopérant pour prévenir en France, de même qu'il s'avérera inefficace pour intercepter les exécutants sur notre sol.

Les Américains réagissent pour leur part de manière contrastée. Le carnage de Beyrouth provoque d'abord un débat passionné au sein du gouvernement, un débat curieusement à front renversé. C'est un diplomate, le secrétaire d'État George Schultz, qui prône une action vigoureuse : lui, ancien Marine, se sent responsable de la mort de ses jeunes camarades, car il a poussé à l'envoi du contingent américain de la force d'intervention. Il réclame une action de force, ce que les Américains vont dès lors appeler les *pro-active responses* par opposition aux réactions – les *reactive responses* qui interviennent en réaction au terrorisme, après sa mise en œuvre. Il rencontre l'opposition... du ministre de la Défense, Caspar Weinberger, qui accumule les objections – pas moins de six conditions pour l'intervention de la force armée.

Mais George Schultz n'en a cure. Il ne rate aucune occasion, inauguration ou discours public, pour plaider la cause de la vigueur, provoquant un temps une certaine distance de la part du vice-président qui a pour nom George Bush ! Il va jusqu'à déclarer que le terrorisme est une guerre et que : « *It is increasingly doubtful that a purely passive strategy can even begin to cope with the problem* [1]. »

Il a finalement gain de cause. Le 3 avril 1984, le président Reagan signe la National Security Decision Directive 138 (NSDD 138). Elle représente un saut qualitatif essentiel dans l'action américaine contre le terrorisme, en passant du mode réactif à la reconnaissance de la nécessité d'actions pro-actives. NSDD 138 est encore un document secret, mais on connaît les considérations essentielles qui le sous-tendent :

- aucune nation ne peut transiger avec le terrorisme;
- chaque pays a le droit de se défendre;
- le terrorisme est un problème qui concerne toutes les nations;
- les États-Unis coopéreront avec les autres gouvernements pour faire face au terrorisme;
- ils traiteront de tous les problèmes de terrorisme, mais considéreront le terrorisme d'État comme un cas spécifique;
- les États qui soutiendront le terrorisme ne s'en tireront pas sans conséquences sévères;
- les États-Unis utiliseront tout moyen à leur disposition pour dissuader les États de soutenir le terrorisme;
- les États-Unis accentueront leurs efforts pour prévenir les attaques et avertir et protéger leurs citoyens et leurs alliés;

1. Il est de plus en plus douteux qu'une stratégie purement passive puisse commencer même à faire face au problème.

- les États-Unis considéreront les actes de terrorisme d'État comme relevant de la plus haute condamnation publique ;
- en dernier recours, les États-Unis affirment leur droit de se défendre par la force contre le terrorisme.

Cette décision tranche ainsi un des débats les plus vifs jamais connus aux États-Unis, non seulement au sein du gouvernement, mais aussi à l'intérieur de chaque ministère, en particulier celui de la Défense, ainsi que dans les milieux politiques proches du Congrès.

La cause est entendue : les États-Unis se réservent l'emploi de la force pour prévenir, interdire, préempter ou punir. Et le National Security Advisor du président Reagan, Robert McFarlane, déclare de façon significative que le terrorisme international constitue le stade ultime d'abus des droits de l'homme.

Cette décision fait exactement écho aux propositions faites par la DGSE au président de mai à septembre 1982 ; elle est dans le droit fil des actions de neutralisation que j'avais soumises sans succès à François Mitterrand en août 1982. Quel dommage qu'un débat n'ait pas alors eu lieu au sein du gouvernement français ! Quel dommage que n'ait pas été fait alors un choix clair.

Mais c'est William Casey et la CIA qui ont le dernier mot. Casey s'est évidemment rangé dans les affrontements au sein du gouvernement et du National Security Council (NSC), au côté de George Schultz. Mais il a fait mieux, il a anticipé la décision de Reagan, qui lui donne maintenant la caution de la plus haute autorité de l'État.

Car la CIA, après l'attentat du 18 avril 1983 contre l'ambassade américaine, a engagé les actions nécessaires pour adresser aux organisations terroristes et aux États qui les soutiennent un très ferme avertissement. Les rumeurs dans le milieu des Services Secrets la crédite d'actions de neutralisation entre juillet 1983 et avril 1984. William Casey y fera une allusion voilée dans des confidences au journaliste Bob Woodward. Il confirmera ainsi que pendant le long débat interne au gouvernement américain qui a débouché sur NSDD 138 du 3 avril 1984, la CIA n'est pas restée inactive : elle a anticipé, certainement avec l'accord de Reagan, par des actions secrètes, la décision de retenir l'emploi de la force parmi les éléments de la panoplie de réponse au terrorisme. Et pas nécessairement en dernier ressort.

Cependant, au premier semestre de 1984 se produit à Beyrouth le premier enlèvement d'otage français pendant que sont perpétrés une série d'attentats contre des civils ou des militaires stationnés dans la capitale libanaise.

Et l'escalade iranienne se poursuit par l'apparition d'un autre mode de pression. Le 31 juillet 1984, le vol d'Air France Paris-Téhéran est saisi par les Pasdarans iraniens ; ses passagers sont retenus à bord après l'atterrissage dans la capitale perse. Leur revendication : la liberté de cinq terroristes condamnés en France pour des attentats, en particulier Anis Naccache, auteur de la tentative de meurtre en 1980 contre le dernier Premier ministre du chah, Chapour Baktiar.

La crise frappe le nouveau gouvernement de Laurent Fabius, qui a pris ses fonctions deux semaines plus tôt. Pierre Joxe, nouveau ministre de l'Intérieur, comprend vite les errements antérieurs ; il s'emploie à obtenir la suppression définitive de la cellule élyséenne. Sa nomination met un terme à la dyarchie conflictuelle du vieux couple querelleur Defferre-Franceschi, et aux fixations de Defferre qui ont tellement fait pour handicaper l'action contre-terroriste. Le dispositif mis en place en août 1982 par François Mitterrand, à l'inefficacité éclatante, est ainsi totalement démantelé.

Un organisme de coordination de la lutte antiterroriste (UCLAT) est créé ; il est hélas trop exclusivement placé dans la mouvance de l'Intérieur, ce qui prolonge les conditions de fonctionnement insuffisantes de la structure de coordination animée par Gaston Defferre depuis 1982. De plus, le ministère de l'Intérieur n'a ni compétence ni moyens pour agir en dehors du territoire national, notamment à Beyrouth.

Le gouvernement se lance alors dans une série d'actions décousues. Le chargé d'affaires iranien est convoqué. Il déclare que son gouvernement n'est pas responsable de la prise de l'Airbus; il n'en articule pas moins ses « demandes » : prise en considération du contentieux financier d'Eurodif (prêt non remboursé d'un milliard de francs consenti en 1974 par le chah pour le financement d'un projet nucléaire) et de l'exigence des Pasdarans de libération des terroristes iraniens. Le gouvernement français accepte, verbalement, de rechercher toutes les solutions « possibles dans le cadre de la loi française » ! Le gouvernement algérien se voit demander ses bons offices auprès des Iraniens; étrange démarche d'un pays souverain vis-à-vis d'un État avec lequel existent de difficiles problèmes présents et futurs.

Les deux autres démarches sont encore plus troublantes. Le directeur de la DST, Yves Bonnet, se rend à Tunis pour rencontrer Arafat et Abou Iyad; il leur demande leur aide auprès des Iraniens. On croit rêver. Jamais, même aux moments les plus imaginatifs du *brain-storming* de la DGSE en 1982 sur la stratégie contre-terroriste, nous n'aurions envisagé de solliciter de l'OLP une telle démarche! Jamais nous n'aurions proposé de nous en remettre à un organe qui ne représente même pas un État, et qui est très mal placé pour jouer ce rôle compte tenu de ses relations avec l'Irak, en guerre avec l'Iran. Tout ce que nous avions retenu avec l'OLP, c'était l'échange, avec beaucoup de prudence, de quelques renseignements. Et c'était cela, et cela seulement, que j'étais allé, avec l'accord de Mitterrand, discuter à Tunis avec Arafat et Abou Iyad en septembre 1982.

Et en plus, à qui confie-t-on la démarche? A un policier! Que fait donc à Tunis la DST, dont la compétence est strictement limitée au territoire national? Et qu'est devenue la DGSE dont ce devrait être précisément le rôle? Elle a complètement disparu de la scène. On est déjà là en présence d'un glissement de compétences qui manifeste une éclipse des Services Secrets. Elle va durer longtemps.

En tout cas, les dirigeants de l'OLP vont prendre note et se porter fort de la bonne volonté française concernant la révision de la situation des cinq terroristes détenus. Voilà l'OLP introduite dans le circuit délicat de la justice française! Voilà surtout l'Iran en position de force vis-à-vis de la France et de l'OLP! Toutes les conditions sont réunies pour que notre pays se débatte désormais dans des ambiguïtés à répétition.

Il y a une autre démarche, tout aussi étonnante. Quelques semaines avant la prise de l'Airbus, un responsable des affaires internationales de la Délégation générale à l'armement (DGA) s'était rendu secrètement à Téhéran pour une première prise de contacts ; l'Élysée avait décidé d'amorcer un léger rééquilibrage de nos relations avec l'Irak et l'Iran, et d'examiner quelles seraient les demandes du second en matière d'armement ; c'était moins de six mois après l'attentat du Drakkar au Liban ! Les Iraniens ne s'y trompent pas ; ils interprètent la visite française comme une marque de faiblesse et l'affaire de l'Airbus n'est faite que pour impressionner un peu plus et accélérer le processus d'amollissement.

Une nouvelle mission secrète du cabinet militaire d'Hernu se déroule à Téhéran en septembre 1984 ; elle prend note des besoins précis des Iraniens. Mais brusquement, l'Élysée change de position et donne instruction à Hernu de ne pas donner suite. Est-ce l'effet du lobby pro-irakien ou celui de la propension chronique de Mitterrand à l'indécision ? Cela n'empêche d'ailleurs pas la fourniture occulte et illégale à l'Iran d'un million d'obus et d'explosifs, en particulier par la société Luchaire. Elle sera révélée publiquement en 1985 par un journal de Cherbourg et donnera lieu à un scandale devant lequel le pouvoir exécutif sera impuissant, la branche législative absente, et la judiciaire empêchée d'instruire et d'agir [1].

Belle image donnée au gouvernement iranien, qui le confirmera dans le sentiment de notre incapacité à faire face à ses entreprises. La scène dès lors est en place pour les prochains actes qui joueront la faiblesse et l'incohérence françaises contre la détermination et la capacité manœuvrière iraniennes.

Les Iraniens de leur côté accentuent la pression. Après avoir fait assassiner en janvier 1985 l'ingénieur général Audran, directeur des Affaires internationales à la Délégation générale à l'armement (surnommé M. Irak), ils font procéder à de nouveaux enlèvements et séquestrations d'otages français, six au total entre mars 1985 et janvier 1987. Et les attentats vont se multiplier sur le sol français. Si les autres États subissent aussi

1. Cette affaire est évoquée dans mon livre *Le Pouvoir sans visage* (éditions Calmann-Lévy, Paris, 1990).

des enlèvements d'otages au Liban, ils ne connaissent pas d'attentats sur leur sol. Mais le pire reste à venir.

L'affaire Greenpeace, intervenant en juillet 1985, met à nu la dégradation de la DGSE. Le sabotage d'un bateau de l'organisation écologiste qu'elle a monté dans le port d'Auckland en Nouvelle-Zélande cause la mort d'un journaliste portugais. Deux officiers de la division Action sont arrêtés et identifiés par la police néo-zélandaise; ils seront condamnés comme de vulgaires terroristes [1]. L'affaire soulève de nombreuses réactions internationales. Elle provoque en France une crise politique de plus de deux mois, qui finit par entraîner la démission de Charles Hernu et le renvoi de l'amiral Lacoste, accompagnés d'un jugement sans ambiguïté du Premier ministre Fabius sur les insuffisances de la DGSE.

L'opération contre Greenpeace a été autorisée par l'Élysée, après avoir été préparée entre membres de la haute hiérarchie militaire [2]. Son exécution, déjà très hasardeuse dans un petit pays aux antipodes de la France, a été mal organisée et mal mise en œuvre. L'insuffisance des instructions souligne la crise d'autorité de la DGSE stigmatisée par Laurent Fabius. Les graves erreurs commises par les exécutants mettent en évidence son incapacité opérationnelle.

L'attitude de François Mitterrand est surprenante; alors qu'il a autorisé l'opération, il laisse se développer une crise grave; il échange des lettres ouvertes avec son Premier ministre, provoque l'ouverture d'une enquête (véritable pantalonnade qui accroît la confusion), interdit pendant la phase critique l'accès de l'Élysée à l'amiral Lacoste. Toute l'affaire souligne l'absence complète d'intégration réelle de la DGSE à l'appareil d'État, à laquelle j'avais tenté de remédier en 1981 et 1982.

Les Services Secrets sont dès lors anéantis. Ils sont frappés par une crise interne d'une exceptionnelle gravité qui va être

1. Il faudra que le gouvernement français négocie, tel un État en marge, leur libération conventionnelle. Un comble.

2. J'en ai décrit le mécanisme dans mon livre, *Le Pouvoir sans visage*, *op. cit.*

perpétuée et aggravée par la valse des directeurs généraux. De plus, l'affaire Greenpeace provoque une cassure entre la DGSE et le ministère de l'Intérieur, qui a coopéré avec la police néo-zélandaise dans la conduite de l'enquête. Enfin, elle nuit profondément au crédit de la France et de ses autorités politiques et militaires, en même temps qu'elle discrédite durablement la DGSE vis-à-vis des services étrangers et des mouvements terroristes.

Pour couronner le tout, le ministre de l'Intérieur se sépare, en juillet 1985, deux semaines après le fiasco Greenpeace, du directeur de la DST Yves Bonnet, qui est victime à retardement de l'affaire Farewell, sur laquelle il s'est montré trop bavard avec des journalistes.

C'est donc un dispositif contre-terroriste très affaibli qui va faire face à la crise sans précédent de 1985 et 1986. Les mouvements terroristes s'en donnent à cœur joie : dix-sept attentats faisant plus de deux cent soixante victimes ensanglanteront la France de mai 1985 à septembre 1986, pendant la période à cheval sur l'arrivée d'un gouvernement de droite.

La libération des otages continue, de son côté, de faire l'objet de négociations occultes désordonnées menées par des services français divers et concurrents : ministère des Affaires étrangères, DGSE, DST, cellule antiterroriste de l'Élysée. Les intermédiaires utilisés sont variés; affairistes, intermédiaires de ventes d'armes, correspondants de services secrets, responsables de presse, etc. Le gouvernement se confie en particulier à un marginal proche des Irakiens, le colonel Rondot, qui avait été écarté du SDECE en 1977 du fait de soupçons sur son activité lorsqu'il était en poste en Roumanie, et que j'avais refusé de réintégrer en 1982 au vu d'un dossier fort dissuasif. L'Élysée et le Quai d'Orsay font appel à ses services, malgré une lettre personnelle et confidentielle très ferme envoyée le 30 septembre 1982 par Charles Hernu, pressant Claude Cheysson : « ... après de nouvelles informations extrêmement précises ... de le tenir éloigné de tout », et ajoutant que les Américains avaient sur lui un dossier accablant.

N'y a-t-il plus de responsable gouvernemental pour se charger d'une telle mission? De quel poids peut bénéficier un marginal pour mener une action aussi délicate? Ne voit-on pas l'avantage qu'aurait un chef des Services Secrets disposant d'une connaissance approfondie des contextes et de réels moyens de pression? Une piste est suivie un certain temps, fin 1985 : celle des Services Secrets syriens avec qui il faut difficilement renouer les contacts rompus fin 1982.

On ne connaît qu'une partie des tractations, mais il est certain que des engagements sont pris qui ne seront pas tenus. Et les différents organismes français impliqués, sans doute aussi les partis de gauche et de droite, se livrent entre eux à une guerre sourde et occulte, qui transparaîtra aux yeux des Iraniens; elle culmine dans les semaines précédant les élections législatives de mars 1986 dans une agitation fébrile et décousue. La politique politicienne fait alors son apparition dans un dérapage qui se prolongera et qui constitue la plus grave faute que puisse commettre un corps politique en face de la menace terroriste extérieure.

C'est dans ces conditions que les élections législatives de mars 1986 donnent à l'Assemblée nationale une majorité à la coalition de droite RPR-UDF; elles ouvrent l'ère de la cohabitation, redoutable situation pour faire face à une menace extérieure vicieuse comme le terrorisme.

L'arrivée du gouvernement Chirac est ponctuée par une salve d'attentats à Paris débutant le 20 mars, jour même de l'entrée en fonctions de la nouvelle équipe, par l'attentat très meurtrier de la galerie Point-Show sur les Champs-Élysées. Deux morts, vingt-huit blessés. Une nouvelle vague se produit en septembre et culmine le 17 dans le massacre de la rue de Rennes, où une bombe à penthrite et grenailles métalliques provoque devant le magasin Tati un nouveau carnage : sept morts et cinquante et un blessés. On paie alors à la fois le jeu des surenchères politiciennes, les promesses non tenues et la désorganisation du dispositif contre-terroriste.

Pour résoudre le problème de la coordination le gouvernement, qui comprend à l'Intérieur le tandem Pasqua-Pandraud, crée dès avril un nouvel organe : le Conseil de sécurité intérieure. Il réunit autour du chef du gouvernement les ministres de l'Intérieur, de la Sécurité (Pandraud), de la Justice, de la Défense et des Affaires étrangères. Cette sorte de *remake* à un niveau plus élevé de la réunion de coordination présidée par

Defferre en 1982-83 s'avère rapidement inadapté et n'aura lieu que rarement : cette procédure est beaucoup trop lourde et regroupe des ministres qui, à leur niveau, ne peuvent apporter l'attention nécessaire aux problèmes de terrorisme.

On passe à nouveau à côté de la solution qui appellerait surtout, comme je n'avais cessé de le réclamer en 1982, une entité plus adaptée et plus opérationnelle, comme celle qui fonctionnait pendant la guerre d'Algérie : un collaborateur direct du Premier ministre animait alors la lutte et coordonnait en direct les organes intervenant dans le contre-terrorisme, au premier rang desquels le SDECE et la DST.

Pasqua et Pandraud tirent les conséquences de cette inadaptation ; devant l'effacement de la DGSE, ils se saisissent pleinement de la conduite de la lutte contre le terrorisme. Ils vont mener leur stratégie, poussant leur initiative jusqu'à provoquer la crise franco-iranienne des ambassades. Le premier conseiller de celle d'Iran à Paris, Walid Gordji, soupçonné de collusion avec les terroristes et de complicité dans les derniers attentats, en particulier celui de la rue de Rennes, restera bloqué quarante-cinq jours à sa chancellerie pour servir de monnaie d'échange. Mais l'affaire se terminera dans la confusion, Gordji passant « en coup de vent », comme le soulignera la presse, devant le juge Boulouque, pendant que le moteur de sa voiture tourne devant la porte pour l'emmener à Orly, destination Téhéran.

Et le gouvernement français réitère les errements intérieurs : une lutte feutrée se développe entre Matignon et la place Beauveau, ainsi qu'à l'intérieur de cette dernière. Charle Pasqua finit par confier des contacts secrets à un nouveau marginal : Jean-Charles Marchiani, qui avait été mis en cause pour sa gestion en tant que secrétaire général d'une filiale d'Air France, puis rejeté dans les années soixante-dix par le SDECE qui l'avait utilisé comme honorable correspondant ; j'avais moi-même en 1982 refusé de le réintégrer après avoir pris connaissance de son dossier. N'y a-t-il toujours pas de responsable gouvernemental en France pour mener unne telle opération ? Et de quels « biscuits » peut disposer un marginal pour mener une action aussi délicate ? Les libérations seront obtenues en échange de rançons et de promesses d'élargissement de terroristes condamnés et incarcérés en France. La dernière libération interviendra le 4 mai 1988 entre les deux tours de l'élection présidentielle.

Il s'agit alors pour la coalition RPR-UDF d'obtenir un succès avant les élections présidentielles de mai 1988 ; les otages sont devenus un sujet d'affrontement électoral. Ceci apparaîtra d'une manière particulièrement déplorable dans les accusations venimeuses que se jetteront au visage les candidats Mitterrand et Chirac au cours du duel télévisé du 28 avril 1988, qui précède le deuxième tour. Il est difficile d'imaginer un dévoiement plus condamnable que celui consistant à faire d'un problème de sécurité particulièrement délicat un enjeu de politique politicienne. S'il est un sujet qui devait faire l'objet d'un consensus national, c'est bien celui-là.

On est ici en présence d'une pollution particulièrement grave du débat démocratique, susceptible des conséquences les plus néfastes à la fois sur la sécurité nationale et sur le sort des malheureux otages. Il ne faut pas une grande imagination pour se figurer la délectation des terroristes et de leurs commanditaires, toujours à l'affût des antagonismes qui élargissent leur champ de manœuvre et de manipulation.

La période qui suit l'élection présidentielle de 1988 marque un arrêt des actions terroristes. C'est la conséquence de la nouvelle donne internationale, de la politique étrangère de Gorbatchev qui privilégie la diplomatie et suspend les actions de soutien aux mouvements de libération nationale, ainsi que de l'apaisement des conflits régionaux, notamment de la suspension des activités entre l'Iran et l'Irak. Et le président Mitterrand commue les peines des membres du commando Anis Naccache, responsables de la tentative d'assassinat de Chapour Baktiar, et autorise leur départ vers l'Iran. Le terrorisme iranien sera parvenu à ses fins.

Ce qui n'empêche pas la France de subir à nouveau un attentat très grave dans la destruction en vol, le 19 septembre 1989, d'un vol UTA provoquant cent soixante-dix victimes. L'enquête n'a jamais clairement établi ni les commanditaires, ni les causes. Mais cet acte terroriste a suivi de peu une « initiative » diplomatique de François Mitterrand concernant le Liban qu'il a fait très malencontreusement accompagner d'une gesticulation au large de Beyrouth par l'inévitable porte-avions *Clemenceau.*

Il est intéressant de noter que le gouvernement américain, confronté aussi au problème des otages, a connu en 1986 un dérapage grave en s'engageant avec l'Iran dans un troc de livraison d'armes. C'est le scandale Irangate, qui tourne le dos aux convictions et aux décisions du président Reagan. Il est dû à la conjugaison du souvenir aigu de la crise des otages de l'ambassade américaine à Téhéran en 1980, qui avait coûté sa réélection à Jimmy Carter, de la fixation que fait la CIA sur la menace sandiniste au Nicaragua, et du laxisme d'un Reagan et d'un Casey vieillissant. Mais contrairement à ce qui se passe en France, l'Irangate soulève une tempête politique aux États-Unis; une enquête du Congrès américain est conduite publiquement, elle est suivie d'une action judiciaire où plusieurs hauts responsables gouvernementaux, notamment du Conseil national de sécurité, sont condamnés. Et la fin du deuxième mandat de Reagan est profondément ternie. C'est la démonstration par l'absurde de l'impasse que constitue la stratégie de faiblesse.

Mais le dérapage américain ne se prolongera pas. A la suite d'un attentat contre un cabaret de Berlin, qui a fait des victimes américaines, des interceptions de messages diplomatiques libyens par la NSA convainquent le gouvernement des États-Unis de l'implication libyenne. Et c'est le retour à la doctrine pure et dure avec le bombardement de représailles le 15 avril 1986 sur Tripoli, qui manque de peu le colonel Kadhafi; la France a « marqué sa différence » en se désolidarisant de l'action contre-terroriste et en refusant le survol de son territoire. Puis l'explosion en vol le 21 décembre 1988 du Boeing 747 de la Pan Am au-dessus de l'Écosse, qui provoque la mort de deux cent quarante-trois personnes, entraîne une réaffirmation de la stratégie de force : la commission nommée par le président Bush conclut à la nécessité de la plus grande fermeté, et à la mise en œuvre de moyens de force, spéciaux ou militaires, pour prévenir ou punir tout acte terroriste.

La politique de fermeté contre le terrorisme est pratiquée de façon permanente et systématique par trois autres États. Nous avons déjà observé la fermeté d'Israël, qui lui a permis de minimiser les conséquences malgré l'intensité des menaces auxquelles il est soumis. La Grande-Bretagne affirme sa volonté de lutte et son refus de négocier; si cela n'interdit pas des contacts menés par ses Services Secrets qui failliraient à leur tradition s'ils agissaient autrement, on ne connaît pas de libération d'otage obtenue par tractations. Quant à l'Union soviétique, elle a réagi en 1981 avec la plus grande fermeté devant l'enlèvement de ressortissants au Liban : le KGB s'était saisi de deux responsables terroristes, les avaient exécutés et avaient envoyé leurs corps émasculés à l'organisation, ce qui avait provoqué la restitution immédiate des otages. L'enlèvement de quatre diplomates soviétiques au Liban en 1985 provoquera une nouvelle réponse de force par Druzes interposés. Pour ces trois États, comme pour les États-Unis, ce sont les Services Secrets qui sont au centre de l'action contre le terrorisme.

Il est d'ailleurs frappant de constater combien l'histoire récente de la lutte contre le terrorisme conforte la nécessité de l'option de force et de l'implication de la DGSE. La police n'a réussi depuis 1980 que cinq arrestations: les trois du commando Anis Naccache, pris sur le fait pendant la tentative contre Chapour Baktiar; Jean Ibrahim Abdallah par hasard; et les Arméniens impliqués dans l'attentat d'Orly parce qu'ils résidaient en France. Tous les autres actes terroristes sont restés sans suite policière. Et même, pour trois des cas, la conclusion souligne l'impuissance de la justice; car les trois Iraniens du commando Naccache font finalement l'objet d'un traitement politique, le gouvernement décidant leur libération en contradiction avec les condamnations dûment prononcées. Les juges commis, Marsaud, Debré et Boulouque, en ressentiront une vive frustration, et le dernier se suicidera en 1991.

C'est que le terrorisme international constitue désormais un paramètre de l'action extérieure; il relève d'une logique de rapport de force et d'affrontements occultes entre acteurs politiques ou para-politiques, et non d'une logique policiéro-judiciaire. Il ne peut donc pas se traiter en dernière analyse en termes de Code pénal ou criminel. Il s'agit d'un constat que nous avions déjà établi en 1982, et dont la suite confirmera la pertinence. Cela détermine la définition des dispositifs de lutte contre le terrorisme qui, sans écarter l'intervention de la police et de la justice dans des cas particuliers, doivent s'appuyer principalement sur l'action de la diplomatie et des Services Secrets. Cela souligne aussi la nécessité de stratégies actives et dynamiques, manifestant la volonté de ne pas subir, de saisir l'initiative, de déplacer la menace sur le camp adverse même si, comme dans l'affaire de septembre 1982, on conclut par une négociation. Ces observations s'appliquent également à des degrés divers aux autres actions internationales de la France.

Ce n'est malheureusement pas la voie choisie par la France depuis 1983. Et la solution retenue après la réélection de François Mitterrand en 1988 lui tourne davantage le dos; Pierre Joxe est redevenu ministre de l'Intérieur; il a repris les mécanismes de coordination et de conduite de la lutte contre-terroriste en privilégiant l'instrument policier.

La DGSE de son côté a connu de nouveaux déboires : deux nouveaux directeurs généraux ont été successivement nommés, ce qui porte à cinq leur nombre en huit ans depuis le premier septennat de François Mitterrand; un sombre record pour une fonction exigeant durée et continuité. Le dernier en date, Claude Zilberzahn, est un préfet qu'on dit proche de la place Beauvau. Son adjoint, Michel Lacarrière, est l'ancien numéro deux de la DST. Tout se passe comme si l'on avait donné carte blanche au ministre de l'Intérieur pour intégrer à son dispositif la DGSE, passée de fait d'une mouvance militaire à une mouvance policière.

CHAPITRE 16

LES SERVICES SECRETS DANS L'ÉTAT

La conduite de l'action internationale d'un pays appelle la maîtrise de certaines fonctions indispensables. Comment ne pas reconnaître la nécessité du renseignement politique et militaire ? Comment sous-estimer l'importance des analyses et des évaluations de situation que leur connaissance intime et continue permet d'élaborer ? Comment ne pas reconnaître le rôle clef que joue la connaissance des contextes concurrents aux plans économique, technologique et industriel, dans les décisions des responsables gouvernementaux ou d'entreprise ? Comment ne pas se prémunir contre de dangereuses ingérences commises par d'autres États ? Comment ne pas prendre en compte le rôle que peut jouer l'influence appliquée à des décideurs ou à des opinions publiques à l'étranger ? Comment ignorer qu'il existe des situations critiques où l'emploi de la force est indispensable à la défense d'intérêts français ou de pays amis ?

Rares sont en France ceux qui rejettent la pertinence de ces interrogations. Mais nombreux sont ceux qui pensent que les réponses peuvent être obtenues par les canaux normaux des administrations et des entreprises. Les Affaires étrangères s'estiment capables d'appréhender seules le renseignement et l'analyse politiques, la Défense le renseignement militaire et l'évaluation stratégique. L'Intérieur et les polices tentent de protéger, par des procédés pernicieux, l'exclusivité dont ils pensent disposer en matière de contre-espionnage et de contre-terrorisme. Les acteurs économiques croient pouvoir couvrir tout le champ du renseignement technologique, industriel et commercial. Les militaires et l'opinion publique n'appréhendent l'application de la force qu'en termes de moyens traditionnels, jamais de moyens spéciaux. Tout le monde, ou presque, se considère comme capable d'imaginer et de conduire des actions d'influence.

Pourtant, les Services Secrets sont seuls à disposer de certaines techniques et de certains moyens qui peuvent faire la différence, une différence parfois décisive : sources et correspondants bien placés, agents de pénétration, interception et décryptage de messages radio, écoute de communications directes ou téléphoniques, saisie et exploitation de documents secrets ou de valises diplomatiques, observations dangereuses ou inaccessibles par voies normales, clichés pris de satellites, etc.

Qui n'aurait connaissance du rôle de l'espionnage politique dans la conduite de l'action internationale depuis les temps les plus reculés jusqu'au XXe siècle ? Qui aurait oublié la contribution du renseignement dans le contrôle des territoires européens occupés par les armées de Napoléon ? Qui n'a entendu parler de l'usage qu'ont fait au XIXe siècle les dirigeants britanniques des analyses dont ils disposaient de leurs agents secrets ou d'influence ? Qui ne reconnaîtrait la valeur des informations obtenues par un Sorge, agent soviétique au Japon, ou d'un Cicéron, agent allemand en Turquie, qui ont permis à leurs pays d'orienter avec précision leurs opérations militaires pendant la deuxième guerre mondiale ? Qui mettrait en question la contribution apportée aux alliés par l'opération Enigma d'interception des messages radio diffusant les instructions diplomatiques et militaires du IIIe Reich ? Qui pourrait ignorer les difficultés qu'ont causé à la RFA les infiltrations d'agents soviétiques dans son administration gouvernementale au point de provoquer la chute du chancelier Willy Brandt ? Qui sous-estimerait les effets de l'espionnage industriel et technologique du KGB sur la capacité des Soviétiques à se maintenir au niveau de l'Occident ? Qui sous-estimerait le rôle joué par les Services Secrets dans le rapprochement entre Israël et l'Égypte dans les années soixante-dix ?

Qui nierait la contribution des moyens spéciaux des Services

Secrets aux actions de contre-espionnage? Qui pourrait à leur place recruter et manipuler, de manière soutenue, des sources à l'étranger? Qui pourrait intercepter et exploiter des messages destinés aux agents adverses? Qui ne comprendrait que des interventions ponctuelles et désordonnées de la DST hors de France ne peuvent provoquer que confusion et incohérence?

Qui sous-estimerait la nécessité de capacités spéciales dans la lutte contre le terrorisme? Qui refuserait de reconnaître l'utilité de renseignements obtenus à l'étranger sur les mouvements terroristes et leurs composantes? Qui pourrait nier que leur logique exige l'intervention de la fonction secrète? Qui ne comprendrait qu'on doive envisager des actions contre les groupes violents telles qu'elles sont pratiquées par la CIA, le Mossad ou le MI-6? Qui sous-estimerait les atouts supplémentaires dont dispose un responsable de Services Secrets dans des négociations avec un État commanditaire de terrorisme?

Le domaine de l'influence est mal appréhendé en France, où l'on pense essentiellement en termes d'approches politiques, culturelles ou commerciales. Mais qui refuserait de prendre en compte le rôle joué sur ce plan par l'Intelligence Service en Europe ou au Proche-Orient depuis la deuxième partie du XIXe siècle? Qui ignorerait les actions des réseaux d'influence soviétiques en Europe occidentale? Qui ne reconnaîtrait l'existence et le rôle des nombreux lobbys étrangers intervenant dans la vie politique et économique des pays de l'Ouest? Qui sous-estimerait les effets d'une désinformation et d'une propagande bien orchestrées?

De Richelieu à Churchill, en passant par Napoléon et Bismarck, l'histoire suggère qu'une des marques de l'homme d'État est de savoir s'appuyer sur la fonction secrète parallèlement aux administrations normales. D'ailleurs, la sagesse populaire ne s'y trompe pas. Si elle porte tellement d'intérêt aux Services Secrets, ce n'est pas seulement du fait de la charge d'aventure et d'inconnu qu'ils véhiculent. Combien de fois la presse ou le citoyen ne posent-ils pas devant une situation critique les questions: «Les Services Secrets, savaient-ils?» «Ont-ils informé les responsables politiques?» «Pourquoi n'ont-ils pas éliminé tel dirigeant mégalomane ou tels terroristes dangereux? »

Pourquoi la France a-t-elle tellement de difficultés à se doter de Services Secrets efficaces? Pourquoi est-elle sur ce plan dans une situation si singulière par rapport au reste du monde? Pourquoi souffre-t-elle d'une insuffisance que ne connaissent ni les grandes démocraties industrielles, ni les États socialistes, ni de petits pays comme Israël ou la Suisse, ni même des pays en voie de développement? J'y vois, à côté d'accidents de l'histoire, des causes de diverse nature.

Une cause culturelle. Le Français accepte mal l'activité secrète, à l'inverse des Anglo-Saxons, des Slaves ou des Asiatiques. Notre presse a popularisé pour qualifier ses agents le terme de « barbouze ». En total contraste, les Allemands usent de la formule lancée par l'amiral Canaris : « Métier d'espion, métier de seigneur. » Napoléon faisait écho à cette différence culturelle lorsqu'il reconnaissait l'utilité des espions tout en les qualifiant négativement « d'arme maudite et invisible ».

Une cause politique. Les politiciens ont pour la grande majorité des origines qui ne les prédisposent pas à ressentir l'utilité de la fonction secrète. Rien n'est plus éloigné de l'esprit des universitaires, professeurs ou instituteurs, des avocats ou juristes, des administrateurs des finances qui composent la grande majorité de nos assemblées parlementaires et de nos gouvernements. Les industriels y sont plus ouverts, qui connaissent l'importance du renseignement dans la conduite des affaires. Les militaires aussi, pour certains d'entre eux, mais j'ai dit ce qui les disqualifiait.

Une cause historique. J'ai rappelé les influences qui ont forgé les choix des quatre présidents de la Ve République. Les affaires aussi ont eu des effets destructeurs : celle dite Dreyfus à la fin du XIXe siècle dont le Deuxième Bureau militaire a été rendu responsable alors qu'elle mettait en cause la haute hiérarchie militaire; la disparition de Ben Barka en 1964 où le SDECE n'était pourtant pas impliqué; le fiasco Greenpeace provoqué par l'absence d'intégration de la DGSE dans l'État et par les initiatives de hauts généraux.

Une cause morale. L'opinion assimile, à tort, l'activité des

Services Secrets à des pratiques condamnables. Elle y voit l'origine de complots obscurs, d'actions illégales, de manipulations feutrées. Toutes images qui sont évidemment outrancières et qui ne s'appliquent pas à la réalité. Les Services peuvent certes être amenés à l'exécution d'opérations marginales comme les neutralisations; mais elles ont un caractère tout à fait exceptionnel, extrêmement rare. Par contre, nombreux sont les Français qui s'arrêtent encore au : « On ne fait pas cela à un ami ». Ils devraient avoir compris depuis longtemps que dans la jungle internationale, les nations, pour reprendre l'expression de Churchill, n'ont pas d'amis mais des intérêts.

Une cause administrative. Les Services Secrets sont les derniers venus dans un gouvernement où œuvrent de puissantes chapelles qui dictent souvent leur loi au pouvoir politique. Nous avons déjà vu à l'œuvre l'administration policière, en particulier la DST, qui s'acharne, avec une persistance sans faille, à contourner la DGSE et à la marginaliser en envahissant subrepticement ses domaines de compétence.

L'administration diplomatique agit de manière moins frontale, plus sournoise; elle ne souhaite pas partager avec la DGSE l'observation et l'analyse internationales; elle ne souhaite pas que s'élaborent ailleurs des évaluations contredisant les siennes; elle redoute que soit dérangé le jeu feutré des affrontements entre les différents lobbys qui coexistent en son sein.

L'administration militaire a choisi, elle, une autre voie : celle de la colonisation des services, à la fois par la militarisation interne et par la tutelle de la haute hiérarchie; elle tente d'y faire régner son ordre en même temps qu'elle évite les remises en question que pourraient provoquer des services efficaces; nous sommes loin d'un directeur général de la CIA contestant devant une commission du Sénat l'évaluation de la menace soviétique par le ministère de la Défense.

Et les autres administrations, bien retranchées mais moins concernées, comme celle de l'Économie et des Finances, de l'Industrie ou de la Recherche, adoptent vis-à-vis des Services Secrets une attitude aisée de rétention de coopération.

Les ministres qui s'appuient sur ces administrations sont rapidement enclins à s'aligner. Il leur faudrait pour agir autrement une forte conviction en faveur du rôle et de la nécessité des services, ainsi qu'une bonne dose de courage et d'autorité.

Il y a enfin la présomption d'incompatibilité entre démocratie et fonction secrète. Elle est partagée par de nombreux esprits distingués et honnêtes. Les Services ne pourraient-ils s'engager dans des entreprises de subversion de l'État républicain? Ne pourraient-ils polluer les mécanismes démocratiques? Ne pourraient-ils attenter aux libertés individuelles? Ce sont évidemment des interrogations sérieuses sur lesquelles je voudrais maintenant m'arrêter.

Il faut d'abord observer que deux États sans conteste démocratiques utilisent depuis longtemps des Services Secrets puissants et efficaces sans que ces derniers mettent leur régime en péril. La Grande-Bretagne le réalise depuis plus d'un siècle, grâce à un ferme encadrement du pouvoir exécutif, sans intervention du pouvoir législatif ou de la presse. Les États-Unis, de leur côté, ont, depuis leur création il y a presque un demi-siècle, intégré la CIA à l'intérieur de l'exécutif par un système élaboré de décisions; ils ont ensuite mis en place des procédures de contrôle par une commission du Congrès; de plus, les activités de la CIA sont suivies attentivement par la presse et traitées souvent en profondeur par des études indépendantes. Si des dévoiements limités dans le temps et en importance se sont produits, ils n'ont entraîné aucun affaiblissement de la démocratie.

Il n'existe pas de cas historique de coup d'État mené par des Services Secrets, alors que l'on ne compte plus ceux qui ont été perpétrés par les forces armées ou les polices. Même en Union soviétique, malgré l'extraordinaire puissance du KGB qui dispose de larges compétences et de moyens importants sur le territoire soviétique, la seule tentative, celle de Beria en 1953, a échoué. Et les rares fois où des Services Secrets semblent avoir pris part au renversement d'un Premier ministre, comme dans le cas de Benazir Bhutto au Pakistan en 1990, ils étaient entièrement militarisés et sous la tutelle de l'armée.

Plusieurs raisons expliquent et justifient cette situation. D'abord, la compétence territoriale des Services Secrets focalise leur attention à l'extérieur du territoire national. Je puis témoigner que l'intensité des tâches que cela implique tient éloignés leurs responsables de la scène intérieure ; pendant mon séjour à la tête de la DGSE, j'ai perdu de vue ce qui se passait en France, plus même que durant mes longues affectations au Japon et aux États-Unis.

Ensuite, contrairement aux forces armées, les Services Secrets n'ont pas les moyens de conduire une entreprise de subversion de l'État. Ils ne disposent d'aucun levier permettant de polluer les mécanismes démocratiques. Ils n'ont aucune inclination, aucun canal, aucun début de compétence pour s'intéresser aux affaires intérieures.

Par contraste, la France a connu dans son histoire des coups d'État militaires réussis ou avortés. 1799, 1852, 1940, 1958, 1961 sont de ce point de vue des années qui marquent. Il n'est que de se souvenir du syndrome qui a amené les politiciens de la IIIe République à promouvoir des généraux « sûrs » ou « républicains » au risque de confier les postes de haute responsabilité à des hommes insuffisants. Et ce n'est pas un des moindres paradoxes des Services français que d'être de fait placés sous la mouvance des militaires ; le seul véritable danger qu'ils pourraient présenter pour la démocratie dérive non de leur existence en tant qu'organes secrets, mais de la contribution qu'ils pourraient apporter à une subversion militaire. C'est pour se prémunir contre ce risque que le gouvernement soviétique utilise à l'inverse un contrôle des forces armées par des éléments du KGB ; implantés dans toutes les unités, ils interviennent notamment dans la promotion des officiers.

Quant aux atteintes aux libertés individuelles, elles n'ont jamais été, en dépit d'une idée tenace, le fait des Services Secrets qui ne disposent d'aucune attribution, d'aucune délégation, d'aucun moyen pour se préoccuper des citoyens nationaux. Ce sont les organes de police, c'est la DST ou les Renseignements généraux qui sortent parfois de la légalité en étendant le champ d'action que leur ouvrent les pratiques liées à la répression, comme les écoutes téléphoniques, les enregistrements de communications ou les fichiers. Faut-il rappeler par exemple que ce n'est pas la DGSE mais la DST qui a été impliquée dans l'affaire des micros du *Canard enchaîné* ?

Je ne prétends pas que ces considérations puissent

convaincre tout le monde. Elles procèdent d'une observation historique, mais aussi d'une conviction que j'ai acquise alors que j'étais responsable de la DGSE. En tout cas, une garantie essentielle contre tout dévoiement peut être trouvée dans l'intégration des Services Secrets à l'appareil de l'État.

Cette exigence recoupe d'ailleurs les nécessités de leur efficacité qui dépend d'une étroite coordination avec les autres administrations. Et ceci demande une attention particulière et un soutien constant du président et de son cabinet à cause de relations à la fois symbiotiques par l'interférence des missions, et antagonistes par la fonction de contre-épreuve.

J'ai montré comment cette intégration était réalisée dans la presque totalité des pays étrangers. Dans les petits, cela prend la forme d'une participation du chef des Services Secrets aux réflexions et aux actions du principal responsable politique. Dans les États développés existent des mécanismes institutionnels précis : le National Security Council aux États-Unis, l'organe coiffé par un haut fonctionnaire auprès du Premier ministre en Grande-Bretagne, la participation du chef du KGB aux instances supérieures politiques en Union soviétique.

Rien de tel n'existe en France. Seul le gouvernement de Michel Debré pendant la guerre d'Algérie a donné au SDECE sa vraie dimension, en l'intégrant étroitement à la conduite de son action extérieure. Depuis 1962, les présidents successifs n'apportent plus d'attention soutenue aux Services; leur cabinet s'en occupe de manière intermittente et confuse; depuis 1981, il n'y a pas moins de quatre personnes à l'Élysée qui sont chargées d'en suivre l'actualité.

Le Premier ministre est hors coup. Il n'existe aucune coopération organisée avec les ministères des Affaires étrangères et de la Défense. Les relations avec l'Intérieur sont hautement conflictuelles et une lutte sourde perdure avec la DST, sauf lorsque la DGSE se soumet de fait à l'autorité de la place Beauveau, ce qui constitue un étonnant détournement de compétence.

Il faut bien comprendre l'étroite corrélation qui existe entre efficacité des Services Secrets et intégration dans l'appareil d'État. Lorsque celle-ci est pleinement réalisée, ceux-là sont sollicités et animés par les décideurs; ils attirent un personnel plus compétent qui améliore leur efficacité; il est en conséquence fait de plus en plus appel à eux. Ils sont alors entraînés dans la spirale vertueuse de la réussite et du confortement.

Qu'au contraire ils soient négligés par les responsables politiques, qu'ils soient coupés des autres administrations ou, pire, tenus en suspicion, et leurs interventions sont en porte-à-faux, leurs productions hypothéquées; leur crédibilité s'en trouve affectée; les personnels de qualité s'en écartent. Ils se trouvent engagés dans la spirale vicieuse de l'échec et du déclin; on entend alors dire que leurs productions sont insuffisantes et que leur personnel manque de professionnalisme. C'est là toute l'histoire des Services Secrets français depuis 1962.

L'installation d'une véritable fonction secrète doit ainsi répondre à trois conditions : l'efficacité, l'intégration à l'appareil d'État, et l'existence d'un contrôle démocratique.

La voie vers l'efficacité en France passe par plusieurs préalables. La DGSE doit être retirée de la tutelle du ministre de la Défense, pour être rattachée soit à la présidence de la République, soit au Premier ministre. La première solution serait plus en harmonie avec le fait que l'action extérieure fait partie du domaine réservé du président. Le maintien du rattachement à la Défense est un artifice facile qui distord dangereusement les orientations d'activité.

Le directeur général doit être un civil. Le choix de sa personnalité est important. Il doit être un démocrate avéré, susceptible toutefois de s'aventurer en dehors des sentiers battus. Il n'est pas certain qu'un haut fonctionnaire présente de ce point de vue un degré suffisant de liberté. Le recrutement et l'administration du personnel doivent être radicalement modifiés. On doit procéder à une large démilitarisation de manière à aboutir à une grande majorité d'agents civils. Le niveau de recrutement doit être sérieusement élevé de façon à attirer, en particulier pour les fonctions de commandement et d'analyse, des cadres de formation supérieure.

L'intégration à l'appareil d'État doit être institutionnalisée et systématisée. Elle pourrait être réalisée dans une instance de type Conseil national de sécurité, où se réuniraient les différentes parties prenantes à l'action extérieure et où s'élaboreraient les décisions dont la DGSE constituerait un des rouages de mise en œuvre. Il ne faut pas se cacher qu'une telle réforme bousculerait beaucoup d'habitudes et de positions acquises.

Le contrôle démocratique serait déjà largement assuré par l'intégration à l'appareil gouvernemental et par une tutelle étroite de l'exécutif. Il ne semble pas possible d'y ajouter, comme aux États-Unis, le Parlement; il ne joue déjà pas cette fonction pour des activités moins délicates; il ne présenterait pas des garanties suffisantes de confidentialité. Par contre, la presse pourrait jouer un rôle significatif; elle contribuerait à manifester la compatibilité entre démocratie et fonction secrète; elle faciliterait la réhabilitation des Services auprès de l'opinion publique.

Comme tous les autres États, la France ne peut se passer de Services Secrets. Les fonctions qu'ils remplissent, du renseignement à la diplomatie secrète, en passant par le contre-espionnage, le contre-terrorisme, l'action et l'influence, sont essentielles pour sa sécurité et sa compétitivité.

Car la France est confrontée à la perspective d'un monde dangereux. La géopolitique méditerranéenne recèle de sérieuses potentialités d'affrontements : l'explosion de la démographie au Sud se conjugue avec un retard de développement économique et avec la montée des fanatismes religieux; il en résultera un continuum de menaces, allant de la pression démographique et économique au terrorisme ou à la guérilla, voire à la guerre, qui fera de la Méditerranée une des principales lignes de fracture entre le Nord et le Sud. Le Proche-Orient source de nos principaux approvisionnements énergétiques, restera une zone abritant de persistantes hostilités. L'Union soviétique reste puissamment armée et les derniers événements à l'Est pourraient annoncer des troubles graves et persistants. L'avenir de l'Europe occidentale pourra s'en trouver affecté alors que pèse déjà sur elle l'affirmation de la puissance allemande. La compétition économique et technologique deviendra constamment plus aiguë et suscitera une aggravation de l'espionnage industriel.

En face de ces menaces, la France doit disposer de tous les moyens pour se défendre et prendre les initiatives nécessaires. Des Services Secrets efficaces et bien intégrés à l'appareil d'État constituent une composante indispensable de notre panoplie d'action. L'absence de cet instrument présenterait désormais un caractère hautement critique. Elle nous priverait d'un prolongement indispensable de l'action politique sur la scène internationale. Elle nous mettrait en position d'infériorité vis-à-vis de nos partenaires occidentaux et de nos adversaires. Elle aurait des conséquences imprévisibles face à des situations dangereuses comme celles qui se profilent pour le futur.

Cet ouvrage a été réalisé par la
SOCIÉTÉ NOUVELLE FIRMIN-DIDOT
Mesnil-sur-l'Estrée
pour le compte des Éditions Calmann-Lévy
en mars 1991

Imprimé en France
Dépôt légal : mars 1991
N° d'édition : 11685/01 – N° d'impression : 17317

Imprimé en France
Dépôt légal : mars 1994
N° d'édition : 11085/01 - N° d'impression : 12347